语文这样教

基于关键问题的初中语文教学设计60例（全二册）

张正耀 ◎ 著

上册用

长江出版传媒　长江文艺出版社

能让好问题一直活下去。

——［美］杰罗姆·布鲁纳

一切要求一致,反而让心灵呆滞。

——［以色列］尤瓦尔·赫拉利

序

  《义务教育语文课程标准(2022年版)》颁布后，统编本初中语文教科书怎么教？适应培养学生语文核心素养需要的任务型教学方案如何设计？张正耀的《语文，我们这样教》为一线语文教师正面临的问题，贡献了自己的解决方案。

  本书作者从培养学生语文核心素养的目的出发，反复研读统编本初中语文教科书，选取了60篇有代表性的课文，梳理出每课的关键性问题，以"关键问题"为主导，努力构建任务驱动、问题导向、活动展开、素养提升的语文课堂，设计出主要通过"关键问题"，带动"教"与"学"活动的有机进行，进而完成学习任务的60份初中语文教学方案。

  浏览全书，我以为，这本书最大的特色，便是抓住关键问题，实施教学。

  抓住关键问题，实施教学，其实并非张正耀的创造。孔子说："学而不思则罔，思而不学则殆。"韩愈说："行成于思，毁于随。"其中的"思"，应该就包含思考问题的意思。晚清学者刘熙载主持上海龙门书院，人置行事日记、读书日记各一册，要求弟子每日填写，逢五、十日考核。其《龙门书院读书日记》每页天头均印有如下红字："读书先要会疑，又要自得。张子曰：于不疑处有疑，方是进。又曰：心中有所开，即便札记，不思，则还塞之矣。"刘熙载龙门书院弟子胡传之子、现代著名学者胡适对此评论道："父亲对这位了不起的刘山长的教学方式也有所记载。他说所有在书院中受课的学生，每人每日都得写一份'日程'和一份'日记'。前者记载为学的进度，后者是记学者的心得和疑虑。"

胡适称："由于业师刘熙载先生的教诲，我父亲受程朱理学的影响也很大，所以他毫不犹豫地对大清帝国内当时所流行的宗教，予以严肃的怀疑与批判。"[①]胡适弟子唐德刚认为"于不疑处有疑，方是进"，正是胡适之治学终生奉为圭臬的格言。[②]著名科学哲学家波普尔也认为："科学与知识的增长永远始于问题，终于问题——愈来愈深化的问题，愈来愈能启发大量新问题的问题。"[③]

张正耀的创造在于抓住统编本初中语文教科书课文中的关键问题，设计出可供广大教师借鉴的适应培养学生语文核心素养需要的任务型教学方案。

这些教学方案的设计，遵循了"语言训练与思维训练相辅相成"的语文课程教学原则。语言训练是指学生理解和运用语言能力的训练。思维训练是指学生掌握思维方法、养成思维品质、提高思维能力的训练。1996年，国家教委颁布的《全日制普通高级中学语文教学大纲》曾将"语言训练与思维训练相辅相成"列为教学原则，要求在语言训练的过程中重视思维方法的学习、思维品质的培养和思维能力的发展；思维训练要贯穿在语言训练中，促进语言能力的提高。遗憾的是，后来的语文课程教学文件中再也没有提及这条教学原则。张正耀抓住文本中的关键问题，以问题为中介，在语言学习中进行思维训练，通过思维训练培养听说读写能力，在完成语文学习任务的同时，培养学生的思维能力，提升学生的思维品质，这与"语言训练与思维训练相辅相成"的原则相吻合。

这些教学方案的设计，适应了培养学生的"语文核心素养"的新时代要求。语文核心素养是学生在积极的语言实践活动中积累与构建起来，并在真实的语言运用情境中表现出来的语言能力及品质；是学生在语文学习中获得的语言知识与语言能力，思维方法与思维品质，情感、态度和价值观的综合体现。其核心要素和关键内容，主要涉及语言、思维、审美、文化四个方面。其中，语言

---

① 胡适口述，唐德刚译注：《胡适口述自传》，广西师范大学出版社，2005，第23、26页。
② 胡适口述，唐德刚译注：《胡适口述自传》，广西师范大学出版社，2005，第31页。
③ [英]波普尔著：《科学知识进化论——波普尔科学哲学选集》，三联书店，1987，第184页。

是基础，语文学科的"文化自信""思维能力""审美创造"应当在"语言运用"的过程中达成。在抓住关键问题实施教学的方案中，教师不再是教教材，教学不再是传授现成的知识，而是用教材教，教学的过程就是引导学生发现问题、分析问题、解决问题的过程，是有目的地完成学习任务的过程。这与《义务教育语文课程标准(2022年版)》的精神也是吻合的。

这些教学方案的设计，甚至可以说回应了"如何提高语文教学的效率，用较少的时间取得较好的成绩"的吕叔湘之问。吕叔湘在1978年3月16日《人民日报》上发表了《当前语文教学中的两个迫切问题》一文，文章指出："中小学语文课所用教学时间在各门课程中历来居首位，用总课时30%的时间来学本国语文，却是大多数不过关，岂非咄咄怪事！"叶圣陶在同年3月21日发表讲话《大力研究语文教学，尽快改进语文教学》，建议"语文教师和语言学科的工作者通力协作研究语文教学，做到尽快地改进语文教学！"时间过去40多年，语文教学低效高耗的状况似乎没有得到根本改变。我想，遵循了"语言训练与思维训练相辅相成"的语文课程教学原则、适应了培养学生的"语文核心素养"的新时代要求的抓住关键问题实施教学的方案，或许是变少慢差费为多快好省的方案之一。

张正耀是我的同乡学弟，1985年从扬州师范学院中文系毕业后，长期从事中学语文教学与研究，系江苏省特级教师、正高级教师，著有《零度的眺望》《语文，语文》《语文究竟怎么教》《领悟经典》《让学习发生》等多部书稿。笔者有幸在本书付梓之时读到他的这本新作，既为他的语文教学研究取得新的成果而高兴，也为广大初中语文教师实施培养学生语文核心素养的任务型教学有了可借鉴的读物而高兴，特记下上述感想，权当书序。

徐林祥

2022年7月1日于扬州大学中国语文教育研究所

目录

七年级上册

《春》：儿童视野下的美景 / 003

《济南的冬天》：自叙传的色彩 / 010

《古代诗歌四首〈次北固山下〉〈天净沙·秋思〉》：一样思乡两样情 / 023

《秋天的怀念》：真挚的情感流露 / 035

《散步》：一曲生命之歌 / 047

《世说新语〈陈太丘与友期行〉》：对话中的家庭教养 / 063

《植树的牧羊人》：一个人的种植 / 071

《走一步，再走一步》：悬崖上的一课 / 082

《猫》：受伤的良心 / 095

《寓言四则〈杞人忧天〉》："杞人忧天"讽刺了谁 / 105

八年级上册

《藤野先生》："伟大"的先生 / 115

《短文两篇〈答谢中书书〉》：山川之美，古来共谈 / 127

《短文两篇〈记承天寺夜游〉》："闲"字不"闲" / 138

《唐诗五首〈钱塘湖春行〉》：诗人"最爱"是湖东 / 146

《背影》：血和泪的文字 / 155

《昆明的雨》：浓得化不开的思念 / 167

《苏州园林》：拙政诸园寄深眷 / 179

《愚公移山》："奇闻"与"笑谈"的背后 / 191

《诗词五首〈春望〉》："感时"与"恨别"交织的满腔愁情 / 202

《诗词五首〈赤壁〉》："好奇"而谙事理的隐然表述 / 214

九年级上册

《乡愁》：独特的意象，丰富的情感 / 227

《岳阳楼记》：四面湖山归眼底，万家忧乐到心头 / 240

《醉翁亭记》：乐民之乐，太守之事也 / 251

《湖心亭看雪》：性爱佳山水，一往有情深 / 265

《诗词三首〈行路难〉(其一)》：失望与希望同频，忧郁和奋发共振 / 276

《诗词三首〈酬乐天扬州初逢席上见赠〉》：沉郁中见豪气，奔放中有哲思 / 289

《诗词三首〈水调歌头·明月几时有〉》：以情驭月，以理遣情 / 299

《我的叔叔于勒》：钱？钱！钱…… / 311

《中国人失掉自信力了吗》：对有害论调的反响与抗争 / 327

《智取生辰纲》：当"青面兽"遇上"智多星" / 339

七年级
上册

《春》：儿童视野下的美景

> ◆ 关键问题
>
> 《春》既是一首童谣，又是一首童诗，更像一幅童画，有如一个或一群孩子在唱着春天的颂歌，全文洋溢着浓郁的"孩子气"。那么作者是如何立足儿童视野描画春天美景的呢？
>
> ◆ 设计意图
>
> 这篇经典文章，看似简短，内容却很丰富，教学的难度并不小。面对一篇传统课文，教师几乎很难教出"新意"。本设计尝试从一个新的视角引导学生欣赏文章，领略行文的独特之处；同时抓住作者描绘的情景，让学生体会景物之美；并紧扣重点描写的语段与词句，让学生欣赏语言之美。

教学过程

一、丰富积累，温故知新

"春天展现美丽的世界，春天带来崭新的希望。历代文人墨客都喜欢描绘春天，赞美春天。"（课本第2页"预习"）小学时，不少同学就已经读到过许多描写春天的古代诗词，对春天之美有了深刻的印象。

课前布置学生回顾读过的描写春天的古代诗词，课上交流，朗读或背诵。

● **出示下列诗歌，让学生朗读、积累：**

好雨知时节，当春乃发生。随风潜入夜，润物细无声。野径云俱黑，江船火独明。晓看红湿处，花重锦官城。

——唐·杜甫《春夜喜雨》

两个黄鹂鸣翠柳，一行白鹭上青天。窗含西岭千秋雪，门泊东吴万里船。

——唐·杜甫《绝句》

新年都未有芳华，二月初惊见草芽。白雪却嫌春色晚，故穿庭树作飞花。

——唐·韩愈《春雪》

天街小雨润如酥，草色遥看近却无。最是一年春好处，绝胜烟柳满皇都。

——唐·韩愈《早春呈水部张十八员外》

独怜幽草涧边生，上有黄鹂深树鸣。春潮带雨晚来急，野渡无人舟自横。

——唐·韦应物《滁州西涧》

千里莺啼绿映红，水村山郭酒旗风。南朝四百八十寺，多少楼台烟雨中。

——唐·杜牧《江南春》

孤山寺北贾亭西，水面初平云脚低。几处早莺争暖树，谁家新燕啄春泥。乱花渐欲迷人眼，浅草才能没马蹄。最爱湖东行不足，绿杨阴里白沙堤。

——唐·白居易《钱塘湖春行》

京口瓜洲一水间，钟山只隔数重山。春风又绿江南岸，明月何时照我还？

——宋·王安石《泊船瓜洲》

应怜屐齿印苍苔，小扣柴扉久不开。春色满园关不住，一枝红杏出墙来。

——宋·叶绍翁《游园不值》

草长莺飞二月天，拂堤杨柳醉春烟。儿童散学归来早，忙趁东风放纸鸢。

——清·高鼎《村居》

按：上列诗歌，可视情况选择其中几首，不必全部出示。

二、初读课文，整体感知

指导学生初读课文。指导的重点在重音的明确和停连的界定。

可以通过教师范读、音频朗读、配音跟读等方式进行。

> **提问 1**：课文描写了春天的哪些景象？请用自己的语言对这些景象进行简要概括，并进行归类（最好能够用比较齐整的短语或词语）。

● 预设：

段落	内容	概括
1	热烈盼望春天来	盼春
2	春天来了万物苏	绘春
3	春草绿了人欢畅	
4	春花开了蜂蝶舞	
5	春风吹拂歌声扬	
6	春雨绵绵人安详	
7	春早人勤有希望	
8~10	春意盎然显活力	赞春

> **提问 2**：这些景象给你留下了什么印象？请结合具体段落说说你的阅读感受。

● 预设：

段落	阅读感受
1	连用两个"盼望着"，表示对春天的热切期盼；写"东风"与"春天"的关联：东风传来了春天的消息。
2	通过写"山""水"和"太阳"的明显变化，写出春天到来，万物苏醒的景象。
3	通过写春草的嫩和绿、多和软，写出了它的盎然生机；通过写人在草地上的欢闹，写出了人们对春天的喜爱。
4	写果树花的争奇斗艳、色彩鲜明，写花间的蜂蝶飞舞、热闹非凡，写野花的遍地都是、闪闪发光。
5	写春风拂面的温柔感觉，写春风给人带来的芳香、优美和欢快。
6	写春雨的寻常、绵密、润物无声，写人们在雨中的安静、平和、悠闲自得。
7	写春天来了，人们沐浴在春天的美景之中，或欢闹，或踏春，或劳作，对未来充满了希望。
8~10	连用三个比喻，分别写出了春天新鲜、活泼、美丽而充满活力的特点。

提问 3：从内容看，文章在行文结构上有一个完整的思路，形成了比较谨严的逻辑联系。这个思路是什么呢？前后内容有着怎样的联系？请做简要梳理。

梳理时按照"思路＋联系"的方式。

学生自主阅读，尝试完成，交流分享。

● 预设：

1. 文章的开头，通过两个"盼望着"，反复倾诉了热爱、向往、盼望、追觅春天的情思。这可以概括为"盼春"。（思路）

为下文描述春的色彩、活力、情趣定下了抒情基调，也为结尾揭示春的本质埋下了伏笔。（联系）

2. 文章主体部分围绕对春天美景的追寻,描绘了一幅幅美的图画,这是"觅春"与"绘春":春要从草上寻,从花中看,从风中体会,从雨中观察,从人们的精神状态里发现。(思路)

它形象地说明了"盼春"的缘由,也为后面表达对春天的赞美之情做足了文章。(联系)

3. 结尾部分,连用三个颂春的譬喻,抒写了作者对春天的沉思,这是"颂春"。(思路)

它回答着"盼望"的结果,应和着追觅和描画的佳境,画龙点睛地升华了全文的思想境界。(联系)

● 归纳:

从"盼春"到"觅春""绘春",再到"颂春",作者为我们展现了春天的美好画卷。

开头的"盼春"与结尾的"颂春",开头的"追觅"与结尾的"沉思",彼此有机结蒂连体,首尾圆合,臻结构之完整,尽意境之统一,在艺术结构上有着统一性的艺术表现力。

三、深入研读,探究问题

> 提问:《春》既是一首童谣,又是一首童诗,更像一幅童画,有如一个或一群孩子在唱着春天的颂歌,全文洋溢着浓郁的"孩子气"。那么作者是如何立足儿童视野描画春天美景的呢?请做简要分析(举例+分析)。

学生阅读思考,讨论交流。

● 预设:

——文章开头的两个"盼望着"有如童声,在急切而热情地呼唤和吟唱;作者借助于孩子独特的眼睛和敏锐的心灵,描述出了盼望春天来临、喜迎春天到来的急切、热烈而又欢快的心情。

——那"欣欣然张开"的眼睛，满布孩子的新奇；那在野地里打滚、踢球、赛跑、捉迷藏的正是活泼的孩子。

——由花的开放想到果实的香味，认为野花"像眼睛，像星星，还眨呀眨"，这完全属于孩子的想象与感觉。

——那有如母亲抚摸自己的春风，轻柔而温暖，正是孩子的生活感受。

——春风送来了"微微润湿"的各种清新气息，这自然属于孩子的嗅觉。

——那在田野上吹着短笛的牧童，那些"忙趁东风放纸鸢"的孩童，好似成了春天的主角。

——那宁静和平的夜晚，在春雨里慢慢走着的行人；那稀稀疏疏静默的草屋；那些出来活动筋骨、抖擞精神的男女老少，都是孩子对春天最美好的印象。

——"春"成了实实在在、有血有肉、机灵活泼的娃娃、小姑娘、小伙子，非常符合孩子的想象特点。

▶ **追问**：除了写作上的儿童视角之外，你能从写作手法上体会到它的童话色彩吗？

预设：
——大量使用比喻、拟人的修辞手法，写出了属于孩子的思维特点。

——多处运用反复的修辞手法，符合孩子的话语特点，表达出了他们的感觉和情绪。

——大量使用叠词和儿化词语，写出了属于孩子的语言。

——在实写春天美景的同时，也有许多虚写，充分写出了孩子的无限想象。

● **归纳：**

朱自清完全"像小孩一样"，以一颗鸟瞰春天的童心，用小孩的眼睛、声口、语调、姿容和情绪，写孩子对春天的情思、观察、了解、体验和感悟，写出了"孩子向往的春天""孩子眼中的春天""孩子活动的春天""孩子心目中的春天"，使自然之景象笼罩上了浓厚的童话色彩。

这使《春》，洋溢着生命的气息，吐露着生命的芬芳，成为一曲生命的颂歌。

四、阅读积累，拓展延伸

阅读沈从文《春》、季羡林《春满燕园》两篇文章中写春天的片段，思考：与朱自清的《春》相比，它们又写出了谁眼中的春天？

五、读写融合，学以致用

作者把春天比作"刚落地的娃娃""小姑娘""健壮的青年"，既很贴切，也很新奇，给人以非常难忘的印象。现在秋天到了，"塞下秋来风景异"，"我言秋日胜春朝"，与春天一样，秋天也有美丽的风景。你能发挥想象，写一些比喻句来描绘秋天的景色并与同学分享吗？

要求：

1. 选择秋天的某一（或某一处）景物；
2. 写出景物之美（特点）；
3. 比喻要恰当（喻体与本体要相似）；
4. 写之前先阅读课本第5页知识短文"比喻"，了解比喻的一般特点。

《济南的冬天》：自叙传的色彩

◆ **关键问题**

散文是作家自我情感体验的表达方式。《济南的冬天》有着鲜明的个人经历的特定背景，字里行间无不打上了自我的烙印，那作者是通过怎样的笔墨把自己独特的情感体验呈现出来的呢？

◆ **设计意图**

这也是对传统课文进行创新教学的一个尝试。从作者笔下所言的个人经历出发，可以让学生进一步体会和领悟作者对济南的冬天的特殊情感；从对散文情景关系的准确把握出发，可以让学生感受写景散文的艺术魅力；引导学生把握景物特点，自然离不开对语言的体会与揣摩，对比喻、拟人等修辞手法运用的品味和赏析。

教学过程

一、温故知新，目标导向

（一）让学生回顾学过的写"冬天"的诗文，或者查找相关诗文，朗读积累

● 出示：

北风卷地白草折，胡天八月即飞雪。忽如一夜春风来，千树万树梨花开。
——唐·岑参《白雪歌送武判官归京》

两个黄鹂鸣翠柳，一行白鹭上青天。窗含西岭千秋雪，门泊东吴万里船。
——唐·杜甫《绝句》

千山鸟飞绝，万径人踪灭。孤舟蓑笠翁，独钓寒江雪。
——唐·柳宗元《江雪》

日暮苍山远，天寒白屋贫。柴门闻犬吠，风雪夜归人。
——唐·刘长卿《逢雪宿芙蓉山主人》

万树寒无色，南枝独有花。香闻流水处，影落野人家。
——明·道源《早梅》

这些诗歌从不同的方面写出了冬天的多种景象，有寒冷、孤寂，有温暖、欢欣，有静谧、幽静，不同的景象传递了诗人不同的情感。现代著名作家老舍也曾经写过一篇文章，展现济南的冬天特有的景象，表达自己的独特情感，那么他又为我们呈现了一个怎样的冬景呢？我们还是一起走进文本吧。

（二）引导学生回顾"单元导语"，结合本文，明确学习目标

1. 感受文章情景交融的意境，认识并掌握营造诗情画意的主要方法。
2. 品味语言，体会其生动和丰富的表达特点。
3. 关注身边的日常风景，学会用比喻、拟人等修辞手法表达自己的审美体验。

二、初读课文，整体感知

通过朗读课文，同学们一定对济南的冬天有了一些印象吧？请从课文中找出相关词语（也可以自己概括）和句子，说说自己的初步阅读感受。

用这样的句式交流：济南的冬天是_____（词语）的，我从_____这句话中可以感受到。

● 预设：

——济南的冬天是无风（词语）的，我从"济南的冬天是没有风声的"这句话中可以感受到。

——济南的冬天是响晴（词语）的，我从"济南的冬天是响晴的"这句话中可以感受到。

——济南的冬天是温晴（词语）的，我从"在北中国的冬天，而能有温晴的天气，济南真得算个宝地"这句话中可以感受到。

——济南的冬天是暖和（词语）的，我从"你们放心吧，这儿准保暖和"这句话中可以感受到。

——济南的冬天是温暖（词语）的，我从"这样的温暖，今天夜里山草也许就绿起来了吧"这句话中可以感受到。

——济南的冬天是慈善（词语）的，我从"因为有这样慈善的冬天，干啥还希望别的呢"这句话中可以感受到。

——济南的冬天是秀气（词语）的，我从"就是下小雪吧，济南是受不住大雪的，那些小山太秀气"这句话中可以感受到。

——济南的冬天是淡雅（词语）的，我从"这是张小水墨画，也许是唐代的名手画的吧"这句话中可以感受到。

——济南的冬天是绿色（词语）的，我从"水藻真绿，把终年贮蓄的绿色全拿出来了"这句话中可以感受到。

——济南的冬天是清亮（词语）的，我从"空中，半空中，天上，自上而下全是那么清亮"这句话中可以感受到。

▶ **追问**：在这些感受中，哪一个给你的印象最为深刻？

预设：

"温晴"或"响晴"。从全文所写的景物及其特点可以感受到；也可以从"济南的冬天是响晴的"和"在北中国的冬天，而能有温晴的天气，济南真得算个宝地"这两句话在文中所处的位置感受到。

● 归纳：

从同学们的阅读感受中，我们不仅欣赏了作家笔下的美景，而且体会到了作家独特的情感。这篇精致短小的散文，既像一首声情并茂的抒情诗，又像一幅清新淡雅的水墨画，让人赏心悦目，读后回味无穷。读这样的美文，真是一种享受。

三、研读课文，深入理解

● 出示：

现代散文之最大特征，是每一个作家的每一篇散文里所表现出的个性，比从前的任何散文都来得强……但现代的散文，却更是带有自叙传的色彩了。

——郁达夫

思考：从刚才的初步阅读中，我们也能够明显地感觉到，《济南的冬天》有着鲜明的个人经历的特定背景，字里行间无不打上了自我的烙印，那作者是通过怎样的笔墨把自己独特的情感体验呈现出来的呢？

请分别从"自我经历、自我情感、自我表达"等方面阅读思考，并说说自己的理解。

学生阅读思考，讨论交流。

（一）自我经历

> **提问**：文中有没有直接而明确地写自我经历的文字？

● 预设：

第1段中作者很明确地写了自我经历：

  1.对于一个在北平住惯的人，像我，冬天要是不刮风，便觉得是奇迹；济南的冬天是没有风声的。

前一句话的意思是:"我"是一个在北平住惯的人,"我"所见到的冬天,每天都是要刮风的。"奇迹"一词,说明了无风的情况几乎不可能有。"我"正是因为有在北平的生活经历,才会对北平冬天的凛冽寒风有极为深刻的印象;又因为有了在济南的生活经历,才会对济南的冬天竟然"没有风声"感受鲜明。

2. 对于一个刚由伦敦回来的人,像我,冬天要能看得见日光,便觉得是怪事;济南的冬天是响晴的。

作者曾经在英国生活过几年,并且"刚由伦敦回来",对世界著名"雾都"自然有很深切的记忆——看不见太阳是常态,看得见日光是"怪事";而济南的冬天却是"响晴"的。这同样是作者的生活经历告诉他的。

3. 自然,在热带的地方,日光是永远那么毒,响亮的天气,反有点叫人害怕。可是,在北中国的冬天,而能有温晴的天气,济南真得算个宝地。

看上去,这里没有直接说自己在"热带的地方"生活的情形,但这样的体会同样是生活经历的体现:"毒"的日光,"响亮的天气","叫人害怕"的感受。而从在北中国生活的阅历看,济南竟然"有温晴的天气",难怪要把它称为"宝地"。

● 归纳:

由北平到伦敦,从热带地方到北中国,丰富的生活阅历,使作者的生活体验既多样又深刻。正因如此,他对济南的冬天才那么钟情与热爱,喜欢和赞美。

不论是写北平、伦敦,还是写热带地区,及至写北中国,作者都是为了运用衬托对比的手法,写出济南的冬天的非同寻常、很不一般。

▶ **追问:这样的自我经历在文中还有哪些具体体现?请结合具体段落说说自己的阅读发现。**

预设:

——对济南地形地貌、城市布局的完全了解,如第3段、第5段。

——对济南冬天天气情况的切身感受,如第2段。

——对济南冬天山水之景的了如指掌,如第4段、第6段。

——对生活在济南的人们生活情况、精神面貌的充分体悟，如第3段。

这些都是长期生活在济南，对济南不断观察、全面了解和深入体会的具体呈现。

（二）自我情感

● 出示：

> 试问岭南应不好，却道：此心安处是吾乡。
>
> ——宋·苏轼《定风波·南海归赠王定国侍人寓娘》
>
> 在那里，我努力地创作，快活地休息……时短情长，济南就成了我的第二故乡。
>
> ——老舍

🔍 **提问**：在自我情感方面，文中又是怎样表现出来的呢？请找出直接抒发情感的语句，认真朗读，并说说自己的阅读感受。

学生朗读，圈画，交流体会。

● 预设：

1. 从第1段看，作者将济南誉为北中国的"宝地"，流露了喜欢与赞美之情。

2. 第2段中用"请闭上眼睛""出奇"和"理想的境界"等词语和短语，进一步赞美济南的冬天的"暖和"和"安适"。

3. 第3段中说围着济南的小山"特别可爱"，直接写出对小山的由衷情感，那"好像是把济南放在一个小摇篮里"的温馨场景给读者留下了难忘的印象。

4. 第4段说"最妙的是下点儿小雪呀""就是下小雪吧，济南是受不住大雪的，那些小山太秀气"，好像是在跟老天协商，其实是对小山的赞许，直接表达出了作者对济南深厚而强烈的赞美之情。

▶ **追问1**：这一段中，有一类词语出现得比较多，是哪一类？用了这类词语，有什么作用？

预设：

——带有儿化音的词语用得比较多，如"下点儿""树尖儿""一髻儿""厚点儿""一道儿""风儿""一点儿""那点儿""露出点儿"。一段话中竟有这么多带有儿化音的词语，作者如同在向一帮孩子讲述着他所见到的新奇景象，读起来那么亲切、温柔，浓情蜜意满满。

——语气助词用得比较多，如"呀""吧"。这些语助词，可以让我们强烈感受到作者浓郁的情感。

▶ **追问2**：除了直接抒情之外，有没有间接抒情的语句呢？如有请找出，并朗读体会。

学生朗读，圈画，交流体会。

预设：

1. 第1段："济南的冬天是没有风声的。""济南的冬天是响晴的。"对济南的冬天的特点做出的判断，在作者主观感受的背后，间接传达出作者对没有大风、响晴、温情的济南冬天的欣赏，而从"奇迹""怪事"等词语中，更可看出作者的惊喜、欣赏与赞美之情。

2. 第3段："济南的人们在冬天是面上含笑的。"其实何止济南人面上含笑，即如客居此地的作者，不也情不自禁地露出了幸福的笑容？

3. 第4段："一道儿白，一道儿暗黄，给山们穿上一件带水纹的花衣……微微露出点儿粉色。"看上去是纯粹的描写，但如此美的景物，又怎能不让作者油然而生喜爱之情呢？

4. 第5段：冬天的济南"是张小水墨画，也许是唐代的名手画的吧"。看上去是思索，是探讨，其实是一种肯定性认识与评价。他把济南的美好景色说成是一幅水墨画，一幅黑白分明、恬淡古雅的美丽画卷，赞美之情不言自明。

● **归纳：**

作者从异国归来后，在济南这片土地上找到了一种文化上的认同感。对济南冬天的描写，是要表达他对济南这个"第二故乡"的深深热爱和他在这片土地上工作、生活的归属感、满足感、幸福感，因而所表达的情感不能被泛泛地归结为"对大自然的热爱、对美好生活的向往"。阅读如此精妙的散文，我们可以得到多方面的情感和思想的启迪。

（三）自我表达

作者的思想情感是通过语言表达出来的，抓住了语言，我们也就能够赏析作者所描画的美景，体悟作者所抒发的情感。

● 出示：

一粒沙里见世界，半瓣花上说人情。

——郁达夫

语言跟着思想情感走。……在文字上的推敲，骨子里实在是在思想情感上推敲。

——朱光潜

要将景物写活，要写出它的色彩、温度乃至生命。

——格非

> 🔍 **提问**：老舍先生被称为"语言艺术大师"。其语言的一贯特色是亲切自然、娓娓道来，就像和老朋友拉家常一般，这得益于作者综合运用了比喻和拟人等修辞手法，特别是拟人手法的运用，非常传神。你能从文中读出这一特色吗？请举出实例，并做简要分析（例句＋手法分析）。

学生阅读思考，分享交流。

● 预设：

1.一个老城，有山有水，全在蓝天下很暖和安适地睡着，只等春风来把他们唤醒，这是不是个理想的境界？

——老城、城内城外的山山水水，好像都是有作息规律的生命，而春风更

是有着神奇的魔力,竟然可以"唤醒"城市,"唤醒"山水。(手法分析)

2. 这一圈小山在冬天特别可爱,好像是把济南放在一个小摇篮里,他们全安静不动地低声地说:"你们放心吧,这儿准保暖和。"

——小山与城市的地理关系既是客观存在的,也是人为选择的结果,作者不但称赞小山"特别可爱",而且将之比拟为一位慈爱的母亲,把济南城当作婴儿一样安放于"小摇篮里"(比喻),并且说出亲切温暖的话语,呵护之态尽显。(手法分析)

3. 看吧,山上的矮松越发的青黑,树尖上顶着一髻儿白花,好像日本看护妇。

——运用拟人手法,把山上矮松树尖的小雪花,说成是它头顶的白花,且用日本看护妇作比,增添了山松的美丽与清纯、柔情与恬静。(手法分析)

4. 山尖全白了,给蓝天镶上一道银边。……给山们穿上一件带水纹的花衣;……这件花衣好像……叫你希望看见一点更美的山的肌肤。

——山景完全被人格化了,山如同妙龄女郎般可爱清纯美丽。满布白雪的山尖,好似在给蓝天"镶上"银边;山坡上有雪花的地方和没有雪花的地方交织在一起,成了一件好看的花衣,在风儿吹动下,好似要露出自己的"肌肤":写出了山的动感之美、飘逸之美、羞涩之美。(手法分析)

5. 等到快日落的时候,微黄的阳光斜射在山腰上,那点薄雪好像忽然害了羞,微微露出点粉色。

——也许是太"薄"的缘故,雪竟然会"害了羞",白里透出点粉色:写出了小雪后的山这位女郎的清纯和娇羞,好似一幅恬淡明丽的春之图,全然没有冬天的寒冷与萧瑟。(手法分析)

● 归纳:

这篇散文自始至终都采用了拟人手法。

写山:"睡着""只等春风来把他们唤醒","全安静不动地低声说""穿上……花衣""山的肌肤""山坡上卧着些小村庄"。

写雪:"好像忽然害了羞""房顶上卧着点儿雪"。

写水：水藻"把终年贮蓄的绿色全拿出来了"，水"不忍得冻上"。

赋予山、水以人性，起到了画龙点睛的作用，极其形象、生动地刻画出山水的情态，使文章增添了许多感人的美的色彩。

● 小结归纳：

这篇精美的散文，从自我经历出发，用自己独特的方式，抒发了对济南冬天的情感，洋溢着浓郁的"自叙传色彩"。

四、探究问题，提升思维

> 🔍 **提问1**：有了前面的阅读理解，同学们对济南冬天的印象应该很深刻了吧？前面我们找出了那么多词语概括它的特点，如果请你用某一个词来概括，你会用哪一个呢？请从课文中找出相关词语（也可以自己概括），并说出理由。

学生阅读思考，合作交流。

● 预设：

——"慈善"：

第3段说："就是这点儿幻想不能一时实现，他们也并不着急，因为有这样慈善的冬天，干啥还希望别的呢！"

济南的冬天很温暖，很可爱，生活在济南的人们很幸福，很快乐，这都可以归结为它的"慈善"。

济南的冬天没有大风，没有大雪，没有烈日，好像上天特别眷顾济南，可见其"慈善"。

济南的山很慈爱，把济南城安放在一个小摇篮里；济南的山很美丽，可谓"慈眉善目"，美不胜收；济南的水很温和，充满朝气，充满力量：这都是"慈善"的表现。

这样的一种评价，其实是作者热爱、赞美之情最为直接的表现。

——"温晴":

第 1 段中说:"可是,在北中国的冬天,而能有温晴的天气,济南真得算个宝地。"

济南的冬天确实很"温晴"。老舍先生把对大自然的热爱、对美好生活的向往之情倾注于笔端,让济南的冬天的山山水水富有灵性、多"情"善感。

——温情:

从描写济南的冬天的文字中,我们的确感受到济南的阳光是温暖的,不是那样"毒"。

济南的山是可爱的,好像"小摇篮"。

济南的雪是亲切的,"给山们穿上些带水纹的花衣"。

济南的水是多情的,"不忍得冻上",要给柳树照个影。

● 归纳:

济南的山山水水带给人们温馨之感,极具人情味,所以用"温情"来形容济南的冬天是恰当的。当然,这样的"温情",首先应该来自作者对济南冬天的独特情感。

按:这样的安排使学生的思维不再仅仅停留在原有的层面上,而是通过全面了解景物描写的特点,把自己的思维引向新的领域。

(参见江西省南丰县第二中学付胜芳老师《温晴·温情——〈济南的冬天〉教学设计》,《中学语文教学》2012 年第 11 期)

提问 2:本文选入教材时,被编者做了删改。原文结尾还有这样的话,你认为需要删去吗?请说说你的意见或想法。

原文结尾:

树虽然没有叶儿,鸟儿可并不偷懒,看在日光下张着翅叫的百灵们。山东人是百灵鸟的崇拜者,济南是百灵的国。家家处处听得到它们的歌唱;自然,小黄鸟儿也不少,而且在百灵国内也很努力的唱。还有山喜鹊呢,成群的在树上啼，扯着浅蓝的尾巴飞。树上虽没有叶，有这些羽翎装饰着，也倒有点像西洋美女。坐在河岸上，看着它们在空中飞，听着溪水活活的流，要睡了，这是有催眠力的；不信你就试试；睡吧，决冻不着你。

要知后事如何，我自己也不知道。

学生阅读思考，分享交流。

● 预设：

完全不用删去。

——作者写鸟儿的热情歌唱，写鸟儿的自由飞翔，这是从另一个方面写济南的冬天"温晴"的特点。

——在看鸟儿"在空中飞，听着溪水活活的流"时，你如果"要睡了"，那就安然地睡吧，"决冻不着你"，这是从人的感觉写其"温晴"。

——自然景物中，有了鸟儿的活动，就更加有了某种生机与活力；有了人的感受，就更加突出了人们生活的安静、舒适和祥和。

——这一切正是如此"慈善"的冬天带来的，是如此"温晴"的天气赋予的，是幸福的"宝地"所呈现出来的状态。这使文章所写的内容更加丰富多彩，也更加有血有肉。

——由前面写水时的"往上看吧，空中，半空中，天上"等词句，很自然地写到了空中的主角之一——鸟儿，而"听着溪水活活的流"又呼应了前文写到的水，让飘逸的笔又收了回来。从文路看，是非常自然顺畅的。

——这段文字并不长，内容上与前文相辅相成，联系紧密，结构上接转自然，顺势而下，且又绾结严谨，前后贯通。

按：以上内容可视情况而定，不必全部铺开，也不求意见一致，只要言之有理即可。

五、读写融合，提升能力

请选择你所熟悉的某一景物，以"最妙的是……"为开头，仿写一段话，

200字左右。写好后，在小组内交流。

要求：

1. 写出景物特点；

2. 运用拟人手法；

3. 要有自己的情感。

附学生习作示例：

　　最妙的就是春天呀。看。春天像一个花枝招展的小姑娘，一步一步悄悄地到来，花骨朵儿在早晨润湿的空气里酝酿着芬芳，盼望着明天可以绽放出自己美丽的脸庞。听，泉水解冻了，哗啦啦一下子流过山涧，发出清脆的声音。蜜蜂"嗡嗡嗡"又开始辛勤劳作了。早起的公鸡也不甘示弱，一大早起来卖弄它的喉咙，发出嘹亮的鸣叫声。虽不如黄莺唱得婉转动听，却也饱含情感，乍一听，也是不错的。这一叫，就连地上那萎靡不振的风筝也瞬间抖擞起来，高高地飞上了天空，与蓝天中的鸟儿共同分享着春天的乐趣。

（此习作由厦门市海沧区教师进修学校附属学校郑西筠老师提供。）

《古代诗歌四首〈次北固山下〉〈天净沙·秋思〉》：一样思乡两样情

◆ **关键问题**

这两首诗歌在思想情感主题上有一个共同之处，那就是抒发了思乡之情，但它们在情感表达的手法上又有所不同，你能发现有什么不同吗？

◆ **设计意图**

两首诗歌的思想情感较为一致，在表达上也有很多相同之处，适合进行比较阅读。通过比较阅读，能让学生对"思乡诗"的思想情感主题有较为清晰的认识，丰富自己的思想情感，也能让他们从中发现艺术表达上的异曲同工之妙，提高审美趣味和能力。

教学过程

一、温故知新，情境导入

同学们读过与"思乡"有关的古代诗歌吗？有了解的，请与大家分享。

● 出示下列诗歌（诗句），让学生朗读，形成初步感受：

床前明月光，疑是地上霜。举头望明月，低头思故乡。

——唐·李白《静夜思》

独在异乡为异客，每逢佳节倍思亲。

——唐·王维《九月九日忆山东兄弟》

如今白首乡心尽，万里归程在梦中。

——唐·清江《送婆罗门》

洛阳城里春光好，洛阳才子他乡老。

——唐·韦庄《菩萨蛮·洛阳城里春光好》

今夜月明人尽望，不知秋思落谁家。

——唐·王建《十五夜望月寄杜郎中》

西北望乡何处是，东南见月几回圆。

——唐·白居易《八月十五日夜湓亭望月》

少小离家老大回，乡音无改鬓毛衰。

——唐·贺知章《回乡偶书》

春风又绿江南岸，明月何时照我还？

——宋·王安石《泊船瓜洲》

人们怎么会有思乡之情的呢？这是离开家乡的人所产生的自然情感，是在外漂泊的游子对家乡的深切思念，对家乡的无比眷念。这样的情感是甜蜜的抚慰，也是痛苦的折磨，有对美好生活的温馨回忆，也有对再也无法见到故乡的担心与恐惧。在诗人笔下，思乡之情看上去捉摸不定，实际上真实可见。今天我们要学习的两首古代诗歌，所表达的就是这样真实可见的情感。

二、朗读诗歌，想象情景

（一）朗读诗歌，简要学习诗歌体裁的相关知识

1. 朗读诗歌，要求读准字音，读出节奏，读出韵律，感受诗歌的声韵美

具体做法：先是学生自由朗读，小组内分享交流，推荐全班朗读；接着是师生共同评价朗读情况，同时教师做好朗读指导（字音、节奏、韵律）；最后是教师范读，或播放朗读音视频，让学生体会。

2. 结合前两首诗，引导学生完成下表

● 预设：

诗歌	体裁	特点
《观沧海》	四言古诗	历史最悠久，盛行于先秦时代。
《闻王昌龄左迁龙标遥有此寄》	七言绝句，格律诗的一种	每句七个字，共有四句，讲究押韵、平仄等。
《次北固山下》	五言律诗，格律诗的一种	每句五个字，共有八句，每两句为一联，分别为首联、颔联、颈联、尾联。中间两联要对仗，讲究押韵、平仄等。
《天净沙·秋思》	散曲（小令）	"天净沙"为曲牌名，"秋思"是题目。曲牌不同，句式、字数、平仄等都不同。

按：此表中的内容不能直接出示，要引导学生通过对诗歌形式的逐步了解，形成初步印象，自主构建知识内容，为以后的学习打下基础。

（二）描述诗歌内容，进行情景想象

学生自主描述，合作交流。

● 预设：

1.《次北固山下》：

漂流他乡的游子要走的路，正从青青北固山向远方伸展；

江上碧波荡漾，我正好乘船向前。

春潮涌涨，与岸齐平，江面变得开阔无边；

风向正顺，行船平稳，桅杆上高悬着一叶白帆。

当残夜还未消退之时，一轮红日已从海上升起；

当旧年尚未逝去，江上已呈露春意。

我早已写好了书信，但如何寄回家园？

天上北归的鸿雁啊，请你帮我把信捎到那边。

025

2.《天净沙·秋思》：

　　干枯的藤，衰老的树，

　　树上栖息着黄昏归巢的乌鸦。

　　小小的桥，潺潺的流水，

　　远处坐落着几处人家。

　　古旧的道路，萧瑟的秋风，

　　慢慢走来一匹疲惫不堪的瘦马。

　　夕阳已经朝西方落下，

　　思家怀乡的漂泊人还远在天涯。（参见《教师教学用书》）

三、比较阅读，深入理解

阅读思考：这两首诗歌在思想情感主题上有一个共同之处，那就是抒发了思乡之情，但它们在情感表达的手法上又有所不同，你能发现有什么不同吗？

（一）把握《次北固山下》的表达特点

> **提问**：作者表达思乡之情的诗句是哪一联，那其他三联与它有什么关系呢？

引导学生先进行总体概括，再结合前三联内容做具体理解。在具体理解时，要按照"内容＋情感关联"的方式进行。

学生阅读思考，合作交流。

● 预设：

1. 总体概括：

这首诗是作者泊舟北固山下时，因有所见、所感、所思而写。表达思乡之情的是最后一联。诗中写冬末春初，自己漂流他乡，置身水路孤舟，只见潮平岸阔，残夜归雁，即景生情，触发了心中对故乡的情思，但心情总体是轻松愉快的,情感基调是积极乐观的。

2. 具体理解(内容+情感关联):

(1)首联:写漂泊羁旅的情怀。先写"客路"而后写"行舟",写了青山绿水,漂流他乡的游子已经踏上远在青山之外的路途,载着旅人的行舟也开始行进在绿如青草的江水之上的景象。(内容)

人在江南、神驰故里的漂泊羁旅之情,已流露于字里行间,与尾联的"乡书""归雁"遥相照应。(情感关联)

> 故乡归去千里,佳处辄迟留。
> ——宋·苏轼《水调歌头·安石在东海》

(2)颔联:写江上行船所见之景——远望江面,因为潮涨而觉得江面仿佛都增宽了,这时有一只帆船,顺风东下,使沉寂了一夜的长江顿添生气。(内容)

> 小景传大景之神。
> ——清·王夫之《姜斋诗话》

诗句通过"风正一帆悬"这一小景,把平野开阔、大江直流、波平浪静等大景也表现出来了。但正因如此,船行的速度加快了,行程也就越来越长、越来越远,旅途的艰辛可想而知;也就更加远离家乡,自然容易让人生发思乡之情。(情感关联)

(3)颈联:写拂晓行船的景象。北固山下江面开阔,举目远望,仿佛一眼即能望尽东方地平线。在这残夜将尽的晓色中,一轮红日从东方海面上冉冉而升;天亮了,放眼江岸,万物复苏,诗人突然觉得江南的春天来得特别早。(内容)

"日生残夜""春入旧年",富有理趣的时序交替景象是那样壮观,而且是那样匆匆不可待,这样的景象暗含了诗人漂泊时间之久,怎不叫身在"客路"

的诗人顿生思乡之情呢？诗人思归盼归的乡情就这样暗暗融入了"海日""江春"之中。（情感关联）

> 今春看又过，何日是归年。
> ——唐·杜甫《绝句二首》
>
> 一年将尽夜，万里未归人。
> ——唐·戴叔伦《除夜宿石头驿》

（4）尾联：写旅途景色引起乡思。海日东升，春意萌动，诗人放舟于绿水之上，继续向青山之外的客路驶去。这时候，一群北归的大雁正掠过晴空。雁儿正要经过洛阳的啊！诗人想起了"雁足传书"的故事，还是托雁捎个信吧：雁儿啊，烦劳你们飞过洛阳的时候，替我问候一下家里人。（内容）

这一联紧承前三联而来，诗人看着眼前的"平潮、悬帆、海日、江春"，不由得萌发出心思：我写上一封书信，让那北归的鸿雁捎给洛阳的家人。遥应首联，表达了诗人思念家乡的羁旅愁怀。（情感关联）

（以上部分内容参见《唐诗鉴赏辞典》）

● **出示下列诗句，让学生朗读体会：**

夜闻归雁生乡思，病入新年感物华。
——宋·欧阳修《戏答元珍》

岭外音书断，经冬复历春。
——唐·宋之问《渡汉江》

家在梦中何日到，春生江上几人还？
——唐·卢纶《长安春望》

江水三千里，家书十五行。行行无别语，只道早还乡。
——明·袁凯《京师得家书》

写不成书，只寄得、相思一点。
——宋·张炎《解连环·孤雁》

● 归纳：

这首诗以思乡之情这根红线贯穿全篇，情因景而显，景因情而生，情景交融。

前瞻后顾，首尾呼应，浑然一体。

虽然思乡，但诗人的情绪并不低落；虽是写景，却富有生活理趣。

（二）把握《天净沙·秋思》的表达特点

提问：同样是表达"思乡"这种看不见、摸不着的抽象情感，马致远又是怎么描写的呢？

引导学生先理解前四句写"秋"的内容，把握其写法特点，再分析与第五句表达"思"的情感联系。

学生阅读思考，合作交流。

● 预设：

1. 秋意浓郁

▶ **追问1**：紧扣"秋"，作者写出了怎样的景象？每个景物前面的修饰语说明了什么？

预设：

作者在前四句中，将10个名词并列组合在一起，罗列了10种景物：藤、树、鸦、桥、道、马、流水、人家、西风、夕阳。

藤是枯的，树是老的，桥是小的，道是古的，马是瘦的；潺潺的流水，吹人的西风，虽不失温暖却已西沉的太阳，孤零零的茅舍，黄昏天幕下寻找归宿的乌鸦，有色彩，有图像，有声音，有着引起感情涟漪的巨大力量。

10个名词表现的景物是客观存在的，但它们前面的修饰语，则无一不来自抒情主人公的目之所见、耳之所闻、身之所感、心之所想。

每一种景物，其实都布上了一层厚厚的色彩——深深的哀愁、忧郁的感情，凝聚着抒情主人公的感受，体现着抒情主人公的心态。

2.秋思勃发

那么，抒情主人公是谁呢？他在哪里呢？最后一个特写镜头，将他推了出来："断肠人在天涯。"

"天涯"，是相对于家乡说的；"断肠"，极言其满腹忧伤。一个满腹忧伤的旅人正在远离家乡的天边流浪。

▶ **追问2**：这位抒情主人公为什么会"断肠"？请用自己的语言描述。

预设：

那位"断肠人"，当然不是在"夕阳西下"之时忽然出现在"天涯"的，而是早已在"天涯"漂泊了。

比较：

> 断肠人在天涯。
>
> 断肠人去天涯。

他日复一日，从早到晚，四处奔波。如今已到深秋，他仍然骑着一匹"瘦马"，冒着凉飕飕的"西风"，在那荒凉的"古道"上颠簸。

啊！又到了黄昏的时候了，那"古道"旁边的"枯藤老树"上，三三两两的乌鸦已经归巢，叽叽喳喳，喧闹不已，大概是在倾吐有家可归的快乐吧！

至于那"小桥流水"之间的"人家"，可能正在共进晚餐呢。而这个浪迹天涯的游子，眼看太阳已经落山，却还在"瘦马"上摇摇晃晃，不知向哪里投宿！

他能不"断肠"吗？读者能不替他"断肠"吗？

出示下列诗句，让学生朗读体会：

> 两鬓苍华，故乡心事在天涯。
>
> ——宋·吴琚《浪淘沙·岸柳可藏鸦》

日暮乡关何处是？烟波江上使人愁。

——唐·崔颢《黄鹤楼》

何处是归程？长亭连短亭。

——唐·李白《菩萨蛮·平林漠漠烟如织》

行人无限秋风思，隔水青山似故乡。

——唐·戴叔伦《题稚川山水》

无端更渡桑干水，却望并州是故乡。

——唐·刘皂《旅次朔方》

3. 情景交融

▶ **追问 3**：前面写的景与最后出现的"断肠人"是一种怎样的关系？

预设：

从开头读起，那纷至沓来的 10 种景物是分散的，但当读到末句的时候，那 10 种景物便以"断肠人"为中心，各自找到了恰当的位置，在"天涯"那个特定的空间里，组成一幅寒秋落照图。而弥漫于整个图画的，则是荡人心魄的秋意、秋思。

> 悲落叶于劲秋，喜柔条于芳春。
>
> ——晋·陆机《文赋》
>
> 景无情不发，情无景不生。
>
> ——宋·范晞文《对床夜语》
>
> 昔人论诗词有景语、情语之别。不知一切景语皆情语。
>
> ——清·王国维《人间词话》

一切景语，全为在"天涯"的"断肠人"所设，没有前面的写景，沦落天涯的断肠之人就失去了他活动的典型环境；没有沦落天涯的断肠人的出现，前面的写景就失却了中心。

作者轻轻一笔勾出的鲜明人物形象，使诸多外在的景物有了着落，有了依托，同时也使这位抒情主人公有了震撼人心的感染力量。

以"断肠人在天涯"收尾，使得前面所写的各种景物不仅呈现出一派秋色，而且饱含着无限"秋思"。

● 归纳：

作者从一个沦落天涯的游子的角度，描写了深秋荒野傍晚萧瑟凄凉的景物，反映了游子漂泊流离、悲愁怀乡的情思，抒发了饱受磨难、无可奈何、没有出路、没有前途的无限伤感之情。

散曲以委婉含蓄见长，寄寓深远，意境凄凉，描画了一幅秋野夕照羁旅图。它以景托情，寓情于景，句句是景，又句句有情，是情景的妙合。

（参见《中华文学鉴赏宝库》）

（三）比较两首诗

> 提问：根据上面的理解，对两首诗在景象描绘、情感抒发和表达特点上的不同，你能概括出来吗？请完成下表。

学生自主完成，分享交流。

● 预设：

一样思乡两样情		
诗歌	《次北固山下》	《天净沙·秋思》
景象描绘	冬末春初，海日江春，景象壮观，充满生机。	寒秋夕照，荒野飘零，落寞破败，萧瑟凄凉。
情感抒发	旅途虽然劳顿，但心情轻松舒坦；即使思念家乡，但对未来充满向往。	沦落天涯，不知何处是归途；漂泊流离，满腹忧伤向谁诉。
表达特点	情由景生，不断照应，语言传神，富有理趣。	名词组合，反复烘托，本色白描，寓情于景。

四、读写融合，提升思维

任务一：《次北固山下》在唐人殷璠编选的《河岳英灵集》中题为"江南意"，文字也有许多不同。读了之后你喜欢哪一首？请将你的阅读体会写下来，跟同学分享交流。

江南意

唐·王湾

南国多新意，东行伺早天。
潮平两岸失，风正数帆悬。
海日生残夜，江春入旧年。
从来观气象，惟向此中偏。

● 预设：

喜欢《次北固山下》。

体会要点：

首联：诗人说"南国"风景很特别——"多新意"，但缺少对美好景象的描画，给读者的印象比较模糊，不如"青山""绿水"那么清晰、醒目。

颔联："失"虽然写出潮水上涨、江水渺茫之景，但没有"阔"的恢宏气势，更何况景象的壮阔给诗人带来了心境的开阔。"数帆"确实能够写出"帆影点点""千帆竞发"的景象，可"一帆"来得更加饱满，也更有视觉冲击力。

尾联：意思是"我看过许多地方的风景，唯独这里的风景最为特别"，表达了对江南美景的热爱与赞赏之情，但终没有客子思乡那么触动人心，引发共鸣。

全诗所表达的是对江南早春来临的那种欣喜与愉悦之情，相对而言内容比较单一，表达平铺直叙，没有《次北固山下》丰富深沉、委婉深致、曲折动人。

任务二：本色白描这一手法，元代散曲家经常运用，下列就是这样一首运用了白描手法的散曲。读了之后，你认为哪一首写得好？请将你的理由写下来，跟同学分享交流。

天净沙·秋

元·白朴

孤村落日残霞，轻烟老树寒鸦。一点飞鸿影下，青山绿水，白草红叶黄花。

● 预设：

马致远写得好。

主要理由：

——与马致远相比，这首散曲同样运用了名词并列组合的方式，写的秋景更多，每一句都是写景，但是"多见景少见人"，以客观事物静态呈现为主，难免给人以堆砌之感。

——缺少让人"眼前一亮""为之一动"的语句，罗列的众多景物，难以给人留下印象。

——缺少必要的抒情语句，所表达的情感不明显，也难以感动人。

——没有通过抒情主人公的切身感受写景，没有融情入景、借景抒情，因而缺乏激动人心的艺术魅力。

《秋天的怀念》：真挚的情感流露

◆ **关键问题**

本文题为"秋天的怀念"，却花了许多笔墨写自己的情绪变化，这是为什么呢？

◆ **设计意图**

文章的题目往往会透露出题旨与情感的端倪，但有的题目意思不好捉摸，比如这一篇。本设计旨在引导学生从题目入手，理解题目的意蕴；从文本中找与题意对应的相关语段，体会作者的情绪变化过程；以取题为例，延伸开去，把握文章独特的表达艺术。

教学过程

一、提问导入，整体感知

提问：课文题目为"秋天的怀念"，如果不看其内容，这样的题目可能会有几种意思？

● 预设：

——在秋天时节产生的怀念。

——对秋天的怀念。

——所怀念的都是与秋天有关的事情。

——所怀念的都是与秋天有关的人和事。

▶ **追问1**：那么，本文所写的内容属于哪一种情形呢？

明确：最后一种。

▶ **追问2**：作者所怀念的与秋天有关的人是谁？有哪些事令他怀念？

学生自由朗读课文，思考。

预设：

作者怀念的与秋天有关的人是母亲。

令作者怀念的事：母亲跟"我"的一些事，特别是母亲一直想带"我"去看北海的花，从春天期盼到秋天；在又一个秋天里，妹妹推"我"去看北海的菊花。

▶ **追问3**：根据课文内容，如果把"秋天的怀念"这一题目扩充为一句话，可以怎样表述？

预设：

——"我"在秋天里对母亲的怀念。

——"我"在秋天里怀念母亲。

二、研读文本，体会情感

阅读思考：作者要写的是"秋天的怀念"，但为什么要写自己的思想情绪呢？请结合相关语段，说说你的认识。

研读第1自然段：

> 双腿瘫痪后，我的脾气变得暴怒无常。望着望着天上北归的雁阵，我会突然把面前的玻璃砸碎；听着听着李谷一甜美的歌声，我会猛地把手边的东西摔向四周的墙壁。

🔍 提问1：这段话有一个表达中心，是什么？又是通过哪些词语来具体说明的？

● 预设：

"暴怒无常"是该段的中心，分号前后的两句是它的具体表现。

"突然""猛地"等副词和"砸""摔"等动词，写出了动作的突然性、爆发性以及破坏性，使"暴怒无常"得到了落实。

作者没有机械、抽象地写自己"暴怒无常"的情绪，而是通过对"望"和"听"状态的刻画，表现极为反常的行为，折射自己的心理感受与生活状态。具体而形象，看似极其突兀，实则合乎情理。

▶ 追问1：如何理解"望着望着""听着听着"背后所隐含的思想情绪？

预设：

"天上北归的雁阵"，显示繁花似锦的春天已经到来，但"活到最狂妄的年龄上忽地残废了双腿"（史铁生《我与地坛》）的"我"，还会有人生的春天吗？

"李谷一甜美的歌声"，曾经给人们带来了多么美妙的感受，但"我"的生活还有甜蜜和美好可言吗？

"望着望着""听着听着"，是一天天地望着、成天地听着，是一直望着、听着，长时间地重复做同一件事，而且只能做这样的事，是多么无聊啊！"我"的心情怎么会愉快？"我"又怎么会因此而积极乐观？

望着、听着这些美好的景象，不仅没有给"我"带来美好与快乐，反而使"我"更加郁闷、气恼、无奈和痛苦。

比较：

1. 望着望着天上北归的雁阵——望着天上北归的雁阵。
2. 听着听着李谷一甜美的歌声——听着李谷一甜美的歌声。

把"望着望着""听着听着"改为"望着""听着"，从语意表达看，虽然没有大的区别，却表现不出自己百般无聊、万般无奈、极度烦躁与狂暴的情绪。那些景象与歌声再美好，也无法安放和平息一颗年轻而躁动、郁闷、痛苦、发狂的心灵，只会引来他更加莫名的狂躁和暴怒。

▶ **追问2**："我"的"暴怒无常"与后面的内容有什么关系？请联系全文，说说自己的理解。

预设：

自己的"暴怒无常"是那一段时期的情绪状态，是一种真实的表现，那段时期也是让母亲最操心、最焦虑、最放心不下的时期。

从写作思路看，先写自己的情绪无常，是为了引出后面的情绪稳定。自己情绪的转变又跟母亲密切相关，所以，从全文看，描写"我"自己、表现"我"自己的暴躁和不可理喻的言行，其实不是目的，而是为后面写母亲张本，为写母亲的苦难、艰难、痛苦做铺垫，这是因为"儿子的不幸在母亲那儿总是要加倍的"（史铁生《我与地坛》）。后面的文字很快就转向了母亲。

▶ **追问3**：文中写了母亲行为上的哪些特点？请用自己的语言概述。

根据课文内容填空，并重点朗读，细加体会：

母亲<u>悄悄地躲</u>出去

母亲<u>偷偷地听着</u>"我"的动静

母亲悄悄地进来

母亲红红的眼边

母亲扑过来抓住"我"的手

母亲忍住哭声说："咱娘儿俩在一块儿，<u>好好儿活，好好儿活</u>……"

母亲进来，<u>挡在窗前</u>

她憔悴的脸上现出央求般的神色

"我"的回答已经让她<u>喜出望外</u>了

她高兴得一会儿坐下，<u>一会儿站起</u>

她坐在"我"身边，<u>絮絮叨叨地说着</u>……

写母亲"悄悄地躲出去""偷偷地听着我的动静"，她"悄悄地进来"，她"红红的"眼边，写她的哭声与呼喊；写她挡住窗户，不让"我"看到外面的落叶，避免影响"我"的情绪；写她"央求""我"去北海看花，她憔悴的脸庞和欣喜的神色，她一直对"我"隐瞒自己的病情，她临终前艰难的呼吸，她放心不下的"有病的儿子"和"未成年的女儿"。

> **提问 2**：除了写"暴怒无常"，作者还写到了自己的哪些情绪？请结合全文内容，说说自己的阅读发现。

● 预设：

1. 在第 3 段里，作者写自己"独自坐在屋里，看着窗外的树叶'唰唰啦啦'地飘落"，可见他已经渐趋平静，他甚至答应母亲去北海看菊花。

2. 在第 5、6 段里，他能够平心静气地回忆起母亲被送往医院时的情景，虽然内心滚涌着情感的狂涛，但再也不会暴怒了。

3. 在第 7 段里，妹妹推着"我"去北海看菊花，"我"感受到了生命的蓬勃和旺盛，懂得了母亲"没有说完的话"，对未来的生活充满了热爱和憧憬。

● 归纳：

作者的情绪有一个变化的过程，而发生变化的主因是母亲。是母亲的期盼、央求和牵挂，是母亲的陪伴、无私和善良，是母亲的艰难、苦痛和惊恐，是母亲的温情、坚毅和坚韧，使"我"经历了一个由"坏"到"好"，由焦躁到平静，由失措到淡定，由排斥到接受，由冷漠到热情，由悲观到乐观，由绝望到希望的心路历程。

> 🔍 **提问 3**：由此可见，作者运用了什么手法来表达自己的情感？

● 预设：

衬托。

写"我"，是为了衬托母亲，使母亲的行为及品德得到更好的表现："我"的"暴怒无常"，是为了表现母亲的善良、宽容和苦痛，表现母亲的"心神不定坐卧难宁，兼着痛苦与惊恐"（史铁生《我与地坛》），使母亲无尽的苦难、伟大的隐忍、持久的坚韧、深情的希冀、毫不张扬的爱得到具体的呈现和极大的彰显。

最后，写"我"终于去看菊花，终于明白了母亲"要好好儿活"的嘱托，终于了却了母亲的心愿，也都是如此。

● 归纳：

运用衬托手法，明写"我"，暗写母亲；明写"我"的乖戾动作，暗写母亲的极不容易；明写"我"的行为表现，暗写"我"的情绪变化及其所反映出来的心路历程。行文委婉曲折，情感真挚感人。

> 按：在此过程中，可以穿插对母亲形象的感知，结合文中描写母亲的一些细节，体会母亲的善良、关切和母爱的伟大、隐忍、坚强……

三、品味语言，把握特点

重点阅读第 7 段：

又是秋天，妹妹推我去北海看了菊花。黄色的花淡雅，白色的花高洁，紫红色的花热烈而深沉，泼泼洒洒，秋风中正开得烂漫。我懂得母亲没有说完的话。妹妹也懂。我俩在一块儿，要好好儿活……

阅读思考：这一段写得特别精彩，你认为它精彩在何处？请用"从____（原句）中，我发现的精彩之处是____"的句式表述。

● 预设：

——从"又是秋天"中，我发现的精彩之处是<u>巧妙点题，结构上前后呼应</u>。

——从"妹妹推我去北海看了菊花"中，我发现的精彩之处是<u>前后文意一以贯之，暗中点出母亲</u>。

——从"妹妹推我去北海看了菊花"中，我发现的精彩之处是<u>文章主题的鲜明和突出</u>。

——从"我懂得母亲没有说完的话。妹妹也懂"中，我发现的精彩之处是<u>巧妙地直接引出了母亲，表达对母亲的"怀念"之情</u>。

——从"黄色的花淡雅，白色的花高洁，紫红色的花热烈而深沉，泼泼洒洒，秋风中正开得烂漫"中，我发现的精彩之处是<u>选取典型景物，抓住特征描写景物，有分有合，多姿多彩</u>。

——从"我俩在一块儿，要好好儿活……"中，我发现的精彩之处是<u>对母亲的深情缅怀，对未来生活道路的正确认识和充满希望，使情感抒发得到了升华</u>。

——从全段叙述和描写中，我发现的精彩之处是<u>事、景、情统一，综合运用叙述、描写、抒情的表现手法</u>。

▶ **追问1**：<u>这段文字，如果从表达方式看，可以分为几个层次？</u>

预设：

从表达方式看，本段文字可以分为三个层次：

第一层："又是秋天，妹妹推我去北海看了菊花。"这是叙述事情。

041

第二层:"黄色的花淡雅,白色的花高洁,紫红色的花热烈而深沉,泼泼洒洒,秋风中正开得烂漫。"这是描写景物。

第三层:"我懂得母亲没有说完的话。妹妹也懂。我俩在一块儿,要好好儿活……"这是抒发情感。

归纳:

这段文字,是"事""景""情"三者的高度统一,有绾结,有延展,有如一双明亮的眼睛,照映了全篇。

它不仅是文章结构上的前后呼应、首尾相连,而且是对全文内容的高度概括,更是文本情感的升华。

▶ **追问2**:这段文字写得很美,完全可以当作诗歌来读。我们来尝试一下,如果将之变换为诗歌形式,怎么表述呢?

预设:

又是秋天

妹妹推我去北海看了菊花(事)

黄色的花淡雅

白色的花高洁

紫红色的花热烈而深沉

泼泼洒洒

秋风中正开得烂漫(景)

我懂得母亲没有说完的话

妹妹也懂

我俩在一块儿

要好好儿活……(情)

出示:

史铁生《我与地坛》片段:

摇着轮椅在园中慢慢走，又是雾罩的清晨，又是骄阳高悬的白昼，我只想着一件事：母亲已经不在了。

在老柏树旁停下，在草地上在颓墙边停下，又是处处虫鸣的午后，又是鸟儿归巢的傍晚，我心里只默念着一句话：可是母亲已经不在了。

把椅背放倒，躺下，似睡非睡挨到日没，坐起来，心神恍惚，呆呆地直坐到古祭坛上落满黑暗，然后再渐渐浮起月光，心里才有点明白：母亲不能再来这园中找我了。

先要求学生模仿刚才的做法，把它改写为诗歌的形式，再让学生寻找和比较其行文特征的共同点，形成一般性认识，进而对作家抒发情感的独特方式形成具体性认识。

摇着轮椅在园中慢慢走／（事）又是雾罩的清晨／又是骄阳高悬的白昼／（景）我只想着一件事／母亲已经不在了。（情）

在老柏树旁停下／在草地上在颓墙边停下／（事）又是处处虫鸣的午后／又是鸟儿归巢的傍晚／（景）我心里只默念着一句话／可是母亲已经不在了。（情）

把椅背放倒／躺下／似睡非睡挨到日没／坐起来／心神恍惚／呆呆地直坐到／（事）古祭坛上落满黑暗／然后再渐渐浮起月光／（景）心里才有点明白／母亲不能再来这园中找我了。（情）

按：师生共同读上几遍，让学生沉浸到作家所营造的艺术氛围之中，自然体会行文的结构特点，认识行文的精巧，直观感受独特的情境、节奏和韵味。再进行比较和揣摩时，学生不仅可以直观感知语言运用的超凡魅力，还能够形象感知作家审美创造的心理特点与活动过程，进而使他们的思维不再停留于对课文中一些语句的理解、把握、分析上，而使他们的体验和欣赏能够到达散文艺术审美创造的层面，在他们的心灵上闪耀着一个活跃的艺术的精灵。

▶ **追问 3**：这段文字，与开头部分写自己的情绪有什么关联？与母亲又有怎样的关联？

预设：

——"我"终于在妹妹的陪同下，去北海看了菊花，这既是"我"思想情绪有了根本转变之后的举动，也是母亲的生前陪伴和言行影响的结果。前者是后者努力之果，后者是前者改变之因。

——"我"能够平心静气地去看菊花，不仅是完成母亲的夙愿，也是遵循母亲的教诲——"好好儿活"。这从侧面写出了"我"对母亲的感念和缅怀之情。这是对母亲最好的"怀念"，是作者情感的升华。

四、深读文本，探究问题

分角色朗读第 1 段和第 3 段中"我"与母亲的对话，揣摩人物说话的语气，并标出这两段文字的节奏。

> **提问 1**：作者在描写对话时，特别强调了母亲说过的话："好好儿活。"这是为什么呢？与"我"的情绪变化又有什么联系？

学生阅读思考，分享交流。

● **预设：**

——谋篇布局的需要：

1. 开始"我"不懂得"好好儿活"，后来"我"逐渐"懂得"应该"好好儿活"，现在的"我"已经能够"好好儿活"了。用这句话串联全文，将母亲与"我"、与妹妹紧紧地联系在了一起，也将"我"对母亲的怀念串联了起来。

2. 前后呼应：母亲的"好好儿活"是对"我"的乞求与期盼，"我"和妹妹"在一块儿，要好好儿活"是对母亲热切希望的回应。

——表达情感的需要：

1. 使情感表达更加鲜明，表达了自己对生活、对未来的永存希望、不息追求。

2. 情感升华：母亲所说的"好好儿活"所呈现的是乞求、希望、期盼、鼓励、担忧、焦虑等心理情绪，而"我"所说的"好好儿活"，是转变思想，不忘教诲，表明态度，积极生活，深表愧疚，深情缅怀。

> 🔍 **提问2**：回到我们开头讨论的问题，现在应该知道文章为何取题为"秋天的怀念"了吧？请联系全文，说说自己的理解。

学生思考交流。

● 预设：

母亲最后一次央求"我"，要推"我"去北海看花的事，发生在秋天，这让"我"刻骨铭心、难以忘怀。

母亲与"我"的诀别，也发生在秋天，这让"我"痛不欲生，永存遗憾和愧疚。

母亲操劳一生，在她人生刚刚步入收获成果的"秋天"时，却因生活的艰难而过早地离世，这给"我"留下了深重的悲伤。

"我"和妹妹遵从母亲的嘱咐，去北海看花，也是在秋天。花虽开，母亲却已不在，这令"我"更加想念母亲，也更加感到对不起母亲。

所幸的是，"我"终于从迷茫中走了出来，在满眼的烂漫的菊花丛中，"我"和妹妹终于懂得了母亲那没有说完的话，"我俩"会遵照母亲的嘱咐，坚定地走好自己的人生之路。

● 归纳：

秋天，最容易引起人的思念情感，"秋思"是古今中外人们经常说起的话题。

> 今夜月明人尽望，不知秋思落谁家。
> ——唐·王建《十五夜望月》

此时的作者可以说是:"今日花开人尽望,浓浓秋思落我家。"

> 秋是成熟的季节,是收获的季节,是充实的季节,却也是淡泊的季节。它饱经了春的蓬勃与夏之繁盛,不再以受赞美、被宠爱为荣。它把一切赞美与宠爱都隔离在澹澹的秋光之外,而只愿做一个闲闲的、远远的,可望而不可即的——秋。
>
> ——罗兰《秋颂》

这又多么像成天担忧,缺少快乐;只知耕耘,不问收获;只有奉献,毫不索取的母亲!

由此可见,以"秋天的怀念"为题,缘于时间因素,缘于主要事件,缘于艺术意象,缘于情感抒发。

五、阅读积累,拓展延伸

阅读《我与地坛》(节选),进一步体会史铁生所抒发的情感。

六、读写融合,方法迁移

请仿照第7段的表述方式,按照"事——景——情"的次序,运用描写和抒情的方式,写一两段话。写好后在小组内分享交流,并推荐佳作在班级展示。

要求:

> 围绕一个人(事),写出一种景象,抒发一种情感。

《散步》：一曲生命之歌

◆ 关键问题

文中说："这一切都使人想着一样东西——生命。"作者既然这样说了，那我们就不妨把"生命——感慨"作为这篇文章的思想情感主题。那这样的主题，他是怎么抒发出来的？我们又如何去认识、理解和欣赏呢？

◆ 设计意图

这篇课文教学中的最大困惑，就是对主题的理解。引导学生关注散文的主题表达，可以"牵一发而动全身"，带动他们对全文内容的整体感知和前后贯通；能够让学生更加准确地体会作者所抒发的思想情感，形成正确认识；能够启发学生从文本语言出发，而不是从固化概念、现成说法出发，去感受与体会散文的内涵，进而丰富自己的情感体验。

教学过程

一、情境导入，激发兴趣

（一）调动生活积累

同学们，你们有和家人、同学、朋友去散步的经历吗？在散步中，发生过哪些有趣的事？

学生分享交流。

（二）朗读精彩文段

散步，也是作家、诗人笔下常见的情景。请同学们自由朗读下面几个片段，感受一下他们所写的散步景象各有什么不同。

《琅嬛记》云："古之老人，饭后必散步。"

好像是散步限于饭后，仅是老人行之，而且盛于古时。

现代的我，年纪不大，清晨起来盥洗完毕便提起手杖出门去散步。

这好像是不合古法，但我已行之有年，而且同好甚多，不只我一人。

清晨走到空旷处，看东方既白，远山如黛，空气里没有太多的尘埃炊烟混杂在内，可以放心地尽量地深呼吸，这便是一天中难得的享受。

——梁实秋《散步》

在这里出门散步去，上山或是下山，在一个晴好的五月的向晚，正像是去赴一个美的宴会，比如去一果子园，那边每株树上都是满挂着诗情最秀逸的果实。假如你单是站着看还不满意时，只要你一伸手就可以采取，可以恣尝鲜味，足够你性灵的迷醉。阳光正好暖和，决不过暖；风息是温驯的，而且往往因为他是从繁花的山林里吹度过来，他带来一股幽远的淡香，连着一息滋润的水气，摩挲着你的颜面，轻绕着你的肩腰，就这单纯的呼吸已是无穷的愉快；空气总是明净的，近谷内不生烟，远山上不起霭，那美秀风景的全部正像画片似的展露在你的眼前，供你闲暇的鉴赏。

——徐志摩《翡冷翠山居闲话》

江南的地质丰腴而润泽，所以含得住热气，养得住植物；因而长江一带，芦花可以到冬至而不败，红叶也有时候会保持得三个月以上的生命。像钱塘江两岸的乌桕树，则红叶落后，还有雪白的桕子着在枝头，一点一丛，用照相机照将出来，可以乱梅花之真。草色顶多成了赭色，根边总带点绿意，非但野火烧不尽，就是寒风也吹不倒的。若遇到风和日暖的午后，你一个人肯上冬郊去走走，则青天碧落之下，你不但感不到岁时的肃杀，并且还可以饱觉着一种莫名其妙的含蓄在那里的生气；"若是冬天来了，春天也总马上会来"的诗人的名句,只有在江南的山野里,最容易体会得出。

　　说起了寒郊的散步,实在是江南的冬日,所给与江南居住者的一种特异的恩惠;在北方的冰天雪地里生长的人,是终他的一生,也决不会有享受这一种清福的机会的。

——郁达夫《江南的冬景》

● 预设:

第1个片段写的是清晨散步,可以享受新鲜空气。

第2个片段写的是傍晚散步,可以欣赏山中美景。

第3个片段写的是午后散步,可以饱览万物生机。

那么,当代作家莫怀戚通过对"散步"这件平常小事的描写,又会给我们说些什么呢?

二、朗读课文,整体感知

(一)指导朗读

学生自由朗读课文,要求能够读出语气、节奏,并进一步读出文章的情味,形成语感。

先让学生试读,揣摩朗读的语气、节奏;然后小组合作交流,推荐代表在全班朗读,师生共同评价,教师指导;在评价交流的同时,教师示范朗读。(对示范朗读没把握的教师,可以播放朗读音频。)

进行分角色朗读,让学生置身于课文的情境之中;通过模仿文中人物的语气语调,走进人物内心世界,体会人物思想情感。

(二)交流感受

> **提问**:读了这篇散文,你的感受是什么?请先用某一个词语描述和概括,再说说自己的初步理解。

用这样的句式回答：我的阅读感受是_____，我从_____中可以读出。

学生自主思考，尝试描述和概括，交流分享。

● **预设：**

——我的阅读感受是<u>清新</u>，我从<u>文中的写景语段</u>中可以读出。

——我的阅读感受是<u>明朗</u>，我从<u>文中的写景语段、散步的心情</u>中可以读出。

——我的阅读感受是<u>愉悦</u>，我从<u>散步的心情、家人的关爱与谦让</u>中可以读出。

——我的阅读感受是<u>亲切</u>，我从<u>家人间的关系</u>中可以读出。

——我的阅读感受是<u>温馨</u>，我从<u>家人间的关系</u>中可以读出。

——我的阅读感受是<u>和谐</u>，我从<u>家人间的关系</u>中可以读出。

——我的阅读感受是<u>舒缓</u>，我从<u>全家人悠闲地散步</u>中可以读出。

——我的阅读感受是<u>从容</u>，我从<u>他们慢慢地、稳稳地散步</u>中可以读出。

▶ **追问：** 除了这些直观感受之外，你从这篇文章中读到了什么样的主题？请用词语描述和概括。

预设：

亲情——关爱；谦让——和谐；孝道——伦理；中年——责任；生命——感慨；选择——担当……（参见《教师教学用书》）

按：让学生自由表达，提出自己的认识与看法，目的是激活思维，让学生主动积极思考。

三、研读课文，深入理解

我们还是看作者自己是怎么说的吧。

● **出示下列语句，让学生齐读：**

1. 这一切都使人想着一样东西——生命。

2.《散步》写于1985年。因为是发一种"生命的概括"，所以注定了它的抒情色彩。

3. 那次散步，就是一次陪伴。而与陪伴相伴的，就是对"生命"这个命题的感受和思考。

既然作者这样说了，那我们就不妨把"生命——感慨"作为文章的思想情感主题。那这样的主题，他是怎么抒发出来的？我们又如何去认识、理解和欣赏呢？

重点研读（一）

1. 这南方初春的田野，大块小块的新绿随意地铺着，有的浓，有的淡；树上的嫩芽也密了；田里的冬水也咕咕地起着水泡。这一切都使人想着一样东西——生命。

> **提问 1**：作者描写了一个怎样的景象？最后一句在文中有什么作用？

● 预设：

作者描写了冬去春又来，田野里一片生机的景象："随意地铺着"的新绿，树上密密的嫩芽，"咕咕地起着水泡"的冬水，浓郁的初春气息扑面而来。这是蓬勃生命的景象，它是如此美好，又如此富有活力。

最后一句点出了春意盎然景象的内在意义——生命的体现，生命的勃发。这是作者对生命的感悟，也是对生命的赞歌。还点出了全文的思想情感主题。

2. 她的眼睛随小路望去：那里有金色的菜花，两行整齐的桑树，尽头一口水波粼粼的鱼塘。

> **提问 2**：在这段文字中作者表达了什么意思？为什么要通过母亲的眼睛来写春天的美景？

● 预设：

这是写母亲眼中充满诗情画意的田园风光：金色的菜花，整齐的桑树，水波粼粼的鱼塘。菜花、桑树、鱼塘之美的背后都是人的因素在起作用，透过自然美景，我们可以看到人的力量、人的生命活力。

因为母亲刚刚"又熬过了一个严冬"，大好春色让她无比欣喜。字里行间流露的是母亲对生活的热爱，对生命的彻悟。这是一位饱经风霜的老人对美景、对美好生活的向往，对自我生命的眷念与珍爱。

春色是这样美好，又是那样熟悉，这容易唤起母亲美好的生活回忆。这是春天在召唤着她，也是生命在呼唤着她。

人是自然之子，和自然交融，享受大自然，享受阳光、空气，这是满足生命本身的需要，能给人以莫大的快乐。通过这次散步，熬过了严冬的母亲将会获得新的活力。

作者触景生情，自然而然地想到了人类的生命，想到了母亲的生命。自然会轮回，生命有代谢，正是在经历了一个又一个冬天的严寒之后，我们才更加体会到了春天的灿烂；春天在招手，生命在呼唤，正是因为母亲已步入老年，所以做儿子的才更加希望母亲像春天的万物一样充满生机与活力。

▶ **追问1**：如果对"她的眼睛随小路望去"这句话进行适当改写，以写出母亲的愉快心情，你会怎样写？

学生自主完成，小组交流。

预设：
母亲张开一直眯缝着的眼睛，朝前方的小路望去，突然露出了欣喜的神色。

3. 小家伙突然叫起来："前面也是妈妈和儿子，后面也是妈妈和儿子！"

🔍 **提问3**：作者通过儿子的口吻，揭示了生命中的一个现象，是什么呢？

● 预设：

作者非常巧妙地通过儿子的口吻，直观地揭示了生命传承的奥秘：美好的生命状态，是由于其代代相因、生生不息之传承。

天真稚嫩的话语，传达出的却是对生命最质朴的认识。

4.我的母亲要走大路，大路平顺；我的儿子要走小路，小路有意思。

提问4：如果从"生命"的角度看，母亲和儿子的分歧其实说明了什么？

● 预设：

儿子要走小路，不仅因为小路上有美丽的风景，更因为年幼无知的他还没有经历过生命的磨难；母亲要走大路，不仅因为大路平坦，她不想因走小路而给儿子增添负担，更重要的是因为她历经人生之路的坎坷，明白生命之途的坦荡来之不易。

▶ **追问2**：综合起来看，以上这些文字，是从什么角度体现出"生命——感慨"的？

预设：

角度1：对生命的感悟。

由自然美景感悟到生命的美好，由儿子的话语感悟到生命的传承，由散步的分歧感悟到生命的丰富多样、复杂多变。

重点研读（二）

1.母亲本不愿出来的。她老了，身体不好，走远一点就觉得很累。我说，正因为如此，才应该多走走。

> **提问1**：母亲为什么"不愿出来"？我们怎样认识"我"对母亲的劝说？

● 预设：

表面上看，母亲是因为"老了，身体不好，走远一点就觉得很累"，但其实另有原因。

> （1985年）我父亲刚去世。照料了他多年的母亲似乎一下子给抽掉了生活目标，身体情况变得很复杂。……母亲处在丧偶综合征中，这是一个微妙的阶段，必须谨慎度过，最不能缺的就是子女的陪伴。
> ——莫怀戚《二十年后说〈散步〉》

正因为如此，"我"才会劝她多走走。"我"的话语是那么温馨质朴，饱含着一个儿子对母亲的真切关心，凸显的是对他人生命的关爱，特别是对年老生命的关爱，拳拳之情溢于言表。

> 身体的无痛苦和灵魂的无纷扰是人的最大快乐。
> ——[古希腊]伊壁鸠鲁
>
> 健康是一个人的最大幸福。
> ——[俄]托尔斯泰

享受健康，是享受生命最基本的方面，是生命古老又永恒的需要。劝母亲出去散步，这是儿子对母亲有一个健康身体的期盼，有一个积极心态的祈求，能够活泼长寿的愿望，能够安享天伦的理想。

2.今年的春天来得太迟，太迟了。有一些老人挺不住，在清明将到的时候去世了。但是春天总算来了。我的母亲又熬过了一个严冬。

提问2：怎么理解"我的母亲又熬过了一个严冬"中的"熬"字？

● 预设：

"熬"，形象地写出了老母亲在身体和精神上遭受的磨难之巨。

"熬"所传达的，并非对严寒的冬天的抱怨，而是母亲对生命的渴求与热爱，这是母亲顽强生命力的突出表现。

"我"非常庆幸母亲"又熬过了一个严冬"。备受煎熬的还有"我"和"我"的妻子那颗孝顺的心。

● 比较1：

今年的春天来得太迟，太迟了。

今年的春天来得太迟。

今年的春天来得迟。

● 比较2：

但是春天总算来了。

但是春天还是来了。

但是春天终于来了。

● 比较3：

我的母亲又熬过了一个严冬。

我的母亲又挺过了一个严冬。

我的母亲又过了一个严冬。

比较的过程，就是对语言进行揣摩的过程。通过比较，可以让学生感受和体悟到"我"对春天的强烈期盼之情，春天来临后"我"的万分欣喜之情，"我"为母亲"熬过"这个严冬而庆幸的心理。

● 出示：

一个人老的时候，是那么渴望春天来临。尽管春天来了她没有一片要抽芽的叶子，没有半瓣要开放的花朵。春天只是来到大地上，来到别人的生命中。但她还是渴望春天,她害怕寒冷。

——刘亮程《寒风吹彻》

寒风吹彻中,我们还有春天的梦。

——刘亮程《一个人的村庄》

▶ **追问**:综合起来看,以上两个语段,又是从什么角度体现出"生命——感慨"的?

预设:

角度2:对生命的珍爱。

"我"劝母亲出去散步,"我"热切盼望春天早点来临,"我"由衷庆幸母亲终于又一次"熬过"严冬,都体现出对生命的珍爱与真爱。

重点研读(三)

1.我们在田野上散步:我,我的母亲,我的妻子和儿子。

我和母亲走在前面,我的妻子和儿子走在后面。小家伙突然叫起来:"前面也是妈妈和儿子,后面也是妈妈和儿子!"我们都笑了。

🔍 **提问1**:这幅画面给你以怎样的印象?你怎样理解这样一幅画面?

● **预设**:

两对母子、祖孙三代、一家四口在田野上其乐融融地散步,这是一曲"天伦之乐"的赞歌。

以爱情、亲情、家庭为重要内容的"天伦之乐",在生命中具有非常重要的价值,它会给人带来极大的快乐与幸福。

"我们都笑了",形象地告诉读者,这样的一段生命历程,是一次幸福之旅,是一次快乐之行。

● 比较:

我们在田野上散步:我,我的母亲,我的妻子和儿子。

我们一家在田野上散步。

我们一家四口在田野上散步。

我们一家三口和母亲在田野上散步。

作者的表达,充分体现了"我们"一词的范围和对象。——说出"我们"都有谁,显得郑重其事,这是对每一个生命都高度尊重的表现。

2.我想找一个两全的办法,找不出;我想拆散一家人,分成两路,各得其所,终不愿意。我决定委屈儿子了,因为我伴同他的时日还长,我伴同母亲的时日已短。我说:"走大路。"

> **提问2**:从"我"的矛盾心理和最终决定中,我们可以读出什么呢?

● 预设:

作者在一边是老、一边是幼的矛盾冲突中,理智地选择了遵从母亲的意愿,所体现出的不仅爱幼更加尊老的情怀令人感佩,它折射出作者尊重并善待衰老生命的光辉。

3.她现在很听我的话,就像我小时候很听她的话一样。

我的母亲老了,她早已习惯听从她强壮的儿子;我的儿子还小,他还习惯听从他高大的父亲;妻子呢,在外面,她总是听我的。

但是母亲摸摸孙儿的小脑瓜,变了主意:"还是走小路吧!"

> **提问3**:这些话中都有一个共同的词语,是什么?我们如何理解?

● **预设：**

听话（听从），听"我"的话，听从"我"的决定：

"我"先"听从"母亲，尊重她的想法——走大路，最后仍然按照她的想法——走小路。

母亲听从"我"——同意出来散步；母亲顺从孙儿——走小路。

儿子听从"我"，没有因"我"的决定而感到委屈；妻子听从"我"，什么话也没有说。

一家人彼此理解、相互信任和相互关爱，生活中充满了温情，生命也有了传承与延续下去的理由。无论是饱经沧桑的母亲，还是懵懂无知的儿子；无论是温柔贤淑的妻子，还是高大强壮的"我"，彼此之间都在以生命的高度互相对待。

▶ **追问**：在体现"生命——感慨"这一主题时，以上这些文字又是从什么角度体现呢？

预设：

角度3：对生命的尊重。

一家人彼此尊重，相敬如宾，这是对生命的尊重。

重点研读（四）

1. 一霎时，我感到了责任的重大，就像民族领袖在严重关头时那样。

🔍 **提问1**：按理说，散步中的分歧属于极小的事情，作者为什么要说得这么"重大"呢？

● 预设：

"歧路之争"，由身为中年的"我"来裁决，而"我"却不能两全。由于"我"在家庭中的独特身份和地位，对这样的争执如何仲裁"取决于我"。

作者为我们形象描述的，是一个强壮的生命在家庭中的那份沉甸甸的责任感。这种责任感具体指的是：作为家庭中的顶梁柱，上要赡养老人，让父母安享晚年；下要抚养孩子，关心教育他，让他健康成长；同时还要与妻子相濡以沫，和睦相处，让她幸福快乐。

● 比较：

一霎时，我感到了责任的重大，就像民族领袖在严重关头时那样。

一霎时，我感到了责任的重大。

作者大词小用，形象地展现了这种责任感的重大，语言幽默而启人深思。

2. 到了一处，我蹲下来，背起了我的母亲，妻子也蹲下来，背起了我们的儿子。

但我和妻子都是慢慢地，稳稳地，走得很仔细，好像我背上的同她背上的加起来，就是整个世界。

🔍 **提问2**："我"背母亲，妻子背儿子，他们的行为又体现了怎样的生活态度？

● 预设：

作者说："沉重的责任，自需背负。"这样的"背负"，突出表现在生命遇到困难之时，所以当在蜿蜒的小路上遇到母亲与儿子都走不过去的时候，他们做出了他们该有的行动。

他们背的不仅是家人，更是对生命责任的勇于担当和义不容辞。"整个世界"的感受，表现了人到中年的心情：亲人的平安、健康、快乐，就是最大的心愿，就是天大的事情，就是生活的全部。

通过这样的描写，作者巧妙地"渗透"了社会伦理的重大主题，极为含蓄地写出了作为一个站在老与幼、新与旧生命之链连接点上的中年人对生命和社会的责任。

● 比较1：

到了一处，我蹲下来，背起了我的母亲，妻子也蹲下来，背起了我们的儿子。

到了一处，我背起了母亲，妻子背起了儿子。

● 比较2：

但我和妻子都是慢慢地，稳稳地，走得很仔细，好像我背上的同她背上的加起来，就是整个世界。

但我和妻子都走得很仔细。

▶ **追问**：这样的描写，又是从什么角度体现"生命——感慨"这一主题的呢？

预设：

角度4：对生命的担当。

出示：

只有人类才不但保护幼小的生命，而且善待衰老的生命。所以成熟的生命，即所谓中青年人吧，其责任的沉重可想而知。

背小的，背老的；将整个世界背起来，中青年人责无旁贷。

——莫怀戚

"一霎时，我感到了责任的重大。""好像我背上的同她背上的加起来，就是整个世界。"这样的话语使文章主题和思想情感得到了集中的体现，与文章第4段中"这一切都使人想着一样东西——生命"前后呼应，对全文起到了画龙点睛的作用。

朴素的文字，饱含着责任，满溢着温馨，闪烁着理性，让我们在欣赏生命之美的同时，感觉到了生命的分量。

● 总结归纳：

> 这样的一次散步，表层的是生活，深层的是生命；表层的是温馨和谐的亲情，深层的是对生命的爱惜和珍视；表层的是亲人的互敬互爱，深层的是对生命的追问和思考。
>
> ——《语文学习》2012年第9期

这篇短小的精美散文，围绕"生命——感慨"这一思想情感主题，通过对景物的一草一木、人物的一举一动朴素而亲切、简练而生动的描写，从对生命的感悟、对生命的珍爱、对生命的尊重和对生命的担当等几个方面，诠释了"生命"这一凝重而宏大的主题，强化"生命"意识，弘扬"生命"精神，张扬"生命"本性，凸显"生命"责任；热爱"生命"，珍视"生命"，善待"生命"，关怀"生命"，"生命"的旗帜在高高飘扬！

四、读写融合，表达交流

任务一："后来发生了分歧：母亲要走大路，大路平顺；我的儿子要走小路，小路有意思。"这段叙述如果改为母亲和儿子之间的对话，他们会怎么说呢？请展开合理想象，写一写他们的对话，并在小组内交流。

要求：

1. 口吻、语气要与人物身份相符；
2. 不能偏移话题。

按：此练习也可以安排在课中相关环节进行。

任务二：开头三段文字运用的是倒叙的方式：先说"现在"，再说"过去"。

如果改为顺叙,从"过去"到"现在",作者会怎么写?请尝试帮作者改写一下。写好后在小组内交流。

要求:

不改变原文的意思,要交代清楚时间和事情先后顺序。

按:此练习的目的不是灌输抽象的写作知识,而是让学生直观而形象地感知叙述方式的不同选择、巧妙变化所带来的表达效果,进而能够学以致用,实现能力迁移。

《世说新语〈陈太丘与友期行〉》：
对话中的家庭教养

◆ **关键问题**

课文选自《世说新语·方正》篇。方正，指人行为、品行正直，合乎道义。那么，文中的陈元方有哪些"方正"之处呢？

◆ **设计意图**

一篇小品文，怎么才能让学生读出其中独特的内涵？这是"浅文深教"需要考虑的重要因素。以对人物行为与品性特点的认识与理解为切入点，便于学生在感知与把握文意的基础上，了解事情的来龙去脉，理清人物关系，挖掘人物言行背后所蕴含的东西，进而理解人物言行的合理性。

教学过程

一、温故知新，情境导入

● **出示《王戎不取道旁李》：**

王戎七岁，尝与诸小儿游。看道边李树多子折枝，诸儿竞走取之，唯戎不动。人问之，答曰："树在道旁而多子，此必苦李。"取之，信然。

这个故事大家在小学都学过，它说的是什么意思呢？有什么寓意？请同学们回顾一下。

学生简述故事大意，并概括其寓意。

● 预设：

这个故事说明王戎幼时特别聪慧。其寓意是：表面看上去光鲜的东西，可能并不会那么好，否则早就被人拿走了，我们做事情要有自己的正确判断。

上节课我们学了《咏雪》，也深深地被儿时谢道韫的聪慧机敏所折服。其实这样的人，在古代有很多，《世说新语》中有大量这样的记载。今天我们要学的《陈太丘与友期行》，又表现了谁的哪个方面的特点呢？我们还是从课文中一探究竟吧。

二、初读课文，整体感知

> 🔍 **提问 1**：这则故事中，写到了几个人？他们之间的关系是什么？

学生阅读，交流（上黑板画出人物关系图）。

● 预设：

写到了三个人：陈太丘、友、元方。

元方是陈太丘的儿子；"友"指陈太丘的朋友，姓名不详；从辈分上说，元方是"友"的晚辈。

▸ **按**：这两个看似"小儿科"的问题，其实是为后面的阅读理解做铺垫的，因为学生可能会只关注陈元方，而忽略陈元方背后的家庭教育因素。

▶ **追问**：文中对人物是怎样称呼的？其称呼语有什么特点？

学生阅读课文，圈画出称呼语，讨论交流。

预设：

——友：陈太丘的朋友，第三人称。

——客：陈太丘的朋友，第三人称。

——尊君：对别人父亲的尊称。

——君：对成年男子的尊称。

——友人：即"友"。

——人："非人哉"之"人"，指"人的行为与为人准则"；"与人期行"之"人"，指友人自己，可解为"别人"。

——家君：对人谦称自己的父亲。

——子：儿子，指"别人的儿子"。

——父：父亲，指"别人的父亲"。

按：此环节可适当关联课后的知识短文"古代常用的敬辞和谦辞"。具体展开时，可结合现实生活设置一个情境，让学生学会正确使用敬辞和谦辞。

提问 2：故事是围绕什么事件展开的？请用自己的语言进行概述。

学生尝试概括，小组交流。

● **预设：**

故事是围绕"陈太丘与友期行"这件事而展开的：

陈太丘与一位朋友约好了同行，但朋友没有按约定的时间到达，于是陈太丘就自己一个人先走了。朋友来了，发现陈太丘已经走了，非常生气，并当着他的儿子元方的面大声责骂。元方严词指出了这位朋友的错误言行："无信""无礼"。朋友非常惭愧，想跟元方套近乎，元方却没有搭理他。

按：概述不同于翻译，不必逐字逐词逐句地进行，但意思要完整、准确。

🔍 提问 3：同学们能根据课文内容，将这一故事表演出来吗？

按：在表演之前，先要指导学生尝试改写故事，用课本剧或小品的形式呈现，这样表演起来才会有一定的章法。可以允许学生适当增加一些细节性内容，如人物的话语、动作、神情等，以促进他们进一步了解故事。

三、研读课文，深入理解

阅读思考：当得知陈太丘已经先行离开时，"友人便怒曰"，情绪上明显有点失控。他的"怒"说明了什么？那么，对于他的行为，陈太丘和元方有没有"怒"呢？

按：要引导学生体会重点词句表情达意的作用，通过对重要词句的把握，深入理解文意，揣摩人物的心理情绪，把握人物的性格特征。

学生细读课文，分别找出描写人物动作、神态的语句，体会其意。

🔍 提问 1：友人为何发怒？我们怎么认识他的"怒"？

重点读下面这句话，要求读出友人的语气、情绪：

> 友人便怒曰："非人哉！与人期行，相委而去。"

● **预设**：

体会友人的情绪，分析其"怒"的原因："与人期行，相委而去。"被陈太丘甩了，很生气。

品味"非人哉"的气愤语气："非人哉！"一个"哉"字，一个感叹号，体现了其人性格急躁、为人粗鲁的特点。

他"怒"在陈太丘"与友期行，相委而去"，也就是没有等他，就先走了。

但他明显忽视了一点，即自己有错在先——"过中不至"，明明与陈太丘约好了"日中"时分到的，却无端爽约。

不但不自我反思，还大发雷霆，可见其为人涵养有所欠缺。

> 🔍 **提问 2**：陈太丘在友人"过中不至"后"舍去"时有怎样的心理活动？请以"陈太丘心里想"为开头，做适当补充。

按：让学生借助于语言表现出来，当然也可辅以一定的动作、神态描写。让学生体会到，陈太丘其实也是"怒"的，只不过是通过行动表现出来而已。

● 预设：

——陈太丘心里想：这位友人怎么不守时呢？言而无信，不知其可！

——陈太丘心里想：明明跟他约好了，他却不讲信用，这样的朋友不要也罢！

陈太丘的"怒"，源于友人的言而无信、不守约定，可见他是一个把"守信"看得很重的人。

按：让学生能够从字里行间读出背后的东西，通过再造和想象，合理推断陈太丘的心理活动，这有助于对陈太丘其人的了解与认识，学生也可以从中理解元方言行所体现出来的家庭教养。

> 🔍 **提问 3**：元方对父亲友人的态度是什么？他为什么有这样的态度？请做简要分析。

学生重点阅读，读出元方的语气和情感，体会到其中的"怒意"：

元方曰："君与家君期日中。日中不至，则是无信；对子骂父，则是无礼。"

● 预设：

元方的态度同样是"怒"：

怒其"无信"："与家君期日中"，日中却"不至"。

怒其"无礼"："对子骂父"，既不尊重其父，也不尊重其子，有违人伦之常。

怒其态度恶劣：明明是自己做错了，却不检讨和反思，反而把责任推到别人身上，可谓恼羞成怒，其心胸之狭窄、言行之毫无风度可见一斑。

按：学生对元方的心理进行品味，进行细致分析，可以深入认识元方良好的为人素养，理解人物描写的基本方法。

▶ **追问1**：那位友人真的如此不堪吗？

重点阅读品味："友人惭，下车引之。"

预设：

那位友人听了元方的话，大为惭愧，并"下车引之"，试图求得元方的谅解，可以看出他是一个知错必改之人，性格是直爽的，也有一点可爱之处。这对元方其人起到了侧面烘托的作用。

文章到"元方入门不顾"就结束了，但我们仍然可以想象出那站在门外的友人，一副尴尬与惭愧的表情。

当然，我们也可以设身处地地想，有可能他确实因为有什么事情而耽误了，这是可以原谅的；问题是他没有为自己的爽约做出任何说明，更没有表示歉意，反而归罪于陈太丘，这就是他的不对了。

▶ **追问2**：文中只写了友人"惭"，并"下车引之"，用行动表达自己的歉意，如果在此处加上语言描写，那他又会说些什么？请仿照元方的话，为他写几句话，要能写出他的真诚歉意。

按：丰富再造的目的，是让学生进一步认识和把握人物形象的特点，使他们对文本意思的理解更加深入。

四、探究问题，提升思维

> 🔍 **提问**：课文选自《世说新语·方正》篇。方正，指人行为、品行正直，合乎道义。那么，文中的陈元方有哪些"方正"之处呢？他的故事又给我们以怎样的启发？

按：要让学生进一步感受人物形象，并能够学会欣赏与评价。

学生思考，讨论。

● 预设：

元方行为、品性的"方正"在于：

——懂得为人的基本准则，知道为人的道义，且有正确的认知。

——对行为、品性有亏之人，有自己的正确判断，并能当面指出对方的错误。

——能够有理、有据、有节地坚持自己的正确认识，不因对方年龄、身份、地位及其与自己的关系等外在因素而改变自己的看法。

——有鲜明的个性，有自己与人交往的原则：如此小的年龄，却因为对方的"无信""无礼"而不愿与其交往，尽管对方已经认错并向他示好，但他仍然"入门不顾"，态度非常决绝，强烈表现出了自我个性。

他的言行，折射出了良好的家庭教养，其背后是陈太丘的言传身教。正因为陈太丘是一个"方正"之人，他才教育出了陈元方，可谓"有其父必有其子"。从元方的身上，我们看到了家庭教育对孩子的巨大影响。父母的一言一行、一举一动无不潜移默化地影响着孩子，有教养的家庭才会产生有教养的孩子。

有了这样较为深入的研讨，学生基本上都会形成自我认识和判断，受到的启发也会比较具体而丰富。学生能够说出比较独特的启发，其实也正是多角度、有创意阅读的结果。

按：这个环节，教师要适当引导和点拨，把学生的思维引向全面、丰富和深入，不能停留在肤浅的认识层次上。

● 出示：

南阳宗世林，魏武同时，而甚薄其为人，不与之交。及魏武作司空，总朝政，从容问宗曰："可以交未？"答曰："松柏之志犹存。"世林既以忤旨见疏，位不配德。文帝兄弟每造其门，皆独拜床下，其见礼如此。

——《世说新语·方正》

晋武帝时，荀勖为中书监，和峤为令。故事：监、令由来共车。峤性雅正，常疾勖谄谀。后公车来，峤便登，正向前坐，不复容勖。勖方更觅车，然后得去。监、令各给车自此始。

——《世说新语·方正》

▶ **追问**：这两个故事中的人物，又有怎样的品格？

● 预设：

宗世林坚守自己的"松柏之志"，"道不同不相为谋"，因为鄙视曹操的为人，所以坚决不与他交往，哪怕他成了炙手可热的权贵也是如此。

同样因为厌恶、鄙视同事荀勖对权贵之人阿谀逢迎的丑态，和峤竟然不愿与他同乘一车上朝，哪怕违反有关规定也不退让，疾恶如仇的形象跃然纸上。

五、读写融合，表达交流

任务一：请以"傍晚，父亲从外面回来了，陈元方迎上前去，说……"为开头，写一段话，并在课上交流。

任务二：在你的生活经历中，你遇到或听说过类似的"方正"之人和"方正"之事吗？请将之写下来，在小组内交流分享，并根据同学的评价意见修改完善，将其写成一篇文章。

《植树的牧羊人》：一个人的种植

◆ **关键问题**

课文题目是"植树的牧羊人"，但从课文内容看，这一故事主人公的身份其实是不断变化的。具体来说有哪些变化呢？为什么会有这样的变化？

◆ **设计意图**

好的题目，是文章的窗户，透过它，往往能够窥见其内的奥秘。但翻译作品的题目往往与译者有关，进入到课本中，又有编者的考虑，如果引导学生深究其中的种种因素，倒不失为一个很好的学习入口。引导学生从题目入手，可以带出对全文内容的理解；学生一旦对人物身份有了完整而清晰的了解，也就了解了人物的故事及其所体现出来的人物形象特点，进而串联起文章的思路结构。而对题目这一关键句（短语）的揣摩，对学生语感的形成有很大的帮助，便于写作迁移运用。

教学过程

一、初读课文，感知文意

（一）导入

● 出示《纪念白求恩》片段，学生齐读：

现在大家纪念他，可见他的精神感人之深。我们大家要学习他毫无自私自利之心的精神。从这点出发，就可以变为大有利于人民的人。一个人能力有大小，但只要有这点精神，就是一个高尚的人，一个纯粹的人，一个有道德的人，一个脱离了低级趣味的人，一个有益于人民的人。

生活中，总有这样一些人，他们默默地做着一切，慷慨无私，不图回报；他们为世界留下的不仅是可见的物质，而且是可贵的精神和意志。白求恩是这样的人，法国作家让·乔诺笔下的"植树的牧羊人"也同样如此。那么，这位"植树的牧羊人"有着怎样的动人故事，在他身上又体现了怎样的精神品质呢？让我们走进文本，去了解他既平凡而又非凡的生活吧。

（二）初读课文，感知文意

学生自由朗读课文，边读边圈画出表示时间的词语或句子。

> 🔍 **提问 1**：这篇文章中写"我"与植树的牧羊人交往的时间跨度有多长？他植树的实际时间有多长？

● **预设：**

"我"初次与他见面：时间是 1913 年 6 月，他植树已经有 3 年了（从 1910 年开始）；

"我"再次跟他见面：时间是 6 年之后（"过了一年""在军队里待了五年"），即 1919 年，而他已经植树 9 年了；

"我"从 1920 年开始，"几乎每年"都去看望这位植树的老人，他植树的时间也在延长。

按：此处可追问"我"与这位植树的老人见了几次面。

"我"最后一次见他，时间是 1945 年 6 月，与第一次见面相隔整整 32 年，老人已经 87 岁了；虽然不知道他是否还在植树，但无疑，他的努力有了回报。

▶ **追问**：作者重点写了哪些内容？其侧重点各是什么？由此可见文章的详略安排是怎样的？

预设：

作者重点写了前两次与植树人见面时的所见所闻，这是详写；而两次描写，第一次又比第二次写得详细一些。对最后一次见面则写得比较简略，这是略写。

写第一次见面，具体介绍了他的生活情况，侧重写了"我"观察他如何选树种、如何种树的情形，这是写他"在种树"。

写第二次见面，对生活情况的介绍较为简略，侧重写"我"在他种的树林里"转悠了一整天"的情况，这是写他"所种的树"。

写最后一次见面，对老人的情况一笔带过，侧重写老人所创造的奇迹，侧面衬托出这位植树人的伟大，这是写他"在绿洲"。

🔍 **提问 2**：据此，我们可以把文章分为几个部分？请说说你这样划分的理由。

● 预设：

可以分为三个部分：

第一部分（第 1 段）：用议论引出后面的叙述。

第二部分（第 2~20 段）：讲述了一位"难得的好人"独自一人在荒原上植树的故事。

第三部分（第 21 段）：对这位老人做总体评价。

二、再读课文，把握特点

（一）重点阅读第 1 段

想真正了解一个人，要长期观察他所做的事。如果他慷慨无私，不图回报，还给这世界留下了许多，那就可以肯定地说，这是一个难得的好人。

> **提问**：这段文字中有哪些信息？其中最为关键的信息是什么？请结合文意做具体理解。

学生阅读思考，合作交流。

● **预设**：

1.这是两个假设句，第一句可以表述为"（如果）想真正了解一个人，（那就）要长期观察他所做的事"。

第一句说的是如何才能了解一个人，第二句说的是怎样的一个人可以算是"难得的好人"。联系全文，不难看出，这不仅仅是作者的认识，也是某种事实，更是这篇文章所产生的效果。

2.这两句中最关键的信息是："长期观察"与"难得的好人"。

（1）"长期观察"

"长期观察"一个人所做的事，这一行为正是本文的叙述重点，给读者的信息是：

文章将会写这样的"长期"（要写好几次）"观察"下的人及其所做的事（写出所见和所闻，乃至所感），"长期"暗扣了行文的思路（以时间为序），"观察"则说明行文中必定有"我"的影子。

这是一篇回忆性文章，所有内容都是"长期观察"后的追忆。而能够值得回忆的人肯定是不一般的人，他的不一般也必定会在"我"的内心留下深刻的印象，"我"也会不断地出来说话。

由于有了"长期观察"，所以这篇文章的真实性是不用怀疑的，这样的表白对读者的认知与心理情绪会产生一定的影响。

（2）"难得的好人"

之所以能够称得上"难得的好人"，是因为他"慷慨无私，不图回报"，是因为他给他人、社会和世界"留下了许多"。给读者的暗示是：文中所写的就是这样的一个人。这给读者留下了悬念，激发了读者的阅读兴趣和欲望。

称一个人为"难得的好人"，这是作者对某个人的评价，是情感态度的表现，这为全文奠定了情感基调。

这两句，好像是作者的某种认识与看法，其实是总领全文，以此串起全部内容，极为自然地引起下文。既有极强的概括力，又起到了提纲挈领的作用。

（二）重点阅读第21段

> 每当我想到这位老人，他靠一个人的体力与毅力，把这片荒漠变成了绿洲，我就觉得，人的力量是多么伟大啊！可是，想到要做成这样一件事，需要怎样的毅力、怎样的无私，我就从心底里，对这位没有受过什么教育的普通的农民，感到无限的敬佩。他做到了只有上天才能做到的事。

> 🔍 **提问**：写最后一次与他相见，侧重点发生了什么样的变化？这是什么手法？

学生阅读思考，合作交流。

● **预设：**

从篇幅上看，文章侧重写的是"我"与那位"植树的牧羊人"前两次见面的情形，而对最后一次见面则写得比较简略。更重要的还不是内容上的简略，而是角度的不同。

对这位"植树的老人"，作者只介绍了他的年纪——已经87岁了，就再也没有直接写他了，而是写自己所见、所闻的美好景象："一切都变了，连空气也不一样了。"生机勃勃的沃土，干净的农舍，源源不断的泉水，健康的男男女女，充满了青春与活力，还有探索新生活的勇气；热闹的乡村，孩子们的欢笑，舒适的新生活。直到最后，作者才对这位"植树的老人"充满赞美："一万多口人的幸福生活，都源于这位叫艾力泽·布菲的老人。"

这是从侧面对这位可敬的人进行描写，通过荒原翻天覆地的变化，衬托出他的伟大。

（三）重点阅读第2段

（1）那是在1913年，我走进法国普罗旺斯地区，在游人稀少的阿尔卑斯山地，做了一次旅行。（2）这里海拔一千二三百米，一眼望去，到处是荒地。（3）光秃秃的山上，稀稀拉拉地长着一些野生的薰衣草。（4）在无边无际的荒野中，我走了三天，终于来到一个废弃的村庄前。（5）我在倒塌的房屋旁边支起帐篷。从前一天晚上起，就没有水喝了。（6）现在，我必须去找点儿水。（7）我猜想，这里虽然成了废墟，但是，像马蜂窝一样、一间挨一间的房子周围，总会有一口水井，或是一眼泉水吧！（8）我确实找到了一个泉眼，可惜已经干涸了。这里有五六栋没了屋顶的房子，任由风吹雨打。（9）旁边还有一座教堂，钟楼也已经坍塌了。（10）这一切，让人能想象出当时人们在这里生活的情景。如今，却一点儿生气也没有了。（11）那是六月晴朗的一天，太阳快要把人烤焦了。（12）在毫无遮拦的高地上，风吹得人东倒西歪。狂风呼啸着穿过破房子的缝隙，像一只饥饿的野兽发出吼叫。（13）我打消了在这里过夜的念头。

> **提问**：这段文字的主要内容是什么？可以分为几个层次？

学生阅读，标注句子的序号，思考交流。

● 预设：

这段文字的主要内容是："我"在荒原上旅行时，所见到的荒芜景象。

从内容看，可以将其分为三层：

第一层：第（1）至（3）句，写"我"在普罗旺斯旅行，普罗旺斯给"我"的整体印象——游人稀少，一片荒凉。这属于全景呈现。

第二层：第（4）至（10）句，写"我"来到一个"废弃的村庄"，那儿"一点儿生气也没有"：房屋倒塌，一片废墟；泉眼干涸，钟楼坍塌。这是对上一层内容的具体展开，是特写镜头。

第三层：第（11）至（13）句，写恶劣的自然景象和"我"的心理状态。

上两层主要写"我"的所见,这一层侧重写"我"的所感。

▶ **追问**:由此可见,这段文字在内容结构上有什么特点?其在文中的作用是什么?

预设:

先写所见再写所感,其结构特点是:先总写,再分写,最后再总写。

自然引出后面的故事,为进一步叙述做好铺垫;如此荒凉破败的景象,与后面的绿水青山、充满生机形成了强烈的反差,更能衬托出所写人物将一片不毛之地改造成为"奶与蜜的迦南地"的伟大。

三、探究问题,提升思维

🔍 提问 1:课文题目是"植树的牧羊人",但从课文内容看,这一故事主人公的身份其实是不断变化的。具体来说有哪些变化呢?为什么会有这样的变化?

学生在文中一一找出对人物的称呼语,再进行简要分析。

● 预设:

(一)牧羊人

与他第一次见面时,作者反复说他是"牧羊人":他在荒凉、贫瘠的山上放羊,"有三十来只羊";放羊时,他让羊自己吃草,让大狗看着羊群,自己在山上种树。

——"我"眼中的他,就是一个"牧羊人"。

▶ **追问 1**:重点阅读第 4~7 段,思考:这位牧羊人给"我"留下了怎样的印象?

● 预设：

第 4 段：独自生活，不太爱说话，显得自信、平和，有如"不毛之地上涌出的神秘泉水"。

第 5 段：结实的房屋，说明他做事的扎实；严实的屋顶，不漏一点雨水，说明他做事的认真和细致；整齐的房间，干净的餐具，一尘不染的地板，上过油的猎枪，新刮的胡子，缝得结结实实的衣服扣子，针脚细致得几乎看不出来的补丁，都说明他是一个热爱生活、精致讲究的人。

第 6 段：他不抽烟，生活习惯良好，甚至他的狗也和他一样，"安静，忠厚，不张扬"。看上去是写狗，其实是衬托他。

第 7 段：他一颗一颗地仔细地挑选着树种，最后挑出了一百颗又大又好的橡子，这一细节描写，说明他做事极为认真、仔细，特别有耐心。

▶ **追问 2**：他一直都是"牧羊人"吗？

预设：

不是，他原来是一个农民，这才是他真正的身份（严格来说，"牧羊人"以放牧为生，"农夫"则以耕种为生）。

他的名字叫艾力泽·布菲，原来在山下生活，有自己的农场。家人去世后，他与羊群和狗做伴，为了缓解自己的痛苦和孤独，他开始在荒山上种树，以找到幸福和满足。这位普通的农民，虽然没有受过什么教育，却做出了非凡的业绩。

——生活遭遇改变了他的身份，他从农民变成了牧民。

（二）养蜂人

到"我"第二次与他见面时，他已经不再放羊了，因为羊吃树苗。他添置了一百来个蜂箱，改养蜜蜂了。

——生活状态（牧羊人）与生活理想（植树）发生了矛盾，于是他变成了养蜂人。

（三）男人

这一性别特征在他身上体现得非常明显，从五十多岁开始，他一直"坚持做着自己想做的事""靠一个人的体力与毅力"，创造了生活的奇迹！

他独自生活在山上，不爱说话，沉默寡言，有男人身上的那种自信、平和，有男人的那种认真、细致，有男人的意志坚定与果决，有男人的勤劳与善良……

——他的坚持与执着，他的顽强与坚韧，他的默默无闻，他的无私奉献，他身上所体现出来的优秀灵魂和精神品德，都使他的性别特征无比鲜明，也让人无限敬佩。

（四）老人

"我"第一次见到他时，他 55 岁了，已经在山上种了三年多的树，做着他认为"重要的事情"；"我"第二次与他见面时，是六年以后，他 61 岁了，仍然坚持在山上种树，他"种橡树，种山毛榉，还种白桦树"，"靠一个人的双手和毅力"造就出了一片片树林；"我"最后一次见到他时，他已经 87 岁了，虽不再种树，却与其他老人一起，享受着由他几十年如一日的不懈劳动带来的舒适生活。

——"老人"既是年龄的表征，也折射出"我"对他的尊敬和爱戴。他虽"老"，却完成了神一般的伟业，更让人敬佩不已。

> 🔍 **提问 2**：如此看来，原来的题目"植树的男人"与课文的题目"植树的牧羊人"相比，哪一个好？请结合全文，说说你的看法。

● 预设：

——原来的题目好。

他的性别是"男人"，因为是"男人"，所以这样的故事才显得真实可靠；作为"男人"，他的身上有着非同一般的品德、精神和意志，他做出了伟大的业绩，却又十分低调，这同样符合其性别特征。

"牧羊人"的生活只是他一生的片段而已。从文中可以看出，他 52 岁开始过"牧羊人"的生活，到 61 岁（作者第二次见到他时）之前，就改变身份，做"养蜂人"了，前后也就六七年时间。用"牧羊人"来称呼他，不能反映他整个后半生的生活状态。

再说，用艾力泽·布菲告诉"我"的话说，放羊与植树是矛盾的，因为羊会吃树苗。

——课文的题目好。

作者第一次见到艾力泽·布菲时，他确实是一个牧羊人，而这又是作者重点写作的部分。

"牧羊"暗示了他的生活来源，这样他才能去植树，否则生活都成问题，怎么去植树呢？这使他"植树"的行为显得真实可信。

"牧羊人"的生活，往往是比较闲适的，这使他"植树"有了充裕的时间。

"牧羊人"的生活景象，给人的感觉是一种田园牧歌，显得有点诗情画意，能够激发读者的想象力；"男人"显然缺少一种韵味。

"题好文一半"，一个富有诗意并能给读者带来艺术想象的题目，让人印象深刻，难以忘怀。

> **提问 3**：如果让你写这样一篇文章，你可能会取一个怎样的题目？请简要说说你的理由。

● 预设：

——"植树的老人"

小说的主人公是一位"老人"，这样写更会给人以悬念（"老人"怎么还去植树？他不应该在家颐养天年吗？），"老人"还能暗寓某种情感。

——"荒山上的植树人"

与人物所做的事情"植树"完全吻合，同样可以给读者带来悬念（荒山上怎么植树？在荒山上能植好树吗？），还可以突出人物行动的价值与意义（改变荒山面貌），可以凸显人物行动与自然条件的矛盾冲突（荒山上植树困难多多，更能表现出人物的精神、意志）。

——"种树人",(或"植树人")

动画电影名就是"种树人"(种树的人)。因为人物的主要行为就是"种树",这是他最值得称赞之举。这样的题目可以为读者带来更多的思考空间,激发想象力:这是一位怎样的种树人?他在哪里种树?他为什么要种树?他是如何种树的?种树过程中他遇到了怎样的困难?他种树成功了吗?

——"一个人的种植"

作者一直说这位植树人是孤独的,他一个人在山上种树,一心一意,心无旁骛,哪怕是战争也没有扰乱他的生活。他"做到了只有上天才能做到的事":他"不是靠什么技术,而是靠一个人的双手和毅力""把这片荒漠变成了绿洲",不但改变了自然环境,而且创造了新的幸福生活。

四、读写融合,能力迁移

任务一:课后阅读绘本《植树的男人》(或观看动画电影《种树人》),请模仿绘本的画法和写法,尝试选择课文中的某一个片段,画一幅画(可以是简笔画),拟好标题,并配上文字。在班级文化布置栏中将其展示出来。

任务二:根据文意,为植树人艾力泽·布菲写一份"人物介绍"(事迹介绍),并在课上交流。

要求:

运用第三人称,拟一个比较恰当的题目,300字左右。

提示:

先从文中分别找出有关语句,再按照顺序进行归类,最后整理出完整的文字。

《走一步，再走一步》：悬崖上的一课

◆ 关键问题

作者在文末说："此后，我生命中有很多时刻，面对一个遥不可及的目标，或者一个令人畏惧的情境，当我感到惊慌失措时，我都能够轻松面对——因为我回想起了很久以前悬崖上的那一课。"那是怎样的"一课"，能让作者 56 年后还铭记在心呢？

◆ 设计意图

从尊重原作的角度看，课文的题目值得讨论。原题中的"一课"两个字，值得玩味，引人思考。抓住"一课"可以带出"课中事""课中人""课后感"；抓住"一课"，可以引导学生读出"课"的发生、发展，进而把握行文思路与结构特点；还可以引导学生从这"一课"的呈现过程，体会到"我"的心路历程，领悟到作者叙述故事的生动曲折。

教学过程

一、情境导入，整体感知

（一）情境导入

同学们，从幼儿园开始，我们就到学校学习了。我们学习的最主要的方式就是"上课",那么什么是"课"呢?"课"一定是在学校或教室里才会有吗?生活中,我们经常听人说"某某人给我上了一课",这又是什么意思呢?

其实,生活中是有很多"课"的,它同样能给我们或他人以一定的教育启发,只不过与我们在学校上的课不一样而已。那些"课",有的是别人给自己上,有的是自己给别人上;有的是有意图地给谁上,有的虽然没有明显的意图却让人体会到了。能够被人记住,并将它写成文章的"课",肯定很有意思,我们今天要学习的就是这样一篇写"课"的课文。

课前大家都进行了预习,文中有没有明确说这是"一课"呢?

> 此后,我生命中有很多时刻,面对一个遥不可及的目标,或者一个令人畏惧的情境,当我感到惊慌失措时,我都能够轻松面对——因为我回想起了很久以前悬崖上的那一课。

那么,作者为我们讲述的是怎样的"一课"?要想知道详情,还是让我们一起走进文本。

(二)整体感知

指导学生快速浏览课文,圈画出标示时空转换的语句,并据此理清思路,尝试概括内容。

学生先完成下表。

● 预设:

段落	标示时间发展(进程变化)或空间转换的语句
第1段	那是在费城……热浪。(时间)
第6段	我们穿过公园,进入树林,最后来到一块空地上。(空间)
第7段	其他的孩子一个接一个地往上爬……直到其他孩子都爬到了上面(空间)
第8段	不知何时(时间)
第9段	但是那些男孩子已经爬到了距离悬崖顶部三分之二路程的岩脊上(空间)

083

续表

段落	标示时间发展（进程变化）或空间转换的语句
第 10 段	几分钟后，他们开始继续往上爬。（时间、空间）
第 16 段	我紧贴在一块岩石上（空间）
第 17 段	时间在慢慢地过去。……夜幕开始降临。（时间）
第 18 段	暮色中，第一颗星星出现在天空中（时间）
第 24 段	我慢慢地挪动了一下（空间）
第 26 段	我往后移动了一下（空间）
第 27 段	一次一步，一次换一个地方落脚（空间）
第 28 段	突然，我向下迈出了最后一步（时间、空间）

> 🔍 **提问 1**：由此可见，这篇文章是按什么顺序展开叙述的？这样写有什么好处？

● 预设：

文章是按照事件发展的先后顺序展开叙述的。文中那些标示时间发展或进程变化，以及空间转换的语句，使叙述内容始终聚焦在主要事件上，全文中心明确，思路清晰，线索明朗。

> 🔍 **提问 2**：根据刚才的梳理，你能概括出全文的主要内容吗？概括时请注意分出部分，并用相对整齐的语句或词语。

学生概括，交流。

● 预设：

全文可以分为四个部分。

1.用一句话概括：

第一部分：我们准备去爬悬崖。

第二部分:"我"被困在悬崖上。

第三部分:"我"终于爬下了悬崖。

第四部分:"我"得到了体会或经验。

2. 用一个词语概括:

第一部分:冒险。

第二部分:遇险。

第三部分:脱险。

第四部分:体会。

🔍 **按**:可以让学生先用第一种方法,用一句话概括,再尝试用一个词概括,从而培养语感,提升思维。

3. 用一段话对全文内容进行归纳:

课文写"我"小时候体弱怯懦,一次跟随伙伴们攀登悬崖,由于害怕,上不去下不来。杰里引着父亲找到了"我",通过父亲的鼓励"我"终于得以脱险。作者通过一件小事,表达了无论遇到怎样的危险和困难,只要把它分成一个个小困难,再把这一个个小的困难逐一解决,就解决了一个大困难的道理。

二、研读课文,探讨问题

🔍 **提问**:作者在文末说:"此后,我生命中有很多时刻,面对一个遥不可及的目标,或者一个令人畏惧的情境,当我感到惊慌失措时,我都能够轻松面对——因为我回想起了很久以前悬崖上的那一课。"那是怎样的"一课",能让作者56年后还铭记在心呢?

学生阅读课文,自主思考,合作交流,完成下表。

● 预设：

上课时间	56年前，七月里的一天
上课时长	从下午到夜晚
上课地点	空地边上的一道悬崖
上课同学	"我"，五个男孩子，其中有内德、杰里等
上课老师	"我"的父亲（父亲出现在这节"课"最重要的阶段）
上课内容	六个孩子一起去爬悬崖，"我"在父亲的鼓励引导下从悬崖上爬下来。
上课问题	"我"爬到一半时，因体弱怯懦上不去下不来。
上课过程	我们决定去爬悬崖——其他伙伴都爬上去了，可"我"却在中途停了下来——父亲用手电筒帮我照明，并一步步引导和鼓励"我"慢慢地往下爬——"我"终于爬下了悬崖。
上课环节	第一个环节："我"和另外五个孩子自主活动。 第二个环节："我"在父亲这位"老师"的引导下完成活动任务。
上课方式	谈话式，用语言不断鼓励；从旁指导，注重自我实践；借助相关上课教具（手电筒这一工具）。
上课方法	激发热情，赏识鼓励，启发引导，及时评价。
上课体会	不要看下面遥远的岩石，注意相对轻松、容易的第一小步；迈出一小步，再一小步，体会每一步带来的成就感，直到达到了自己的目标；为自己战胜困难感到惊讶和自豪。
上课影响	原文："迈出一小步，再一小步，就这样体会每一步带来的成就感，直到达成了自己的目标。"

▶ **追问1**：作为一节"课"，其过程无疑是最重要的，也是作者详细描写的部分，那么作者详细描写了哪些内容呢？

预设：

文中详细描写的内容有两个方面：一是"我"爬悬崖的过程，"我"爬到一半，既不敢继续往上爬，又不敢向下爬；二是父亲引导和鼓励"我"一步步爬下悬崖。

也就是说，详细描写了"遇险"与"脱险"两个部分，而对"冒险"和"课"后体会，所用笔墨则不多。可见，本文在行文布局上，注意到了有详有略，突出重点。

▶ **追问2**：既然是写"我"在"悬崖上的那一课"，为什么要写其他的五个孩子呢？

学生在文中找出写其他孩子的段落，阅读思考。

预设：

——有了其他五个孩子，这节课才会发生：他们已经"厌倦了玩弹珠，以及用透镜在干树叶上烧洞的游戏"，他们想玩"其他好玩的事"，这就有了"爬悬崖"的故事；否则病弱而不能冒险的"我"怎么会去爬悬崖呢？这使故事显得自然而真实。

——其他五个孩子都很健壮，动作很灵活，更重要的是胆子都挺大，这正衬托出"我"的体弱胆怯。文中越是写他们的快跑、快爬，就越突出"我"的动作缓慢，而其背后又正是害怕与恐惧，这使"我"被困悬崖成了很自然的事情。这对"我"的形象刻画很有意义。

——文中还不时写他们对"我"的批评指责、善意嘲笑以及不无担心，刻画了"我"一直以来给伙伴们的印象——"胆小鬼""滑稽画里的小人儿"，这既验证了"我"前面自我叙述内容的真实性，使"我"的形象更加鲜明，又推进了故事的进一步发展。

——正因为有了其他伙伴的存在，才有"我"被困在悬崖上时，"最好的朋友"杰里引着父亲来找"我"的情节。这使故事发展自然顺畅。

三、重点阅读，揣摩体会

> 🔍 **提问 1**：这节"课"的开始部分——第 4 段，是对自我情况的叙述，它为我们提供了哪些信息？

学生齐读，思考交流。

● **预设**：

——"我犹豫了。"这既是一种心理活动，又是行动的迟疑，给人以悬念：为什么会"犹豫"呢？

——"渴望像他们一样勇敢和活跃"，同样是写心理活动，与"犹豫"形成了反差；言下之意是自己不够"勇敢和活跃"，这为后文埋下了伏笔，形成了照应。

——"病弱"一词交代了不够"勇敢和活跃"的原因。与其他孩子相比，"我"既不"强壮"，也不能"冒险"，后面的"遇险"才成了必然。

——"过去的八年岁月中"，这是对过往的叙述，是说"我"一直是这样的。正因为从来没有"冒险"过，所以这一次才刻骨铭心，令人难忘。

——"妈妈的警告牢记在心"，这是心理活动的基础，"我"心中的犹豫和动作的迟疑也就显得很自然了。

——这段话告诉了我们什么是"情节""细节"与"波澜"，什么是"伏笔""铺垫"和"照应"。写文章要立足现在，关顾过去，预测未来。

▶ **追问**：这些信息都在后面的叙述中一一得到了照应。你能以某一段的描写为例，说说自己的阅读发现，并做简要的分析吗？

学生自主阅读，思考交流。

预设：
1. 重点阅读第 7 段

比较1：

> 我犹豫不决，直到其他孩子都爬到了上面，这才开始满头大汗、浑身发抖地往上爬。

> 我犹豫不决，直到其他孩子都爬到了上面，这才开始往上爬。

"满头大汗、浑身发抖"，形象地写出了"我"的体弱与胆怯。

比较2：

> 手扒在这儿，脚踩在那儿，我的心在瘦弱的胸腔中怦怦地跳动，我努力往上爬着。

> 手扒在这儿，脚踩在那儿，我的心在怦怦地跳动，我努力往上爬着。

"瘦弱的胸腔中"是"绝大部分时间都是一个病弱的孩子"的最好注脚。

2. 重点阅读第 8 段

这段文字叙述了"我"被"吓坏"了的心理及其产生的原因。

"我"被"吓坏"了的心理原因有两个，一是"远"，一是"险"。实际情况却并不像"我"所担心的那样。

比较：

> 悬崖底下的地面看起来非常遥远。

> 悬崖底下的地面非常遥远。

"非常遥远"只是"我"的一种心理感觉，而不是实际情形。

从后文看，这时的"我"才刚爬不久，不会太高，也就不会有想象中的那么险，即使"掉下去"，也不致"摔个粉碎"。这带有夸张的说法，完全是"我"恐惧心理的体现。

这样写，目的就在于烘托出"我"的心理状态，为后文做铺垫。

3. 重点阅读第 16 段

这段文字叙述了"我"被困在悬崖上的情形，特别是连用了两个"太"和四个"更"，突出了"我"的恐惧、虚弱、无力。

"我"遇到了过去八年中从来没有过的困境，这也暗示着"我"的"一课"中最为精彩的部分就要开始了。

这段文字综合运用了心理描写、动作描写、环境描写等，多方面刻画了"我"当时的真实状态，使开头部分对"我"的概括介绍显得具体而真实，既是一种验证，又是一种丰富，给我们留下了深刻的印象。

> 🔍 **提问 2**：在这节"课"上，父亲是怎样教"我"一步一步地走下悬崖的？请结合具体描写，做简要分析。

引导学生重点阅读第 19~27 段，找出父亲引导"我"走下来的句子，思考交流。

● 预设：

——父亲让"我"既不要想有多远，也不要想有多困难，这是树立"我"战胜困难的信心和勇气。

——父亲要"我"想的是如何"迈一小步"，也就是要"我"排除思想干扰，拿出实际行动，哪怕是最小的行动。

——父亲一直在鼓励"我"，认为"我"能做到，他的指引，既正确，又非常具体。

● 比较1：

你需要想的是迈一小步。

你需要想的是迈一步。

父亲在此处强调"小"，是因为"我"当时处于极度的恐惧之中，对自己完全失去了信心，任何行为在此时"我"都无法做到。父亲用"小"，是强调"我"迈出的距离很短，"我"完全是可以做到的，是要树立"我"的信心。

"不要想有多远，有多困难"，父亲只要我"迈一小步"。在比较中，更可见父亲要"我"着眼于眼前，循序渐进地前进。

● 比较2：

它就在你下面一点儿。

它就在你下面。

"一点儿",形容细小轻微的状态,父亲突出"一点"之小,强调距离之短,由此让"我"知道跨出下一步是可以做到的;而"下面"则比较笼统,仍然会让"我"不知所措。

"一点儿"帮"我"指明了路径,指引很具体,从中能感受到父亲温暖体贴的语气,更可见父亲的耐心。

● 比较3:

> 那儿有另外一个落脚点,就几英寸远。
>
> 那儿有另外一个落脚点,就在附近。

因为"我"此时身在悬崖,加上天已昏暗,视线受限,无法准确判断位置,所以父亲就用"几英寸"具体的数据,直观展现距离,以此强调距离之短,让"我"知道目标的可行;如只说"就在附近",则比较抽象。

● 比较4:

> 移动你的右脚,慢慢地往下。
>
> 移动你的右脚,直接地往下。

"我"现在身处险境,内心难免慌乱,父亲强调要"慢慢",就是告诉"我"不要急于求成,要稳稳地走好脚下的每一步;若换成"直接",且不说对当时的"我"而言无法做到,又会显得父亲很慌忙,不符合父亲当时的心理,因而替换后不合适。

● 比较5:

> 然后抓住后面的小树干,就在边上。
>
> 然后抓住后面的小树干。

父亲要"我"做的是松开手去抓后面的小树干,这是对身体平衡性的考验,"我"摔下去的可能性在此时加大了。父亲一方面用手电做指引,一方面用"就"更加强调距离的近,让"我"知道这个行为是能做到的,也是在安全范围之内的。

父亲的引导,一直让"我"很心安,并能按照父亲的要求去做——迈出一小步,再迈出一小步。

▶ **追问1**：我们可以发现，父亲在引导的过程中，主要采用了什么方式方法？

预设：

1. 谈话式，用语言不断鼓励：不断地说"这个你能做到""你能做到"。

2. 从旁指导，注重自我实践："这就是你要做的""不要担心接下来的事情，也不要往下看，先走好第一步"。

3. 借助工具：打着手电筒，"我会给你照亮""看着手电光指的地方"。

4. 激发热情——"你能爬上去，你就能下来"，赏识鼓励，启发引导，及时评价——"这就是你要做的""好了"。

在父亲引导"我"走下悬崖的过程中，父亲都是用一些小的、简单的、"我"能做到的、具体的要求进行引导，父亲的教育智慧得到了非常具体而形象的展现。

▶ **追问2**：在父亲的引导下，"我"的心理状态发生了怎样的变化？

学生阅读相关语句，体会思考。

预设：

随着父亲的引导，"我"的状态也发生了变化：

刚开始："'我不行！我会掉下去的！我会摔死的！'我大哭着说。"

后来："看到了""慢慢地挪动了一下""这看起来我能做到""往后移动了一下""小心翼翼地感觉着岩石"。

接着："我照做了""再一次，我做到了""一次一步，一次换一个地方落脚，按照他说的往下爬"。

最后："我向下迈出了最后一步""我有了一种巨大的成就感和类似骄傲的感觉。"

归纳：

"我"从胆怯、恐惧到克服心理障碍，收获自信，甚至有了一种成就感。

"我"信心的不断建立，得益于父亲对"我"的引导，这充分体现了父亲的教育智慧。作者反复渲染"我"的恐惧心理，是为了衬托父亲的引导智慧及这些引导对"我"产生的教育意义。

提问 3：从这节"课"上，"我"学到了什么？请你替作者把体会提炼一下，并用自己的话做阐释。

学生阅读第 29 段，思考交流。

● 预设：

——不要畏惧眼前的困难：

遇到困难或困境时，首先要想到自己在这种情况下能够做什么，从而努力地去做自己能做到的事情，并把它做好，希望也就蕴含在其中了。

——遇到困难要有信心：

正如作者在原文中所说的那样，在困难面前，我们首先要有克服的信心，要充分相信自己，"迈出一小步，再一小步"，"直到达成了自己的目标"。

——解决困难的最好办法是做出行动：

遇到困难要正视困难，不要被困难所吓倒。只要勇敢地迈出步伐，坚实走好接下来的每一步，困难就会迎刃而解。

——克服困难不要急于求成：

在克服困难时，要认真分析，做出正确判断，从能够做的地方开始，从最简单的一步开始，不能急于求成，要循序渐进，积小步为大步。

——成功从细微处开始：

古人云："不积跬步，无以至千里；不积小流，无以成江海。"走好"跬步"，积贮"小流"，方能"至千里""成江海"。

——要立足脚下：

我们不能只看到远方的目标,那很遥远,也会有种种困难,但如果看清接下来的这一步,就能够避免恐慌和晕头转向,一步步地走向远方。

——解决问题主要靠自己:

生活中总是会有各种各样的问题,要解决它们,主要靠自己的心智和力量。我们要加强学习,锤炼能力,不仅用身体,更要用智慧去战胜一切困难。

——解决困难获得成功需要借助外力:

一个人的力量总是有限的,在遇到困难时,除了依靠自我力量之外,还需要借助其他力量(人力、物力),帮助我们更加顺利和快捷地解决困难。

四、读写融合,表达交流

任务一:原文题目为"悬崖上的一课",与课文题目比较,你认为哪一个更好?请做出判断并写下你的理由。写好后在小组内分享交流。

任务二:请将课文压缩为一篇600字左右的文章。

要求:

不影响原文意思,故事要完整,要突出人物形象。

(本设计部分材料由江苏省昆山市开发区青阳港学校石瑾艳老师提供。)

《猫》：受伤的良心

> ◆ 关键问题
>
> 作者说他对第三只猫的亡失，"比以前两只猫的亡失，更难过得多"。他为什么这么说呢？对此，我们怎么看？
>
> ◆ 设计意图
>
> 这是作者思想情感的极大反转，通过对这一问题的探讨，可以带出学生对他及家人对待前两只猫的态度，特别是对第三只猫的情感变化过程的认识，理清行文思路，概括中心意思的任务也就自然完成了。引导学生对作者的思想情感进行深入理解与体会，可以启发他们对人与动物如何相处共存这一问题的思考。

教学过程

一、情境导入，激发兴趣

（一）重温写"猫"的文章

小学时，我们都读过《小猫钓鱼》的故事，大家肯定还有印象吧？故事中的那只小猫在钓鱼时三心二意，最后一条鱼也没有钓到，这说明我们做事情一定要专心致志才行。

小学时，我们还读过老舍先生的《猫》。我们再温习一遍，看猫有多么天真可爱。

（二）聊聊与"猫"有关的话题

适当调动学生的生活积累，让学生回忆并分享与动物（宠物）相处的故事。可以出示有关动物的图片，特别是猫、狗的图片。

在厦门顶澳仔，有一条网红街叫"猫街"，街上有许多猫咪主题的商铺，里面猫元素的装饰随处可见，售卖各类猫主题的趣味商品。还有一个猫主题博物馆，有十几只品种各异的猫咪生活在那里。（网上有相关图片。）

在日本有一个猫岛，很著名。岛上随处可见各种各样的猫，当地的猫文化也非常浓郁，随处可见猫主题餐馆和猫饰品，猫好似"岛主"。（网上有相关图片。）

关于猫的故事有很多，有一本非常流行的书《我就喜欢你看不惯我又干不掉我的样子》，白茶绘著的，很好看，有兴趣的同学可以去图书馆借阅。

那么，郑振铎先生在他的《猫》一文中，又为我们讲述了怎样的"猫"的故事呢？

二、理解题意，把握思路

（一）理解题意

> 🔍**提问**：从题目"猫"中，你可以获知哪些信息？你还想知道哪些信息？

学生思考交流。

● 预设：

题目就是写作对象，告诉我们这是一篇关于"猫"的文章；以"猫"这一个词语为题，非常醒目，也很平实，不用费猜。

也正由于是"独词为题",所以给我们留下了很多想象空间:

——从文体看,这是一篇什么样的文章?是记叙性文体,还是说明性文体?

——作者写了"猫"的哪些内容?如果是记叙性文章,那么是写"猫"自己的故事,就像我们以前读过的那样,还是写"猫与我们"或"我们与猫"的共同故事?

——如果是写"猫与我们"或"我们与猫"的故事,那么在作者笔下,到底发生了哪些故事呢?

——作者写"猫",想要表达什么样的思想情感?

——这篇写"猫"的文章在表达上有什么特别之处?

(二)把握思路

学生默读课文,圈画出重点语句和自然段落,并做适当的摘录。

> **提问 1**:作者行文自然顺畅,如与朋友谈论家常,却非常注意叙述的思路,你能从中找出相关语句,将之梳理清楚吗?请完成下表。

学生自主完成,小组交流。

● 预设:

段落	相关语句	思路梳理
1	我家养了好几次猫,结局总是失踪或死亡。	先总说"养了好几次猫",并交代它们的结局;对后面的故事起到总领的作用。
	三妹是最喜欢猫的,她常在课后回家时,逗着猫玩。	把三妹突出来说,暗示了下文写到的几只猫,都与她有紧密的关系;她在"猫的故事"中起着很重要的作用。
	有一次,从隔壁要了一只新生的猫来。	自然引出与猫有关的第一个故事。

续表

段落	相关语句	思路梳理
2	可怜这两月来相伴的小侣！	对第一个猫的故事进行总结，与开头的总说相呼应。
	不要紧，我再向别处要一只来给你。	说明第二个与猫有关的故事即将上演。
3	舅舅那里有三四只猫，很有趣，正要送给人家。	自然引出三妹的"怂恿"，使母亲几天后带猫回来的行为非常合理；"很有趣"的猫，又为下文详写第二只猫的"有趣""活泼"做了铺垫。
	礼拜天，母亲回来了，却带了一只浑身黄色的小猫同来。	
	立刻三妹一部分的注意，又被这只黄色小猫吸引去了。	不忘故事的主角之一，与前文相呼应。
14	自此我家很久不养猫。	对第二个猫的故事做总结，暗示全家人的伤心程度；与开头的总说相呼应，并自然引出下文。
15	冬天的早晨……我们如不取来留养，至少也要为冬寒与饥饿所杀。	巧妙引出第三个与猫有关的故事。
32	两个月后，我们的猫忽然死在邻家的屋脊上。	第三个猫的故事落幕。
34	自此，我家永不养猫。	首尾呼应，总结全文。

> **提问2**：具体到每一个猫的故事，作者又是按照怎样的思路讲述的呢？

学生阅读思考，合作交流。

● 预设：

——按时间顺序：

第一个故事："有一次""后来""有一天中午"。

第二个故事："隔了几天""过了二三个月""有一次""某一日清晨""午饭时""自此"。

第三个故事："冬天的早晨""过了几个月""有一天""春天来了""一天""隔了几天""两个月后""自此"。

——按事情发展的顺序：

猫的来历——养猫过程——猫的亡失。

第一只猫：从隔壁人家要来，"很活泼"，两个月后病死。

第二只猫：舅舅家送来，"更有趣，更活泼"，两三个月后失踪。

第三只猫：从门口路边捡来，"不活泼"，不喜欢游玩，大半年后死亡。

● 归纳：

思路清晰，自然顺畅；首尾呼应，结构缜密；有详有略，叙议结合。

三、研读课文，深入理解

> **提问**：作者说他对第三只猫的亡失，"比以前两只猫的亡失，更难过得多"。他为什么这么说呢？

我们先来看看在第三只猫身上发生了什么事情。

引导学生重点阅读第 15~33 段，完成下表。

● 预设：

	第三只猫的故事	与其命运的关系
来历	流浪猫	生活无依，"很可怜"，显示其命运的不堪。

099

续表

	第三只猫的故事	与其命运的关系
外貌特征	毛色花白，不好看，很瘦；毛被烧脱好几块，更难看了。	容易遭到漠视、嫌弃，暗示其可悲下场。
生活习性	不活泼，不喜欢游玩，好像具有天生的忧郁，不去捉老鼠，终日懒惰地伏着，吃得胖胖的。	不引人注意，容易使人对其心生厌恶，为其不幸命运埋下伏笔。
发生事件	它似乎对黄鸟特别注意，常常跳到桌上，对鸟笼凝望着；当黄鸟被咬死之后，到处也找不到它；它被人暴打，发出悲楚的叫声，无抵抗地逃走了。	它的"好奇心"，容易使人对它产生怀疑，暗示了它的被冤屈；而它的"畏罪潜逃"，更使它的罪状得到了证实。
人的态度	大家都不喜欢它；最爱猫的三妹对它也不加注意，即使逗它玩，也不像对前几只小猫那样感兴趣。	它的被人忽视正是其悲剧命运的环境基础，这使悲剧故事发展得很自然。
	妻子提醒张妈注意它，防止它吃鸟。	为后面它被冤枉埋下伏笔。
	鸟被咬死了，人们都认为它是罪魁祸首。	它被冤枉成了现实。
	"我"怒气冲天，用木棒打了它。	它遭到了暴打，尽管是冤枉的，但它无法为自己辩白。
	"我"十分地难过，"我"想补救过失，却无法对它表白；猫的死亡让"我"更加难过，"我"永无改正过失的机会了。	它的冤屈永无辩诉的机会，更无法接受人的补救。
最终结局	被冤枉、被惩戒的两个月后，死在了邻家的屋脊上。	带着冤屈而死，更加体现出它的忧郁。

▶ **追问1**：除了自然原因，你认为第三只猫的死因有哪些？其中最为主要的原因是什么？

请用"它因为＿＿＿而死"的句式回答。

预设：

——它因为相貌丑陋、不被人待见而死。

——它因为习性忧郁、懒惰而难讨人喜欢而死。

——它因为对一对黄鸟总是凝望而被人误会而死。

——它因为被人们冤枉、被"我"暴打而死。

——它因为被人们冤枉、被"我"暴打而更加落落寡合而死。

比较揣摩1：

那只花白猫对于这一对黄鸟，似乎也特别注意。

那只花白猫对于这一对黄鸟，也特别注意。

比较揣摩2：

我很愤怒，叫道："一定是猫，一定是猫！"于是立刻便去找它。

我很愤怒，叫道："一定是猫！"于是便去找它。

比较揣摩3：

它躺在露台板上晒太阳，态度很安详，嘴里好像还在吃着什么。

它躺在露台板上晒太阳，态度安详，嘴里还在吃着什么。

不难看出，这只猫的死亡，最主要的原因是人对它的态度，是人们对它的冷漠、无视甚至无端的偏见，特别是"我"的态度。"我"无端的猜测、武断的推论、失去理智的举动，给这只猫带来了灾难性的命运。

▶ **追问2："我"对第三只猫的态度有哪些变化？为什么会有这样的变化？对此我们怎么认识？**

先用"态度+原因"的方式回答，再分析归纳。

预设：

1.学生梳理出"我"态度变化的语句，自我体会并交流：

——与大家一样，"我"不喜欢它（态度），因为它不好看，不活泼，不爱跟人玩（原因）。

——受妻子和张妈的影响，"我"也认为它会吃鸟（态度），因为"我"对猫的自然习性是有了解的，更何况"我"也观察到了它的举动（原因）。

　　——"我很愤怒"（态度），因为"我"认为肯定是猫咬死了鸟（原因）。

　　——"我"怒气冲天，拿起木棒狠狠地暴打了猫（态度），因为"我"看到它嘴里好像还在吃着什么，那一定是可怜的鸟的腿吧（原因）。

　　——打了之后，"我心里还愤愤的"（态度），因为只打了一下，它就逃走了，"我"惩戒得不够快意（原因）。

　　——真相大白了，"我心里十分地难过"，"我的良心受伤了"（态度），因为"我冤枉了一只不能说话辩诉的动物"（原因）。

　　——"我很想补救我的过失"，要向它表白对它的误解，却做不到（态度），因为猫是不能说话的（原因）。

　　——它的亡失，令"我"更加难过（态度），因为"我永无改正我的过失的机会了"（原因）。

　　——"我"家从此"永不养猫"（态度），因为"我"对那只猫的暴怒、虐待，都似针一样，刺着"我"的良心（原因）。

　　2.分析归纳：

　　"我"对第三只猫的态度经历了这样的变化过程：不喜欢——不信任——不冷静——不理智——不调查——不安心——不养猫。

　　对"我"主观态度前后变化的描写，有曲折，有波澜；有铺垫，有照应；有叙述，有议论。

　　这是对自我的解剖，是一种可贵的自我反思和自我批判。

四、探究问题，提升思维

> 🔍 **提问**：通过作者及其家人跟三只猫之间的故事，你获得了哪些认识？

学生阅读思考，合作交流。

● 预设：

——"爱美之心，人皆有之。"人们往往会注重某个事物、人物的外表，喜欢外表光鲜的，不喜欢外表丑陋的，这是人之常情，但它有时会影响我们对事物、人物的正确判断与认识。

——我们跟身边那些活泼、可爱的事物与人物容易走得近，也容易相处，这是我们的正常喜好，由此可见，要想得到别人的接纳，我们要主动融入他们的生活，否则彼此之间很难产生感情。

——不能因为某个人有点"另类"，比如不太合群，我们就对他另眼相看甚至冷眼相看，还是要热情地接纳他。

——每个个体生命都是有其个性特征的，我们要尊重个性，善待个体，这是"大爱"或"泛爱"的表现。

——不能根据某一个人的举动就无根据地推断出一类人的举动，也不能只看人暂时表面的某一行为，就无端推断出其肯定会做出什么或不会做出什么，那往往会人为制造出"冤假错案"。

——遇到事情要沉着冷静，用头脑去思考，用理智去处理问题；要通过调查研究弄清事情真相，不能凭主观臆断，更不能急躁、暴怒，而做出过激的行为，以致后悔不迭，甚至受到良心的谴责。

按：以上交流不必面面俱到，学生能够说出一至两点即可；学生交流时，一定要结合文意，不能空洞抽象；要让学生说出自己的认识与感受，切不能直接灌输，变成单一地说教。

五、读写融合，学以致用

在与别人的相处中，你有没有遇到过冤屈，或者是你冤枉了别人？请模仿课文的写法，把这样的故事写下来，与同学分享。

要求：

1. 故事不要长，但要完整，交代清楚事情的来龙去脉；

2. 要有一定的语言、动作和心理描写；

3. 要有叙有议，叙议结合。

《寓言四则〈杞人忧天〉》："杞人忧天"讽刺了谁

- ◆ **关键问题**

　　人们常用"杞人忧天"讽刺那些不必要的担忧，从文中我们能够读出这种讽刺意味吗？我们应该怎样看待这位杞人的担忧？

- ◆ **设计意图**

　　"杞人忧天"作为已经固定化的成语，其意义似乎不可撼动，但如果从文本出发，仔细推敲文本的表达，则可能会有不一样的景象。以这样的问题引导学生对文本做出更加符合文本表达的理解，启发学生思考；以对问题的辨析，带动对寓意的正确认识，形成科学的文本思维：学生如果能够推而广之，在学习成语时都能有这样的思维习惯，思维品质自然可以得到提升。

教学过程

一、温故知新，情境导入

课前让学生回顾小学时读过的寓言故事，说出其衍化的成语及其寓意。

● 预设：

  郑人有欲买履者，先自度其足，而置之其坐。至之市，而忘操之。已得履，乃曰："吾忘持度。"反归取之。及反，市罢，遂不得履。人曰："何不试之以足？"曰："宁信度，无自信也。"

——《韩非子·外储说左上》

  郑人买履。寓言中的郑人只相信量脚的尺码，而不相信自己的脚，结果不但没有买到鞋子，还成了笑柄。这则寓言讽刺了那些墨守成规、不思变通的人。

  楚人有涉江者，其剑自舟中坠于水。遽契其舟，曰："是吾剑之所从坠。"舟止，从其所契者入水求之。舟已行矣，而剑不行，求剑若此，不亦惑乎！

——《吕氏春秋·察今》

  刻舟求剑。这位楚人不知道船在不断行走，而剑还在原地，说明他墨守成规，不懂得随着客观情况的变化来处理事情。这则寓言一般用来讽刺那些死守教条、拘泥成法、固执不变通的人。

  昔齐人有欲金者，清旦衣冠而之市，适鬻金者之所，因攫其金而去。吏捕得之，问曰："人皆在焉，子攫人之金何？"对曰："取金之时，不见人，徒见金。"

——《列子·说符》

  齐人攫金。这位齐人利欲熏心、见钱眼开，竟然在大庭广众之下做出如此愚蠢野蛮而又荒唐的行动，显得可笑而又可恨。这则寓言讽刺了那些利欲熏心、不择手段而又愚蠢透顶的人。

  今天，我们再学习一篇同样来自《列子》这部书中的寓言故事，看看这则寓言的寓意又是什么。

二、初读课文，整体感知

> **提问1**：从内容看，这则寓言故事可以分为几个层次？请尝试划分，并概括其大意。

学生自由阅读课文，完成学习任务。

● 预设：

课文共七小段，可以分为三个层次：

第一层次（第1段）：杞人忧天之情景。

第二层次（第2~6段）：有人劝杞人不要忧天。

第三层次（第7段）：杞人不再忧天，劝者也不再担忧杞人。

> **提问2**：从内容概括中，我们能看出这一故事的行文思路吗？请用相对整齐的语句或短语概括出来，并说明理由。

● 预设：

从故事的逻辑思路看，可以概括为：忧之生——忧之解——忧之无。

1. 忧之生：杞人担心天会崩坠，地会陷落。

这种心理状态，竟使他到了成天无所适从、寝食难安的地步。该段三句话，第一句概写杞人的担心，后两句具体写这种担心给他带来的困扰。

2. 忧之解：从字面表达看，是一个"忧彼之所忧者"的"晓之者"来劝导这位忧天者。

这个人很担心忧天的杞人，于是给他讲了天不会崩坠、地不会陷落的道理。

"晓之者"先给他讲了为什么天不会崩坠，接着讲了地也不会陷落的原因，而这些原因，正是忧天者的困惑所在，可谓有的放矢，要言不烦。

▶ **追问**：在"晓之者"劝导的过程中，那位忧天者有怎样的表现？

预设：

"晓之者"的一番话，解释了忧天者遇到的疑难，那是他百思不得其解的问题，故而在"晓之者"讲道理的过程中，他也不时地说出自己的疑惑："天果积气，日月星宿，不当坠耶？""奈地坏何？"

这样的质疑，使对话得以顺利进行，并向深处发展，使思维得到丰富，疑惑也得以真正解除。

3. 忧之无：杞人之忧得到了消除，"晓之者"之忧也得到了消除。

前者所忧之天地崩坠的景象不会出现，后者所忧杞人之忧的情景也不会再有，于是两人都"舍然大喜"。

三、深入阅读，探究问题

> **提问 1**：寓言题目为"杞人忧天"，也就是只说到了杞人所忧者为"天"，而故事内容还涉及他所忧之"地"，题目是否恰当？

学生阅读思考，讨论交流。

● 预设：

从内容看，杞人"忧天地崩坠"，也就是说他所忧者既有天，也有地；既忧天的崩坠，又忧地的陷落。晓之者对他的劝说，也是分别从天、地两方面说的。

其实原文没有题目，只是《列子·天瑞》中的一个小片段，题目是教材编者加上去的。而教材编者也只是延续了惯常的说法而已，因为这个故事已经成了成语"杞人忧天"的典故。

如果兼顾到两个方面的内容，那题目就应该为"杞人忧天地"，诚然可以，但这与约定俗成的内容有所不同。按照语言演变的惯例，如果已经得到普遍认可，那么其说法就可以成立。所以，这一题目虽然不能完全概括文意，但应该是恰当的。

> **提问2：** 人们常用"杞人忧天"讽刺那些不必要的担忧，从文中我们能够读出这种讽刺意味吗？

（一）分析文本

● 出示：

> 这篇寓言讽刺的对象是那个杞国人。杞人无端地担心天崩地陷，自己无处可居，于是寝食难安。杞人当然是可笑的，那么他为什么会有如此可笑的想法呢？主要是缺乏起码的常识和经验。
>
> 后来，我们就常用"杞人忧天"这个成语来讽刺那种害怕不可能发生的灾祸，徒然自扰的庸人。
>
> ——《教师教学用书》

回到课前出示的"郑人买履""刻舟求剑""齐人攫金"三则寓言，让学生明白其形成讽刺效果的主要因素是人物的言行荒唐可笑。

学生阅读课文，思考探究，讨论交流。

● 预设：

从内容看，没有讽刺意味。

故事从头至尾，没有对杞人做出评价。

重点读下列几句，体会其中的意思：

1. 杞国有人忧天地崩坠，身亡所寄，废寝食者。
2. 其人曰："天果积气，日月星宿，不当坠耶？"
3. 其人曰："奈地坏何？"

第一句有三个分句：第一个分句言其所忧，也就是他的思想状况；后面两个分句说他在这样的思想状况下具体的生活情景。

第一个分句是总体概述，后面的分句分别从两个方面进行具体描写，使概述得以具体化和形象化。

后面两个句子，进一步说明了他的疑惑，也是他思考的结果。

▶ **追问**：从我们的角度看，这位杞人为什么会有"忧天地崩坠"的行为呢？我们怎样去看待他的这一行为？

预设：

——他"忧天地崩坠"的行为背后，可能有客观原因，比如他正好经历或听闻了一场天地自然灾害，使得他担惊受怕，心有余悸。

——他"忧天地崩坠"的行为背后，也可能有主观原因，可能是因为他对自然现象缺乏基本、完整的认识，或者是因为缺乏基本的判断力，把别人对天地自然的一些思想认识，不加分辨地接受了。

——从这样的角度看，这位杞人的担忧是有一定原因的，我们不能完全否定，并横加指责。杞人的忧患意识，他对事物现象及其背后原因的思考和探究意识，都可以给我们以一定的启发。

——从他的话语中，诚然可以读出杞人忧天的情形，却不能读出他思想与行为的荒唐，反而会让我们也不禁为之担心："如此下去，怎么办呢？"所以，那位"忧彼之所忧"的"晓之者"出现得就很自然。

——他与"晓之者"的两句对话，也只有担心与疑虑，表达的只是他某种真实的想法，从中也同样读不出他有多么"可笑"和"荒唐"。这就好比对待不谙世事、不晓事理、过分焦虑、莫名烦恼的人一样，我们是不会对他们的幼稚可笑、胡思乱想、有"十万个为什么"的疑问进行嘲笑和讽刺的。

——至于他听了"晓之者"的一番话后，"舍然大喜"，再也不会"身亡所寄，废寝食"了，则是疑虑消除之后的自然反应，显得很可爱与单纯，这里一点也看不出作者对他的嫌弃与嘲讽。

（二）适当补充，帮助学生理解

● 出示：

1．"杞人并非如古人以为的无事生忧，而是忧得实在有道理。"这是因为"古代杞国迁到今天新泰的时候，天公好像故意跟他们过不去，从天上经常掉下石头来！据《左传·鲁庄公七年》：'夏，恒星不见，夜明也。星陨如雨,与雨偕也。'燃烧的流星划过杞国南部,有大陨石坠入神灵湾,山谷化为灰烬,之后又发生过两次陨石雨"。所以"杞人忧天,竟然是忧之堪忧",只不过由于"交通闭塞,杞人之忧被不知情的人们耻笑为庸人自扰"而已。

——著名翻译家王佐良

2. 古代宋国也发生过天体崩坠的现象,《左传·僖公十六年》明确记载:"十有六年春,王正月戊申朔,陨石于宋五。"

3. 杞人所忧之"地坏"(地震)也经常发生,古代典籍多有记载,《竹书纪年》:"夏帝发七年(公元前1831年)泰山震。"这是世界上最早的地震记载。

4.《国语·周语》记载:"是岁(周幽王二年)也,三川竭,岐山崩。"《诗经·小雅·十月之交》这样描述这次大地震:"烨烨震电,不宁不令。百川沸腾,山冢崒崩。高岸为谷,深谷为陵。"

——随着科学技术的发展,人们对天地自然的认识越来越全面,也越来越丰富和深入。天文学家研究发现,最大超级黑洞会导致异常天体爆炸,为此人们有很多假设(假说),并投入了大量的人力和物力去研究,但有谁会因此讽刺天文学家的假说与努力呢?同时我们也不会去嘲讽对地震进行预报和探索研究的行为。那为什么唯独对这位杞人对天地的担忧,做如此评判呢?

——在我们的认知中,是一直用"人无远虑,必有近忧""生于忧患,死于安乐"来警醒自己的,而"未雨绸缪""亡羊补牢"也一直是得到充分肯定的认识与行动。那么当某个人一时对未知的世界充满疑虑,对可能出现的危险状态有所担心时,我们又为何要去讥笑他、批判他,甚至揭露他?他可能已经有点走火入魔,甚至快抑郁了,但他的担忧既说不上荒唐,也并不可笑,何况他听了"晓之者"的一番话后,已经疑虑顿消,说明他并非完全不能自拔,其程度并没有想象的那么严重,那又为何还要给他戴上这样一顶帽子,让他成为一个永远被嘲弄的对象?

● 归纳：

结合《列子·天瑞》后面的文字，作者对这位杞人并没有全面否定，对那位"晓之者"也没有全部肯定，而是说天与地有"不坏"的时候，但也会有"坏"的时候，这样的认识与我们今天对天和地的认识很接近。

从这个角度看，这位杞人的担忧是有一定道理的，我们不能全盘否定，并横加指责。杞人的忧患意识，他对事物现象及其背后原因的思考和探究意识，都可以给我们以一定的启发。

（三）比较阅读，体会寓言特点

出示《两小儿辩日》，让学生比较阅读，从中发现虽然同为寓言，但不一定都是表示讽刺，有时就是为了说明某一个道理。

《列子》中这样的寓言还有很多，如"夸父逐日""余音绕梁""纪昌学射"等，大多数都没有讽刺意味，只是表达某个特定的道理而已。

四、读写融合，表达交流

任务一：寓言中对杞人"忧天地崩坠，身亡所寄，废寝食"写得比较概括，不够具体，你能发挥想象，对其进行相应的扩充，使其更加丰富一些吗？写好后在小组内分享交流。

任务二：学完这个单元后，你对寓言这种体裁应该有更多认识了吧？请尝试写一个寓言故事，在阅读主题活动中交流。

八年级
上册

《藤野先生》："伟大"的先生

◆ **关键问题**

鲁迅在文章的最后部分这样说："他的性格，在我的眼里和心里是伟大的，虽然他的姓名并不为许多人所知道。"他为什么这样说呢？

◆ **设计意图**

出现在课文结尾部分中的这句话是文章的"眼睛"，是为"文眼"。引导学生理解"文眼"，可以帮助他们感受鲁迅的情感，以此认识作者笔下藤野先生的伟大人格及文章的刻画方法；而从品味文眼出发，学生自然能够感受和体悟文本语言的丰富意蕴。

教学过程

一、阅读课文，整体感知

提问 1：文章的题目是"藤野先生"，自然会以他为写作对象。但文章只是在写藤野先生吗？作者其实是从谁的视角写藤野先生的？据此我们可以对题目做怎样的改动？

115

● 预设：

文章虽然主要写的是藤野先生，但其实都是从"我"的视角写的，所以，题目可以改写为"我与藤野先生"，或"我与藤野先生交往的几件事"。

> **提问 2**：围绕"我与藤野先生"，文章的主体部分具体写了"我"与藤野先生交往的几件事呢？

学生自由阅读，思考作答。

● 预设：

主体部分紧扣"我与藤野先生"，主要写了这几件事：

1. 藤野先生为"我"添改讲义；

2. 藤野先生纠正"我"的画图错误；

3. 藤野先生关心"我"的解剖实习；

4. 藤野先生向"我"了解女人裹脚；

5. 藤野先生帮"我"消灭流言；

6. "我"离开藤野先生；

7. "我"对藤野先生的愧疚、感激、赞扬、怀念之情。

▶ **追问 1**：除了这几件事，文中还写了什么？它们与写作主体"我与藤野先生"又有什么关系呢？请结合文意，做简要分析。

预设：

除了这几件事，作者还写了两件事：一是在开头部分，写了"我"在东京的生活见闻；二是在后半部分写了"看电影"事件对"我"的精神刺激。

文章第一句"东京也无非是这样"，直言不讳地表露了"我"对东京生活的失望与厌弃。

> 本文是紧接在另一篇散文《琐记》后面的。在《琐记》中，鲁迅回忆了在南京的求学生活，明确表露了对现实的失望情绪，于是，他想到外国看看，试图"走异路，逃异地，去寻求别样的人们"（鲁迅《〈呐喊〉自序》）。
>
> 但一到东京，他所看到的是留学生们的忸怩作态、丑态百出、附庸风雅、不学无术，他们浑浑噩噩、吃喝玩乐的生活追求是年轻的鲁迅所不齿的。用"也"字句开头，既表示情绪的前后一致，也使下文写自己再次"走异路，逃异地"，离开东京"到别的地方去看看"显得顺理成章。至于后来得以结识藤野先生，跟他开启一段美好交往，都是由这一思想情绪和行为自然引出的。

从行文思路看，开头部分主要起了引领下文的作用，是为"与藤野先生交往的缘起"。

再来看"看电影"事件。诚然，鲁迅因此事而受到的精神刺激是巨大的。鲁迅确实说了"但在那时那地，我的意见却变化了"，但怎么一个"变化"或"变化"成什么样，他没有说。我们不必强行去想象、猜测他的思想意图，那是横生枝节。

这其实是他行文严谨之处，或者说，从思路严密这一点看，此处是不应写"我的变化"的。联系后面一段，这是交代"离开藤野先生"的原因。

▶ **追问 2**：你能据此归纳一下全文的主要内容及其所体现出来的行文特点吗？归纳时要突出"藤野先生"这一主要写作对象。

预设：

文章的主要内容是："我"与藤野先生交往的缘起——"我"与藤野先生交往的几件往事——"我"离开藤野先生的原因——"我"离开藤野先生之后的

117

愧疚、感激、赞扬、怀念之情。

全文思路清晰，行文缜密，笔墨集中，重点突出。

二、研习文本，把握特点

> **提问 1**：在主体部分，作者只回忆了与藤野先生交往的几件事，但他在仙台医学专门学校学习了两年，先生教了他骨学、血管学、神经学、解剖学（解剖实习），其间一定有许多事情，也就是说应该有许多写作材料。作者为什么只写了其中的一些事呢？

学生研读文本，小组合作，讨论交流。

● 预设：

作者主要回忆了与藤野先生交往的五件事：添改讲义，指出画图错误，关心解剖实习，了解女人裹脚，匿名信事件。除了"匿名信"事件是"我便将这事告知了藤野先生"之外，另外四件事都是先生找他，且都发生在先生的研究室里，每件事都与先生所教的课程有关。也就是说，鲁迅选择的是与藤野先生所教课程有关的事情。

> **提问 2**：对这五件事，作者所运用的都是同样的写作方法吗？

● 预设：

不是，五件事有详有略。作者集中写的是前四件事，他不惜笔墨，调用了很多叙述与描写方法，尤其是对话描写和细节描写，写得简洁而传神，精练而生动，这与写在仙台的其他事情有很大的不同。而对最后一件事只是简单提及，因为事情的主体不是藤野先生。可见凡是与先生所教的课程有关的事就具体写，凡是与其无关的就简略写。

▶ **追问**："匿名信"事件的主体是学生会干事和其他好事者，这与藤野先生有什么关系呢？

预设：

这件事看上去不是写藤野先生，其实还是写他，只不过是侧面写。

这件事的发生，与前面的几件事是有密切关联的，具体来说有这几点：

1. 藤野先生对"我"如此关照，引起了其他同学的不满甚至嫉妒，所以有了他们针对"我"的举动。

2. 藤野先生要"我"到他的研究室，并帮"我"极其认真、严谨地添改讲义，引起了他们的无端怀疑、恶意污蔑。

3. 部分同学的恶意举动，既印证了"我"的基本判断和认识（"中国是弱国，所以中国人当然是低能儿，分数在六十分以上，便不是自己的能力了：也无怪他们疑惑。"）的正确，也从一个侧面衬托出藤野先生的无私、无偏见、宽容和伟大。这也是"我"很"感激"他，并称之为"伟大"的原因之一。

🔍 **提问3**："我"对这位先生的评价是什么？请找出文中的一个关键词。

● **预设**：

伟大。

▶ **追问**：怎样理解作者"眼里"和"心里"的"伟大"？

预设：

作者在文章的第 37 段中说："他的性格，在我的眼里和心里是伟大的，虽然他的姓名并不为许多人所知道。"这是鲁迅对藤野先生的高度赞扬和由衷敬佩之辞。藤野先生在鲁迅的"眼里"是"伟大"的，因为他为人非常正直与高尚，

119

他对待科学的态度非常严肃与认真，他对待学生、对待教学工作一丝不苟、严谨有序；他在鲁迅的"心里"更是"伟大"的，因为他具有"为学术""为中国"的伟大精神，他的优秀品质对鲁迅产生了极为深刻的影响。

> **提问 4**：从中我们可以看出，这篇文章在选材、组材和剪裁上给我们的写作以怎样的启示？

● 预设：

——精心选取典型材料，只写与藤野先生有关的事情，凡与藤野先生无关的事情一律不写。

——对所选取的材料分别采用不同的写法——有详有略，正面、侧面相结合，巧妙运用对话写出人物的特征，刻画出藤野先生的正直热忱、治学严谨、没有狭隘的民族偏见的高尚品质。

——综合运用描写、议论和抒情的表达方式，抒发自己的真挚怀念、由衷感激、尊敬爱戴、高度赞扬之情。

三、品味语言，揣摩意蕴

> **提问**：这篇文章感情色彩非常浓郁，耐人寻味。你能从所写的几件事中体会到吗？

学生继续阅读课文，选择其中的某一件事，仔细品味、赏析。

● 预设：

（一）添改讲义

1. 前后呼应

（1）"我拿下来打开看时，很吃了一惊，同时也感到一种不安和感激。""我"为何会"很吃了一惊"？又为何"感到一种不安和感激"？

先说自己的心理状态和感受，再说其背后的原因；先引人注意，再做具体说明。陈说事实时，不吝使用"从头到尾""都""不但……连""一一"以及"一直继续"等修饰与连接的词语和短语，确实让人体会到了"我"的"很吃了一惊"和"感到一种不安和感激"的真实感。

对于"我""感到一种不安和感激"的心理状态，前文还有铺垫，这就是："我交出所抄的讲义去，他收下了，第二三天便还我，并且说，此后每一星期要送给他看一回。"可见，所"不安和感激"的不仅仅是后面提到的"添改"，还有先生做事的及时、持续，这都给"我"留下了难忘的记忆。

（2）"原来我的讲义已经从头到末，都用红笔添改过了，不但增加了许多脱漏的地方，连文法的错误，也都一一订正。"

"添改"，一为"添加"，二为"改动"。"添加"的是"许多脱漏的地方"；"改动"对应的是"连文法的错误，也都一一订正"。

"添"的是医学知识，这是一个医学教授的本职工作；"改"的是文法的错误，这已超越医学教授的本职工作，是格外的关爱。

2. 数量词、副词的运用

（1）"一点"，意思为不多、不完整，这为后面先生的添改埋下了伏笔；"第二三天"表示动作的及时，"每一星期""一回"，表示行为的持久，这都为后面的"不安和感激"布下了伏笔；"一惊"表示自己很意外，完全没有想到；"一种"说的是自己某种独特的感受，更显强烈；"一一"则是指所有的、全部的，写出了先生认真负责、严谨的工作态度。

（2）"第二三天便还我"中的"便"，可以换为"才"吗？

不能。"便"指的是时间的短促，动作的迅速、不拖延，令人意想不到，与后面的"一惊"相呼应；而"才"则表示时间较长，且与"二三天"不相吻合，表达的是责怪心理，与行文情感基调不符合。

3. 揣摩比较

（1）揣摩比较这两种说法，看看能不能改换。

原来我的讲义已经从头到末，都用红笔添改过了。

>　　原来我的讲义已经用红笔添改过了。

　　不能。去掉了"从头到末"和"都"这样的修饰语与限制词，大体意思好像没变，但原文所要表达的是藤野先生为"我"添改讲义的全面和完整，失去了这一特点，藤野先生的行为就与其他一般意义上的教师行为没有多少区别，也就难以令"我""很吃了一惊"，"我"更不会"感到一种不安和感激"。

　　（2）作者写到了先生与自己的简短对话，对话的意思可以压缩为："有一天，他要我把听课时抄的讲义给他看。"如果就这样写，好不好？

　　不好。对话是一种描写方法，而改动后变成全叙述，文笔不免板滞；用对话更能写出人物的独特形象。通过对话，如闻其声，如见其人，既可以再现当时的情景，又可以让我们感知到当时的氛围。

4. 语言建构

　　从前后文看，这里的对话可以加上一些修饰性语句。请你试试看，并说说这样添加的理由。

　　（1）"我的讲义，你能抄下来么？"他（和蔼地）问。

　　按：后文有"向我和蔼的说道"，可见先生对"我"一向是和蔼的。

　　（2）"可以抄一点。"（我有点忐忑不安。）（我小声地回答。）

　　按："可以抄一点"的言下之意是，有时"可以"，有时"不可以"；有的能"抄"，有的不能"抄"，总之"抄"得不多。先生突然问起，"我"不免有点忐忑不安，不知先生会怎样对"我"。

　　（3）"拿来我看！"（他很高兴地，用了极有抑扬的声调对我说。）

　　按：这与先生一贯对"我"的态度有关。从前文中他介绍自己时"有几个人笑起来"而他竟没有生气，可以看出他对学生一直是非常温和的。虽然后面的感叹号说明他加重了语气，但所要表达的是先生对"我"的关切和担心。

　　老师和蔼地问，展示了老师对"我"的关心；"我"小声地回答，体现了一个弱国留学生的不安；他很高兴地，用了极有抑扬的声调对"我"说，是为学生可以抄下讲义而有期待。

（二）纠正画图错误

1. 前后呼应

说自己"太不用功"，与后面写自己把血管图画错了有直接关系，因为"太不用功"所带来的必然是马虎、草率、不严密、不严谨。至于说自己"很任性"，甚至在先生指出错误之后，仍然不愿承认，固执己见，又是"我"后来对先生的敬佩和愧疚的张本。

2. 语意揣摩

（1）"翻出我那讲义上的一个图来"。一个"翻"，一个"一个"，可见先生对待学术是何等严谨。因为在先生的研究室里，是堆满了人骨和头骨的，而且肯定有许多的书籍和学生的作业，还有他自己的研究资料，而先生又是一个生活比较随便的人，比如穿着的"模糊"常引来学生的嘲笑，但他能够从中"翻出我那讲义上的一个图来"，其执着、谨严的态度足以可见。

（2）"你看，你将这条血管移了一点位置了。——自然，这样一移，的确比较的好看些，然而解剖图不是美术，实物是那么样的，我们没法改换它。现在我给你改好了，以后你要全照着黑板上那样的画。"

先生的这段话，有三个层次。首先指出"我"的错误——"将这条血管移了一点位置"，这是不能忽视的，这是此次谈话的缘起，也是谈话的重点。接着担心"我"不能接受，先退一步，再语重心长地说出其中的道理，教导"我"要尊重科学。再提出明确而严格的要求："以后你要全照着黑板上那样的画。"既是"全照着"，那就不能有一点点的偏差。

这段话从毫不客气地指出错误，到耐心地安慰，再到委婉地批评，最后到对"我"提出要求，有进有退，有严肃的态度也不乏温情的安慰；可谓理与据全备，理与情共有，严与慈统一。

这件事，给"我"留下了难忘的印象，乃至二十多年过去了，仍历历在目，"我"记忆犹新，耳边还在回响着先生那抑扬顿挫的声音。

（三）关心解剖实习

1. 前后呼应

"成绩早已发表了，同学一百余人之中，我在中间，不过是没有落第。"为何要交代这一点？这看似与藤野先生也没有大的关系。联系后文的匿名信事件，可以看出作者的行文布局之妙：巧妙地回应了所谓的考题"漏泄"的污蔑。因为如果藤野先生真的这样做了，那么"我"的成绩肯定不至于如此，所以谣言不攻自破。

这不仅刺痛了年轻鲁迅的自尊心，而且激起了他的爱国心："中国是弱国，所以中国人当然是低能儿，分数在六十分以上，便不是自己的能力了：也无怪他们疑惑。"

2. 语意揣摩

（1）"他又叫我去了"之"又"，说明他对"我"的关心不是心血来潮，而是持久不断的，这自然让"我"极为"感激"。

（2）他"仍用了极有抑扬的声调"，说明了他跟"我"谈话时的欢快情绪。

（3）至于他"很高兴"，则是因为"我"没有受中国传统思想影响而"敬重鬼"却"肯解剖尸体"。他的"总算放心"，说明先前的担心得到了消除，表明了他对"我"思想认识更新的充分肯定与积极褒扬。

（4）"敬重"在这里是迷信的意思，藤野先生用"敬重"这个词表达了对"我"的尊重、对中国文化的尊重。

（5）"怕你……现在总算……"这样的句式，所传达的是亲人般的关心与担忧。他所关心的，不仅是"我"的学业，还有"我"的现代医学思想观念的建立以及对医学科学进行探究的意识。

（四）了解女人裹脚

1. 前后呼应

他关心的东西诚然与他的研究对象有关，但更重要的是这反映了他对"中国"人生存现状的关心，对戕害妇女身心健康的野蛮而残酷恶习的不解乃至气愤。从中可见他是"希望中国有新的医学"，"希望新的医学传到中国去"的。

这与后文表达对他的"感激"之情是完全一致的，或者说，正因为如此种种，"我"才对他充满"感激"。

2. 语意揣摩

（1）从"畸形"和"叹息"中，可见藤野先生对中国妇女遭受摧残的悲惨命运的同情，对裹脚这一恶俗的愤懑难平，更可见他对不能亲眼看到、亲自观察与研究这一医学问题的惋惜和遗憾。

（2）"究竟是怎么一回事呢？"好似问"我"，又好似自问。为不能发现真相而茫然和遗憾，为不能解决问题而思索，这充分体现了他作为科学家的求实精神，体现了他的"医者仁心"。

四、读写融合，表达交流

任务一：请把"添改讲义"和"纠正画图错误"的对话描写改为一般叙述，或把第32段（"到第二学年的终结……但竟没有说"）改为对话描写，并体会两种写法的高下。写好后与同学分享交流，并分角色朗读几遍。

任务二：阅读下面两则材料，回答问题。

1.1935年日本岩波文库要出《鲁迅选集》的时候，曾经来问鲁迅先生，选些什么文章好。鲁迅先生回答："一切随意，但希望能把《藤野先生》选录进去。"目的是借此探听藤野先生的一点消息。在这选集出版的第二年，译者增田涉到上海来访问鲁迅先生，鲁迅先生向他打听藤野先生的情况，增田涉说没有下落时，鲁迅先生慨叹地说："藤野先生大概已经不在世了吧？"

鲁迅为什么要把《藤野先生》这篇文章选进他的《鲁迅选集》？请结合文意，为鲁迅的这一想法列出具体的理由。

2.藤野先生的侄子说，鲁迅逝世的那一年，有一位记者拿来了一张鲁迅逝世时的照片给叔父严九郎看，这时，叔父才知道鲁迅逝世的消息，当时，严九郎正襟而坐，把那张照片举过头顶，然后提笔写了"谨忆周树人君"。

如果在20年后，鲁迅与藤野先生重逢，那师生之间会说些什么呢？

要求：

结合文意，展开合理想象，模仿文中的写法，写一个对话场景。

《短文两篇〈答谢中书书〉》：
山川之美，古来共谈

◆ **关键问题**

南朝时的陶弘景在《答谢中书书》中说："山川之美，古来共谈。"那么他围绕"山川之美"，与朋友"共谈"（分享）了哪些内容呢？具体又是怎么"谈"的呢？

◆ **设计意图**

"山川之美，古来共谈"是《答谢中书书》的"文眼"，抓住这句话，也就抓住了"谈了什么"的问题，可以串联起全部内容，并能感知和体会作者寄寓其中的思想情怀；从"怎么谈"的角度引导学生阅读理解，可以帮助他们把握行文特色，感受其语言风格。而以此能自然过渡到对《与朱元思书》的学习，有效进行能力迁移。

教学过程

一、温故知新，整体感知

（一）重温《三峡》，学生朗读，背诵

请用这样的语句回顾：三峡之美，美在＿＿＿。

● **预设：**

——三峡之美，美在山旋水转。

——三峡之美，美在四季变换。

——三峡之美，美在奇境迭出。

——三峡之美，美在雄俊神奇。

——三峡之美，美在秀美俊逸。

——三峡之美，美在豪放深情。

——三峡之美，美在盛夏的奔放和热情。

——三峡之美，美在春冬的俊逸和闲远。

——三峡之美，美在秋日的忧伤和啸叹。

思考：从这些"美"之描写中，我们可以发现它的语言有什么特点？

——多用四字句，间有五、六、七言，讲究韵律和参差变化。

——语言简洁凝练，形象性强，蕴意丰富。

——句式灵活，节奏感强，抑扬顿挫，朗朗上口。

其实，不仅《三峡》的语言是这样，我们要学习的《答谢中书书》，包括后面的《与朱思元书》都具有类似的特点。

（二）自由朗读课文，理解题意

1. 学生反复朗读课文，力争熟读成诵

按：要提示学生关注其语言特点，对骈偶、多用四字句等有直接的感受。

2. 题目怎么读？意思是什么？

答／谢中书／书

答谢／中书／书

"答"是"回复"。"谢中书"是一个人，即谢征，"中书"是他的官职（中书舍人）；称朋友官职而不称他的名或字，是对他的尊敬。"书"是书信。

题目的意思是：（陶弘景）回复给朋友谢中书的一封信。

思考：后面有一篇课文题目为"与朱元思书"，两者一样吗？

"与"是"给",与"答(复)"有区别;"朱元思"是朋友的姓名,没有点明官职。

(三)把握文意

请用这样的句式尝试概括文意:课文以自己的感慨"山川之美,古来共谈"为总起,描写了山川的四季之景和晨昏之景,表达了对山水自然美景的热爱之情。

二、研读课文,深入理解

作者起笔说:"山川之美,古来共谈。"那么他围绕"山川之美",与朋友"共谈"(分享)了哪些内容呢?具体又是怎么"谈"的呢?

> 🔍 **提问1**:文中"谈"到了哪些美景?

● 预设:

写到的美景有:高峰、清流、石壁、青林、翠竹、晓雾、猿鸟、夕日、沉鳞。

▶ **追问1**:其实这些景物,就是一幅幅画面,那你能给每幅画题上名字吗?比如"高峰图"可以题名为"高耸入云的山峰"。

预设:

高耸入云的山峰
清澈见底的流水
耸立千仞的石壁　色彩斑斓的山体
茂密青葱的树林
青翠欲滴的竹子
慢慢消散的朝雾

129

柔声啼唤的猿猴　声繁悦耳的鸟鸣

逐渐西沉的太阳

欢腾竞跃的鱼儿

按：让学生用自己的话说，要求仿照示例，能够相对整齐，且与原文意思一致。

▶ **追问2**：这些景色特别美丽，你能任选一幅，发挥想象，将它描写出来吗？

预设：

——河水清澈，像绿色的宝石一般。我低下头，一眼能看到河底的石头。

——两岸的石壁，色彩斑斓，交相辉映。看着石壁，我有种眼花缭乱的感觉。

——在清流两岸、壁立千仞的高峰之上，那奇幻瑰丽的色彩，让我看到了生命之光。

——天刚蒙蒙亮，花叶上的露珠还未照上太阳时，山林就开始了欢唱。

——夕阳快要落山了，红得可爱，给万物披上了红色的外衣。

——夕照中，水里的鱼儿欢腾竞跃，尽情享受空气中弥漫的芳馨。

提问2：这些景色的共同特点是"美"，它们的"美"是如何体现出来的呢？请完成下表。

学生阅读思考，自主完成，交流分享。

● 预设：

"山川之美"	观察视角	美景类别	色彩选择
山川之大美（总写）	高峰入云——仰望	实景、静景：静中有动	青色、白色
	清流见底——俯视	实景、动景：动中有静	绿色
	两岸石壁，五色交辉——仰望、远观	实景、静景：静中有动	五色
四时之美（分写一）	青林翠竹，四时俱备——近观、平视	实景、静景：静中有动	青色、绿色
一日之美（分写二）	晓雾将歇，猿鸟乱鸣——近观、远观，听觉	实景：实中有虚 动景：以动写静	白色
	夕日欲颓，沉鳞竞跃——远观、俯视	实景：实中有虚 动景：以动写静	红色、白色

● 归纳：

作者通过视角的不断变化、动静的有机组合、虚实的结合统一和色彩的选择搭配，与朋友分享了自己所见、所闻的山川之美。

> **提问3**：这篇文章极为简短，只有68个字，但语言极为生动传神。你能找出自己最喜欢的语言点进行赏析吗？

赏析时用这样的句式表达：____用得好（妙、美），好（妙、美）在____。学生自主完成，组内交流。

● 预设：

——"高峰入云"的"入"用得好，好在化静为动,写出了山的高大和生命力的强大。山的磅礴气势与"清流见底"直视无碍的澄澈之美相结合,给读者以强烈的视觉冲击。

——"五色交辉"的"交"用得好，好在描写了石壁色彩斑斓、交相辉映的状态,突出了山川之美,表达出热爱的情感。

——"晓雾将歇"的"将"用得妙，妙在写出了早晨的雾气将要散去，但是还没有散去的那种迷蒙之美。

——"猿鸟乱鸣"的"乱"用得好，好在生动地写出了猿猴和鸟儿的鸣叫声此起彼伏的状态，给人一种自由自在的感受，非常美好。

——"沉鳞竞跃"的"竞"用得好，好在用拟人手法，描写了水中的游鱼争先恐后跳出水面的那种状态。

● 归纳：

这篇短文的语言流畅而整练，用语清丽明净，富于含蕴，形象地写出了山川之美，写出了勃勃生机。

> **提问4**：除了写山川之美之外，作者还写了哪些内容？它们与文章的主体内容有什么关联？请完成下表。

学生阅读思考，合作交流。

● 预设：

开头	山川之美，古来共谈。	用富有审美意味的开头，启引话题，引人遐思。
结尾	实是欲界之仙都。	发出由衷感叹，自然收束对山川之美的描写。
	自康乐以来，未复有能与其奇者。	赞美山川之美，深憾于自谢灵运以来竟无人妙赏此佳山水，一唱三叹，摇曳生姿，言有尽而意无穷。

● 归纳：

文章虽然很简短，但构思精巧，结构完整，内容丰富，要言不烦。

▶ **追问**：从陶弘景的"山川之美，古来共谈"以及结尾"未复有能与其奇者"等话语中，我们可以读到哪些信息？

出示：

1. 四则文句：

智者乐水，仁者乐山。

——《论语·雍也》

山林欤！皋壤欤！使我欣欣然而乐欤！

——《庄子·知北游》

大林丘山之善于人也，亦神者不胜。

——《庄子·外物》

山中何所有？岭上多白云。只可自怡悦，不堪持寄君。

——陶弘景《诏问山中何所有赋诗以答》

2. 一段资料：

陶弘景早年游历访道时，足迹遍及江浙的名山胜水，三十七岁开始退隐茅山，后在江南佳丽的山水中度过了四十四个春秋。《答谢中书书》中凝聚了他激赏江南山林的情韵。梁武帝遇有国家大事，常去山中征询他的意见，他故而被人称为"山中宰相"。

魏晋南北朝时，因政局动荡，矛盾尖锐，不少文人往往遁迹山林，从自然美中寻求精神上的解脱，亦在佳山水中寻求启示。与朋友谈"山川之美"的话题，自在不言之中。

——《古文鉴赏辞典》

预设：

"共谈"与"未复"前后呼应，形成对比。既彰显谈"山川之美"是古已有之的话题，显示对古人雅量深致的欣赏与敬佩，又感叹今人的粗陋无文，隐含自矜自得之意。（参见《教师教学用书》）

这篇小品充满了对山川自然美景的喜爱与欣赏之情。作者为佳丽山水得不到应有的欣赏而感到遗憾，充分体现了他亲近自然、归隐山林的高洁志趣。

三、拓展延伸，提升思维

引导学生阅读《与朱元思书》，运用学习本课的方法，思考和探究下列问题。

> **提问 1**：陶弘景的这封信是围绕"山川之美，古来共谈"来展开的，那么吴均的这封信又是紧扣什么去写的呢？其主要内容是什么？

● 预设：

这封信围绕"自富阳至桐庐一百许里，奇山异水，天下独绝"这句话展开，"奇山异水，天下独绝"是文章之眼。文章生动而简练地描写了富阳、桐庐一带富春江上的优美景色，表达了自己对美好自然的赞赏之情。

按：这是为了让学生能够比较迅速地了解文意，进行整体感知。

> **提问 2**：面对富春江的"奇山异水"，作者有什么样的感想？请找出相关语句，用自己的语言将其表述出来，并做简要分析。（参见课本"思考探究二"）

● 预设：

作者的感想是："鸢飞戾天者，望峰息心；经纶世务者，窥谷忘反。"

那种像凶猛的鸟一样具有高飞冲天的野心的人，见了这样的高峰，也平息了追求高位的心；那些为经营世务而奔走忙碌的人，看着这幽谷的美景，也要流连忘返。这是说优美的山水，足以使热心世务、企盼仕途腾达的人也产生隐居之想。

作者触景生情，将审美感受引向看待仕途进退的人生态度的变化，进一步烘托出奇山异水巨大的魅力。这既是作者面对美景的感受，也是对友人的委婉劝说：放下争名夺利之心，忘情于天地大美之中。这样的感受，直接抒写了自己向往自然、厌弃尘俗的心情。

（参见《古文鉴赏辞典》《教师教学用书》）

按：这是为了让学生抓住作者所抒发的情感，理清叙述、描写与议论和抒情的紧密关系，完整把握作者情感。

提问 3：围绕"奇山异水，天下独绝"，吴均在信中为朱元思描述了哪些优美之景呢？又是怎样表达的呢？请完成下表。

● 预设：

写作层次	语句	内容概括	表达特点
总写	风烟……共色。	勾画整体风貌：清澈透明，浑然一体。	景中蕴情。
	从流……东西。	勾勒人物心情，定下情感基调。	描画自由、愉悦的心情。
	自……奇山异水，天下独绝。	点明行舟路线，概括总体印象。	极尽赞叹、倾倒之情。
分写一：异水	水皆……无碍。	写江水之深、之清澈。	写出明净可爱的静态之美，令人惊叹。
	急湍……若奔。	写江水之奔腾、湍急。	写出气势磅礴的动态之美，让人惊奇。
分写二：奇山	夹岸……寒树。	写两岸山高林密，山色青葱。	既直接言之"高"，又以"寒"烘托之。
	负势……成峰。	写山之高耸、千姿百态。	化静为动，写出了山的生命力。
	泉水……无绝。	写山中的泉响、鸟鸣、蝉鸣、猿叫，呈现一派万物欣荣、欢快自得的气象。	从视觉转到听觉，各种声音的和鸣，具有天然的韵律美。

续表

写作层次	语句	内容概括	表达特点
感受	鸢飞……忘反。	抒发内心感受。	侧面烘托出景色之美。
	横柯……见日。	写山中光影变化，呈现幽深、清冷的景象。	与感受相应，让热衷世务者冷静下来，成为感受的有机补充。

> 这封书信短小隽永，而层次井然，写景抒情，均极简练生动。以四言句式为主，多用骈句，韵律感很强，宛如一首韵味盎然的诗，千百年来脍炙人口，不愧为六朝山水小品的上乘之作。
>
> ——《古文鉴赏辞典》

请用这样的句式归纳：作者通过这一篇富有诗意的文字，把富春江上的动静景物、多样声响、变幻光影巧妙地结合起来，为我们绘出一幅充满生机活力的富春山水图。（参见《教师教学用书》）

四、读写融合，能力迁移

课后阅读吴均的《与施从事书》《与顾章书》，了解吴均的写景文章的特点，选择其中一篇，尝试从内容选择、观察角度、语言表达等方面，任选一个方面，做简要分析，写成一段文字。写好后与同学分享，并根据同学的评价意见修改完善。

附1：

与施从事书

吴均

故鄣县东三十五里，有青山，绝壁干天，孤峰入汉；绿嶂百重，清川万转。归飞之鸟,千翼竞来;企水之猿,百臂相接。秋露为霜,春罗被径。"风雨如晦,鸡鸣不已。"信足荡累颐物,悟衷散赏。

附2:

与顾章书
吴均

　　仆去月谢病,还觅薜萝。梅溪之西,有石门山者,森壁争霞,孤峰限日;幽岫含云,深溪蓄翠;蝉吟鹤唳,水响猿啼,英英相杂,绵绵成韵。

　　既素重幽居,遂葺宇其上。幸富菊花,偏饶竹实。山谷所资,于斯已办。仁智之乐,岂徒语哉!

《短文两篇〈记承天寺夜游〉》："闲"字不"闲"

◆ **关键问题**

苏轼在文章的最后说："但少闲人如吾两人者耳。"作者说自己与张怀民都是"闲人"，那么"闲人"之"闲"你是怎么读出来的呢？对此你有哪些认识？

◆ **设计意图**

这句话既是文章的总结，又是情感的抒发，引导学生抓住集中体现作者情怀的语句，能够带动他们感知与领会文本的思想内容，进而体会行文构思精巧、语言精练含蓄的艺术特点。

教学过程

一、朗读课文，整体感知

引导学生自由朗读课文，要求借助课下注释所提供的相关资料，自学课文。

（一）重点掌握部分词语

欣然；念；相与；中庭；盖；但；耳。

按：学习这些词语时，要设置语用情境，适当进行有机勾连（与古代、现代、现实生活勾连），温故而知新。

（二）有效进行诵读指导

要求：读准字音，读清句读，读出节奏，读出情感。

学生试读，全体齐读，教师范读，师生点评。

重点指导下列语句（词语）的朗读：

1．"欣然起行"——要读出兴高采烈、兴致勃发的意味。

2．"庭下如积水空明，水中藻荇交横，盖竹柏影也。"——要读出非常惊喜、欣赏、愉悦、陶醉之情。

3．"何夜无月？何处无竹柏？但少闲人如吾两人者耳。"——要读出无比感慨、落寞、感伤、深沉、旷达的意味。

按：学生在此基础上，熟读并尝试背诵全文。

（三）准确梳理行文思路

> 🔍 **提问**：从题目中你读出了哪些信息？看到这样的题目，你可能还想知道什么？

学生思考，交流。

● **预设**：

"记承天寺夜游"这一题目，内容显豁，信息充分：交代了人物（"记"与"游"都是人所发出的动作）、地点（承天寺）、时间（夜）、事情（游）。既然是"记游"之作，文体自然是记游散文（随笔性的），而"夜游"和"记游"时的情绪体验则隐含其中。

还想知道的内容可能有：为什么要去承天寺夜游？为什么要夜游，白天去游玩不好吗？这次夜游有什么值得"记"的？作者夜游时见到了哪些景象？他的心情又如何？他对这次夜游是怎样评价的？……

▶ **追问**：借此，你能用这样的句式梳理行文思路吗？

这篇只有 84 个字的短文，有__、__、__、__，先__，再__，最后以__点题，叙事很__，写景如__，抒情则寓于__、__之中。叙事、写景、抒情，又都集中于__。

学生再读课文，思考完成。

预设：

这篇只有 84 个字的短文，有<u>时间</u>、<u>地点</u>、<u>人物</u>、<u>事情</u>，先<u>叙事</u>，再<u>写景</u>，最后以<u>议论</u>点题，叙事很<u>简洁</u>，写景如<u>绘画</u>，抒情则寓于<u>叙事</u>、<u>写景</u>之中。叙事、写景、抒情，又都集中于<u>写人</u>。

二、研讨问题，深入理解

🔍 **提问 1**：文章最后说："但少闲人如吾两人者耳。"作者说自己与张怀民都是"闲人"，那么"闲人"之"闲"你是怎么读出来的呢？对此你有哪些认识？请做简要回答。

回答时请用这样的句式：我从_____中，读出了他的"闲"，因为他（们）_____。

学生阅读思考，讨论交流。

● 预设：

——我从作者入夜即<u>"解衣欲睡"</u>中，读出了他的"闲"，因为他<u>夜晚无事可做,只有睡觉了</u>。

——我从作者见<u>"月色入户"</u>，便<u>"欣然起行"</u>中，读出了他的"闲"，因为<u>他见到极为平常的月光竟然如此兴奋,说明生活确实无聊得很;自然也不用担心明天是否还有要做的事情</u>。

——我从作者月夜寻<u>"乐"</u>,立即就想到去承天寺寻张怀民一起玩中，读出了他（们）的"闲"，因为<u>平时他们就是这样玩乐的,并没有其他事可做</u>。

——我从<u>"怀民亦未寝,相与步于中庭"</u>中，读出了他（们）的"闲"，因为张怀民也无事可做,所以两人才能够在中庭里来来回回地走。

——我从作者与张怀民"相与步于中庭",连"竹柏影"都看得那么仔细、那么清楚中,读出了他(们)的"闲",因为他们有闲心和闲暇才能看到这些景象。

——我从作者所发"何夜无月?何处无竹柏"的感叹中,读出了他(们)的"闲",因为能够在冬夜出游赏月看竹柏的,却只有他们两人,可见他们确实是"闲人"。

——我从作者所发"但少闲人如吾两人者耳"的感慨中,读出了他(们)的"闲",因为别人都"不闲",没有"闲时""闲情",无法看到月夜的奇妙景象,只有他们是"闲人"。

● 归纳:

"闲人"是点睛之笔,以别人的"不闲"反衬"吾两人"的"闲"。因为"闲",才能"夜游",才能欣赏月夜的美景。两个"闲人"的身影、心情及其所观赏的景色,历历如见。

> **提问2**:从课文下面的注释中,我们知道苏轼的这篇短文写于"贬官黄州期间",其时张怀民也贬官在黄州。两人虽然是"贬官",但毕竟是"官",总有一些"案牍之劳形"吧,怎么会如此"闲"呢?我们如何理解他的"闲"?

● 出示:

1. 因贬官而身闲:

元丰二年(1017年),苏轼因"乌台诗案"被贬,元丰三年(1018年)二月到达黄州贬所,名义是"团练副使",却是一个既无关紧要又无足轻重的帮闲类的小官,他有职而无权,闲散不管事("本州安置,不得签书公事"),甚至连工资也没有,完全成了老百姓。写作本文时,他已在黄州贬所待了快四年了。

141

张怀民此时也谪居黄州，暂寓承天寺。

这两人，都因被贬而得"闲"，心境相同，"同声相应，同气相求"。张怀民曾经赠墨二枚给苏轼，苏轼作《书怀民所遗墨》一文以记之。元丰六年（1021年），张怀民"不以谪为患"，在长江边修了一座亭子，"自放山水之间""以览江流之胜"，苏轼帮他取名为"快哉亭"，并赋词相赠："一点浩然气，千里快哉风。（《水调歌头·黄州快哉亭赠张偓佺》）"其弟苏辙还写了《黄州快哉亭记》，至今为人们所传诵。

2. 因排遣而心闲：

苏轼的心胸是豁达的。虽累遭贬谪，但仍然乐观、旷达，即使被流放到蛮荒之地，也不会"悲伤憔悴""感极而悲"。就他的个人理想而言，他并不自愿当"闲人"。只不过因贬而得"闲"，只好"自放于山水之间"。他赏明月，看竹柏，自适其适，自乐其乐。他的内心并不得意，他的自适和自乐，包含了失意情怀、郁愤之气的自我排遣。《记承天寺夜游》都表现了这样的心情，只不过比较含蓄罢了。

——《古文鉴赏辞典》

3. 几则诗文选段：

江山风月，本无常主，闲者便是主人。

——苏轼《临皋闲题》

我今官正闲，屡至因休沐。人生营居止，竟为何人卜。何当力一身，永与清景逐。

——苏轼《李氏园》

禽鱼岂知道，我适物自闲。悠悠未必尔，聊乐我所然。

——苏轼《和陶归园田居六首》（其一）

未成小隐聊中隐，可得长闲胜暂闲。我本无家更安往，故乡无此好湖山。

——苏轼《六月二十七日望湖楼醉书五绝》（其五）

能闲世人之所忙者，方能忙世人之所闲。人莫乐于闲，非无所事事之谓也。闲则能读书，闲则能游名胜，闲则能交益友，闲则能饮酒，闲则能著书。天下之乐，孰大于是？

——清·张潮《幽梦录》

一个诗人，一个月夜徘徊者，一个不可救药的乐天派，一个自然中伟大的顽童。

——林语堂《苏东坡传》

按：上列资料以学生自主阅读、自我理解为主，老师不宜做过多的阐释与拓展，还是要把学生的注意力集中到对本文的感知和体悟上。

● 归纳：

可见，这个"闲"，不是游手好闲的闲，不是闲则生非的闲，不是"白头宫女在，闲坐说玄宗"（唐·元稹《行宫》）的闲，而是气定神闲的闲，是高雅志趣、闲情雅致的闲，是不汲汲于名利的闲，是超然物外的闲，是能够照得见美丽的闲，是能够读得出乐观的闲。

三、比较阅读，拓展延伸

阅读下面这篇短文，比较其与《记承天寺夜游》在内容和表达上的异同之处。

书上元夜游

苏轼

己卯上元[①]，予在儋州[②]，有老书生数人来过[③]，曰："良月嘉夜，先生能一出乎？"予欣然从之，步城西，入僧舍，历[④]小巷，民夷[⑤]杂糅，屠沽[⑥]纷然。归舍已三鼓[⑦]矣。舍中掩关熟睡，已再鼾矣。放杖而笑，孰为得失？过[⑧]问先生何笑，盖自笑也。然亦笑韩退之钓鱼无得[⑨]，更欲远去，不知走海者[⑩]未必得大鱼也。

注释：

① 己卯：公元1099年。上元：农历正月十五，旧以阴历正月十五为

上元节。

②儋州：地名，现在属于海南。

③过：访问。

④历：经过。

⑤民：指汉族人。夷：指当地少数民族。

⑥屠沽：卖肉的人和卖酒的人，泛指市井中做生意的人。

⑦鼓：动词，击鼓。古代夜间击鼓报时，一夜报五次。

⑧过：苏轼的小儿子苏过，字叔党，当时跟从苏轼贬居海南。

⑨韩退之钓鱼无得：韩退之即唐朝文学家韩愈。韩愈《赠侯喜》诗说"君欲钓鱼须远去，大鱼岂肯居沮洳（浅水处）"，这里借韩愈的诗句，表示不赞同其强求多得。这诗也将自己一生立身行事比作钓鱼。

⑩走海者：走到大海边的人。这里苏轼隐指自己，当时他在海南岛，称得上是"走海者"。

译文：

己卯年上元，我在儋州，有几个老书生过来对我说："如此好的月夜，先生能不能一起出去呢？"我很高兴地跟从他们，步行到了城西，进入了僧舍，走过了小巷，这里各地的百姓聚居在一起，生活井然有序。回到家中已经三更了。家里的人闭门熟睡，睡得很鼾甜。我放下拐杖，不禁笑了笑，什么是得，什么是失呢？苏过问我为什么笑，大概是自己笑自己吧！然而也是笑韩退之钓鱼没有钓到，还想要到更远的地方钓鱼，却不知道在海边的人也未必能钓到大鱼。

学生阅读思考，讨论交流，完成表格内容。

● 预设：

	《记承天寺夜游》	《书上元夜游》
不同点	冬夜出游	春节期间夜游
	自己寻人赏月	被邀赏月
	写月下竹柏景象	写所见街景，几乎没有写到月景
	对人只写心理活动与动作	对人除了有动作、心理描写，还有神态和语言描写
	抒发感情比较委婉含蓄	直接揭示生活哲理
	议论抒情的话语较为简短	议论抒情相对较为具体、充分
共同点	1. 都是被贬时所作，都写到了夜游赏月； 2. 都有细节描写，且很传神； 3. 都写出了自己悠闲自得的心情； 4. 都写出了自己苦中作乐的自我慰藉、随缘自适的自慰自解； 5. 都是短小篇幅，却是饶有情趣的小品佳作； 6. 都寓情于景，寓情于事。	

四、读写融合，表达应用

请模仿本文的写法，写一则随笔小品。写好后与同学分享交流，并根据同学的评价意见修改完善，然后将之誊抄到作文本上。

要求：

1. 描写生活中的一个小的片段（场景）；

2. 注意细节描写，结构上要有层次感；

3. 用"叙述＋描写＋议论（抒情）"的方式；

4. 200字左右。

（本设计中部分材料由江苏省兴化市文正实验学校王大智老师提供。）

《唐诗五首〈钱塘湖春行〉》：诗人"最爱"是湖东

◆ **关键问题**

白居易说"最爱湖东行不足"，那么他"最爱"西湖的哪些景色呢？

◆ **设计意图**

"最爱"是作者情感体现最为充分的一个词语，出现在诗歌的尾联，意蕴丰富。本设计旨在通过对集中表达情感的诗句进行理解，带动对全诗内容和情感的把握，引领学生进入诗人所营造的艺术境界，让他们感受钱塘湖之灵秀，体会诗人的独特情怀。

教学过程

一、设置情境，激发兴趣

出示课本"积累拓展·五"中的诗句，让学生阅读并尝试说出其所描写的景物的不同（分别属于春天的哪个阶段——初春、仲春、暮春）。

带雪梅初暖，含烟柳尚青。

——唐·孟浩然《陪姚使君题惠上人房》

雨中草色绿堪染，水上桃花红欲然。

——唐·王维《辋川别业》

杨柳阴阴细雨晴，残花落尽见流莺。

——唐·武元衡《春兴》

半烟半雨江桥畔，映杏映桃山路中。

——唐·郑谷《柳》

学生阅读，圈画关键字词，思考交流。

● 预设：

第一句是早春，梅还"带雪"，天气只是"初暖"，如烟似雾的杨柳发芽不久，其色"尚青"。

第二句是仲春，"堪染"的草色正绿意盎然，盛开的桃花如"欲然"的火炬。

第三句是暮春，"阴阴"的杨柳，说明已经长得很茂密了；"落尽"的残花更是春天即将过去时的景象。

第四句是仲春，烟雨中的垂柳，与盛开的杏花、桃花交相辉映。

> **提问**：从以上的诗句中，在对诗歌描写对象的把握上，我们有什么发现？

学生思考交流。

● 预设：

把握诗歌描写对象，要先找出所描写的景物，再看景物具有怎样的特点，然后就可以判断出所写的是什么时候的景象了。

请同学们带着这样的认识，一起来读白居易的《钱塘湖春行》吧。

二、初步阅读，整体感知

> 🔍 **提问1**：如果我们给诗题添加一个字，可能会更明确白居易写的是春天哪个阶段的景色。你将加哪个字呢？请说说你的理由。

学生自由朗读诗歌，圈画重点字词，小组内交流。

● 预设：

加一个"早"（初），诗题可以改为"钱塘湖早（初）春行"。

1. 首联："初平"的水面，湖水初涨，水面与湖岸齐平。春潮涌动时分，正是"早春"（初春）特有的景象。这是对西湖早春的轮廓勾勒。

2. 颔联："几处"说明数量不多，正是莺之"早"的表现；而它们却"争"着栖息于向阳的树，可见气候应是"乍暖还寒时候"；"新燕"是刚从越冬之地飞回的燕子，它们在早春筑巢、垒窝。

（注：《教师教学用书》第183页中说"'谁家新燕'，说明燕子始回，尚未筑巢"，解说有误，因为白居易明明写了燕子在"啄春泥"，也就是说燕子在衔泥筑巢。）

> 按：此处可以让学生简单比较两种不同表述的意思：
>
> 几处早莺争暖树——处处早莺争暖树
>
> 谁家新燕啄春泥——家家新燕啄春泥

3. 颈联：令人眼花缭乱的"杂树生花"的繁盛景象还需等待，说明此时不是仲春和晚春；之所以浅草刚刚湮没马蹄，是因为小草还没有长高，正如朱自清在《春》中所写的那样："小草从土里偷偷地钻出来。"

这两联"抓住早莺、新燕、乱花、浅草四种景物，细致描摹早春景致"（见《教师教学用书》）。

4. 尾联：贺知章《咏柳》诗云："碧玉妆成一树高，万条垂下绿丝绦。不知细叶谁裁出，二月春风似剪刀。"白居易在另一首诗《早春即事》中说："北檐梅晚白，东岸柳先青。"说明杨柳与小草一样，都是春天里最先发芽生长的植物。

"绿杨阴里"的景象正是"万条垂下绿丝绦"的一种概括描述。

▶ **追问**：同学们能根据刚才的简单梳理，用自己的语言把诗歌的内容描述出来吗？

学生尝试描述，与同伴交流。

预设：

绕过孤山寺北面漫步在贾公亭的西面，湖水初涨与岸齐平，白云显得很低。几只早出的黄莺争着停在向阳的树上，谁家的新飞来的燕子啄着春泥在筑巢？野花竞相开放，逐渐会使人眼花缭乱，浅浅的草刚刚没过马蹄。最喜爱湖东的景色让我游玩不够，绿杨成荫，中间穿过一条白沙堤。

🔍 **提问2**：你能用一段话来概括诗歌的主要内容吗？

请用这样的句式概括：这首诗先从____写起，再通过对____等动植物的描写，写出了钱塘湖____的景象，最后来到了____，鲜明表达了自己的____之情。

学生思考，讨论。

● **预设**：

这首诗分别先从整体落笔，从自己远眺湖面写起，再通过对早莺、新燕、乱花、浅草等动植物的描写，写出了钱塘湖早春欣欣向荣的景象，最后来到了湖东，鲜明表达了自己的喜悦之情。

▶ **追问**：从这样的梳理中，你能发现这首诗的一些写作特色吗？

学生思考，讨论。

预设：

——紧扣"早春"这一中心，精心选择典型事物。

——准确抓住景物特征,细致刻画,形象表达景物特点。

——游踪清晰,善于谋篇布局,结构精巧。

三、研读诗歌,体悟情味

> **提问 1**:诗人说"最爱湖东行不足",那么他"最爱"西湖的哪些景色呢?

请用这样的句式回答:我最爱西湖的＿＿＿＿的景象,＿＿＿＿(特征),真＿＿＿啊!

学生再读诗歌,自主完成,与同伴交流。

● 预设:

——我最爱西湖的<u>春水初涨、云水一色</u>的景象,<u>湖面宽阔,春水涟涟,水色天光一片混茫</u>(特征),真<u>让人心旷神怡</u>啊!

——我最爱西湖的<u>几只早莺争飞、叽叽喳喳欢叫</u>的景象,<u>它们在互相争夺向阳的树木,用清亮的歌喉歌唱春天</u>(特征),真<u>让人感到生机勃勃</u>啊!

——我最爱西湖的<u>新燕翻飞、用力啄泥衔草</u>的景象,<u>它们是春天的信使,在营建新巢,准备繁衍新一代</u>(特征),真<u>让人感到温馨</u>啊!

——我最爱西湖的<u>各种花朵纷乱开放</u>的景象,<u>它们是春天的主角,虽还未盛开,但姹紫嫣红的璀璨景象可期</u>(特征),真<u>令人不禁神往</u>啊!

——我最爱西湖的<u>小草刚刚发芽生长</u>的景象,<u>它们如绿毯一般,是那么鲜嫩,那么富有生机</u>(特征),真<u>让人欣喜万分</u>啊!

——我最爱西湖的<u>白沙堤上绿杨柳荫</u>的景象,<u>白堤上烟柳葱蒨、露草芊绵</u>(特征),真<u>让人流连忘返</u>啊!

▶ **追问**:由此,诗人的"最爱"可以用哪些词语来描述?

学生思考，交流。

预设：

闲适，喜悦，赞美……

> 🔍 **提问 2**：我们怎样认识和理解诗人对西湖的这种情感？你还从诗中读出了什么？

学生思考，交流。

● 预设：

白居易为我们描绘了西湖早春的湖光山色、明媚风光，他用一颗诗人的敏感心灵，捕捉到了春天的独特景象，那勃勃的生机，是对生命的歌唱；他所描摹的大好春色，是生命状态的最美呈现。

无疑，早春的新生命，有生机，有活力，有希望，这是作者积极乐观向上的人生态度的艺术反映。

◎ **出示下列资料，让学生自由朗读，适当积累，进一步体会诗人对春天的情感：**

思为双飞燕，衔泥巢君屋。

——《古诗十九首·东城高且长》

池塘生春草，园柳变鸣禽。

——南朝·谢灵运《登池上楼》

欲把西湖比西子，淡妆浓抹总相宜。

——宋·苏轼《饮湖上初晴后雨》

若待上林花似锦，出门俱是看花人。

——宋·杨巨源《城东早春》

莺莺燕燕春春，花花柳柳真真，事事风风韵韵。

——元·乔吉《天净沙·即事》

鸟啼芳树丫，燕衔黄柳花。

——元·张可久《凭栏人·暮春即事》

柳花如雪满春城，始听东风第一声。

——明·李东阳《黄莺》

草长莺飞二月天，拂堤杨柳醉春烟。

——清·高鼎《村居》

四、对比阅读，拓展延伸

任务一：请阅读下面这首诗（含译文），与《钱塘湖春行》进行比较，看两者在内容和表达上有什么异同。

杭州春望

唐·白居易

望海楼①明照曙霞，护江堤②白踏晴沙。
涛声夜入伍员③庙，柳色春藏苏小④家。
红袖⑤织绫夸柿蒂⑥，青旗沽酒⑦趁梨花⑧。
谁开湖寺西南路，草绿裙腰一道斜。

注释：

① 望海楼：作者原注云："城东楼名望海楼。"

② 堤：即白沙堤。

③ 伍员：字子胥，春秋时楚国人。其父兄皆被楚平王杀害。伍员逃到吴国，佐吴王阖庐打败楚国，又佐吴王夫差打败越国，后因受谗毁，为夫差所杀。民间传说伍员死后被封为涛神，钱塘江潮为其怨怒所兴，因称"子胥涛"。历代立祠纪念，叫伍公庙。连立庙的胥山也被称为"伍公山"。

④ 苏小：即苏小小，为南朝钱塘名妓。西湖冷桥畔旧有苏小小墓。

⑤ 红袖：指织绫女。

⑥柿蒂："杭州出柿蒂，花者尤佳也。"南宋吴自牧的《梦粱录》卷一八说："杭土产绫曰柿蒂、狗脚，……皆花纹特起，色样织造不一。"

⑦青旗：指酒铺门前的酒旗。沽酒：买酒。

⑧梨花：酒名。作者原注云："其俗，酿酒趁梨花时熟，号为'梨花春'。"按，此二句写杭州的风俗特产：夸耀杭州产土绫"柿蒂"花色好，市民赶在梨花开时饮梨花春酒。

译文：

杭州城外望海楼披着明丽的朝霞，走在护江堤上踏着松软的白沙。

呼啸的钱塘涛声春夜传入伍员庙，娇嫩的绿柳春色包蕴在苏小小家。

红袖少女夸耀杭绫柿蒂织工好，青旗门前争买美酒饮"梨花"。

是谁开辟了通向湖心孤山的道路？长满青草的小道像少女的绿色裙腰弯弯斜斜。

学生阅读思考，讨论交流。

● **预设：**

相同之处：

——都是白居易任杭州刺史时所作，都是写西湖春日景色，中心明确。

——都如游记散文一样，交代了自己的游踪，从高到低，由远到近。

——都写到了春柳、春草、春树和湖水等景物，具有典型性，特征鲜明。

——都在诗中抒发了自己对西湖美景的喜爱与赞美之情，情景交融。

不同之处：

——《钱塘湖春行》以写自然景物为主，《杭州春望》还写了风物人情。

——《钱塘湖春行》写的是早春景象，《杭州春望》写的则是仲春美景。

——《钱塘湖春行》的主要表达方式是对自然景物直接描写，《杭州春望》则用了很多典故写景物。

按：此环节不宜拓展太多，要与学生的已知结合起来，有所提升就行。在提问方式上，可以仿照考试试题的方式设计问题，有机实现能力迁移。

任务二：在此基础上归纳小结本课的学习内容，用填空的形式完成。

《钱塘湖春行》紧扣＿＿这一中心，精心选择了＿＿＿＿＿等典型事物，准确抓住＿＿＿＿，善于＿＿＿＿＿，描写了＿＿＿＿＿＿，抒发了＿＿＿＿，达到了＿＿＿＿＿。

学生自我归纳小结。

● 预设：

《钱塘湖春行》紧扣"早春"这一中心，精心选择了早莺、新燕、乱花、浅草等典型事物，准确抓住景物特征，善于细致刻画，谋篇布局，游踪清晰，结构精巧，描写了西湖早春欣欣向荣的大好风光，抒发了诗人的喜悦之情，达到了情景交融的效果。

五、读写融合，提升能力

请选择某一个画面，借助想象，用生动形象的语言，写一段 100 字左右的文字。写好后在小组内分享交流，并推荐佳作在课上展示。

● 示例：

画面1："水面初平云脚低"。

一场春雨来得匆匆，湖里的水涨起来了，都快与岸齐平了，天上的白云层层叠叠，厚重得似乎要压下来，好像在酝酿着又一场甘霖。底下涨起的湖水，天上压低的云层，遥望过去，微微荡漾的湖波与空中舒卷的白云相连，这真是江南典型的水天相融的奇景。

画面2："几处早莺争暖树"。

柳树刚刚抽芽，在妩媚的春风中摇曳着身姿，几只早早飞来的黄莺鸟，急匆匆地飞到树上向阳的位置，她们叽叽喳喳叫个不停，你争我抢，互不相让，都想沐浴早春阳光的温暖，站立高枝，用清滴滴的嗓音对着春天歌唱，把春天的故事四处宣扬。

（本设计部分材料由江苏省昆山市新镇中学许云彤老师提供。）

《背影》：血和泪的文字

◆ 关键问题

《背影》一文发表后，朱自清的父亲一字一句地诵读着儿子的文章，内心非常激动，这是为什么呢？

◆ 设计意图

这篇传统课文的教学，多着眼于对"父爱"的歌颂与赞美，但如果从另一个角度去看，可能会有不一样的体验。本设计旨在从当事人父亲的角度，让学生体会文中描写的情景，感受父亲的爱子之情；抓住文中的重点描写对象，让学生理解行文构思之妙、细节描写之美；引导学生通过品味语言，揣摩作者的情感态度及其变化。

教学过程

一、情境导入，整体感知

课前播放歌曲——刘和刚《父亲》(或崔京浩《父亲》)，营造气氛，激发共鸣。

提问：课文题目为"背影"，是谁的"背影"呢？这样的"背影"在文中出现了几次？

学生自由朗读课文，在文中勾画，完成表格，思考交流。
- 预设：

段落	内容	作用
第1段	回忆父亲的"背影"——"背影"的前奏。	开篇点题，开门见山；设置悬念，引出下文；奠定情感基调。
第2、3段	叙述"祸不单行"的情景——父亲失业，祖母去世。	交代"背影"出现的背景，为"背影"的出现做铺垫。
第4、5段	父亲为"我"送行。	为"背影"的出现进一步蓄势。
第6段	"背影"的精彩呈现。	全文核心，情感聚焦点。
第7段	补充叙述父亲和"我"的近况。	情感延伸，交代写作动因；回应开头，收束全文。

按：在讨论交流和完善表格内容时，先对内容进行梳理，让学生有整体感，再对其在内容和表达上的作用做分析与归纳。

二、再读课文，把握特点

这篇文章取材于日常生活中的一件小事，篇幅不长，却能够给我们带来心灵上的震撼，就连朱自清的父亲读到时，也非常激动。如果单从写法特点上看，你知道这是为什么吗？让我们一起去探寻其中的奥秘吧。

> **提问1**：课文的主要部分是写父亲为"我"送行，写其他事情则一带而过，这是为什么呢？

- 出示：

父子两个到了南京，耽搁了一天，第二天上车，也有大半天的时间，难道除了写出来的一些事情以外，再没有别的事情吗？那一定是有的。被朋友约去游逛不就是事情吗？然而只用一句话带过，并不把游逛的详细情形写出来，又是什么缘故？缘故很容易明白：游逛的事情和父亲的背影没有关系，所以不用写。凡是和父亲背影没有关系的事情都不用写；凡是写出来的事情都和父亲的背影有关系。只有明确了作者没有写背影以外的事情，才能体会集中写背影并使其反复贯穿首尾的精妙。

——叶圣陶《语文教育论集》

● 预设：

文章围绕中心人物和事情，有详有略，安排恰当。

▶ **追问**：这一特点还在文中哪些地方得到了体现？

预设：

——详写父亲，略写"我"。

——详写父亲为"我"送行，略写父亲为"我"做的其他事情。

——详写父亲买橘子的情景，略写父亲这一行为前后的情况。

——详写父亲"背影"的出现，略写"我"对父亲"背影"的回忆。

——详写父亲的近况，略写父亲的过往。

——详写"我"现在的情绪状态，略写"我"当时的心理活动及其行为表现。

● 归纳1：

形象集中的构思，有详写有略写，详略安排恰当。

提问2：除了这一点，文章在对父亲"背影"的刻画上，还有一个比较显明的特点，是什么呢？

引导学生重点读文章的4~6段，体会，思考，分析。

学生梳理出父亲为"我"送行时的言行举止：

——在要不要送"我"去车站的问题上，虽然"颇踌躇了一会"，可又"怕茶房不妥帖"，还是坚持送"我"。

——他仔细关照旅馆的茶房"陪我同去"。

——他为行李跟敲竹杠的脚夫讨价还价。

——他反反复复地叮嘱我"路上小心,夜里要警醒些,不要受凉","又嘱托茶房好好照应我"。

——他亲自为儿子去买橘子,那"蹒跚"的步履,那"探身下去"的缓慢动作,那艰难攀爬月台的勉力蠕行,那放下橘子后的故作轻松,与他那"肥胖的身子",与"黑布小帽""黑布大马褂"和"深青布棉袍"的外表形象,浑然而为一体。

● 预设:

文章主要运用了细节描写的方法,对父亲这一形象进行细致、逼真、生动的刻画。

父亲对儿子的爱是发自内心的、真挚的,但他的表露方式是直接、含蓄的,他在从"不送"到"送"的过程中,碎碎叨叨,不厌其烦,踌躇犹豫、瞻前顾后,拖泥带水,显得很不爽快,这折射出他与儿子之间曾经有过的隔膜与龃龉。

● 归纳2:

生动传神的细节。

> 🔍 **提问3**:在对父亲的描写上,作者还写到了父亲在为"我"送行那天跟"我"说的几句话,这又体现了本文的什么特点?

学生阅读课文,圈画出相关语句:

——"不要紧,他们去不好!"

——"我买几个橘子去。你就在此地,不要走动。"

——"我走了,到那边来信!"

——"进去吧,里边没人。"

● 预设:

话语平常简短,意思质朴明了。那么在分别的那一天父亲难道就只跟"我"

说了这四句话吗？显然不是。但又为什么只写了这四句呢？

这是因为这几句看似平常简单的话都是父亲深情的流露，所以作者特地记下来。"这里头含蓄着多少怜惜、体贴、依依不舍的意思！我们读到这几句话，不但感到了这些意思，还仿佛听见了那位父亲当时的声音。"（叶圣陶）

● 归纳3：

情境化的语言描写。

> 🔍 **提问4**：文中还穿插写了"我"对父亲言行的一些反应，这与刻画父亲的形象有什么关联呢？

学生阅读课文，圈画出相关语句，思考，分析：
——"北京已来往过两三次了。"
——"总觉他说话不大漂亮。"
——"心里暗笑他的迂。"

● 预设：

在叙述父亲言行时穿插交代"我"的情况与思想情绪，表达了自己对父亲行为的认知或看法，这对父亲形象起到了衬托作用。从中可以看出父亲始终把"我"看作一个还需要保护的孩子，所以随时随地给"我"周到的照顾。

▶ **追问**：文中还有类似的描写吗？

学生阅读课文，圈画出相关语句，思考，分析：
——当家庭突遭变故时，年已二十的"我"难过而悲伤，"簌簌地流下眼泪"。
——当家庭经济遭遇重创，父亲要到外地谋事时，"我"也并没有因此终止学业，为父亲排忧解难，尽管"我"也已经成年。
——父亲考虑到"我"在北京读书，冬天很寒冷，担心"我"受冻，还花钱为"我"做了"紫毛大衣",可"我"并没有感觉到有什么不妥。

——父亲在南京街头奔波,四顾茫然,不知怎么才能寻找工作时,"我"却跟朋友"去游逛,勾留了一日",全然没有考虑到父亲的感受,也不知他奔波得怎么样。

——当身体肥胖、行动不便的父亲要为"我"去"买几个橘子"时,年轻而身健力壮的"我"并没有坚持要去,只是站在车内望着父亲艰难地行走、努力地攀爬。

预设：

这些描写,衬托出了一位坚强、达观的父亲,一位勇于担当的父亲,一位深切关爱儿子的父亲,一位艰难奔走的父亲,一位老练与成熟的父亲,一位细致与精明的父亲。

● 归纳4：

衬托手法的运用。

提问5： 作者还对自己当时的言行、心理及情绪做了评价,这样的描写对父亲的形象刻画又有什么作用呢？

学生阅读课文,圈画出相关语句,思考,分析：

——"我那时真是聪明过分。"

——"那时真是太聪明了。"

● 预设：

那是作者事后省悟过来责备自己的意思。所谓"聪明过分""太聪明了",都是事后的认识与判断,其实在今天看来"一点也不聪明"。为什么一点也不聪明？因为"我"当时只觉得父亲"说话不大漂亮",还在心里暗笑父亲"迂",而不能够体会父亲疼爱儿子的心情。

这其实写出了"我"对父亲言行的不屑于、不理解、不耐烦,但"我"的表现,并没有影响父亲对"我"的无限关切、过分忧虑,更没有影响父亲对"我"

160

的真切情感，这在"我"的内心中形成了巨大的精神重负和感情重负，深深地布下了情感的种子：反思、自责、愧疚、悔恨。这使"背影"的出现成了情感抒发的催化剂、触发点、导火线，让"我"当时和现在的泪水流得真实而自然、充沛而丰盈。

● 归纳5：

意味深长的心理描写。

三、细读课文，揣摩情感

引导学生阅读课文后面"朱自清父亲读《背影》"的一段文字，感受父亲读这篇文章时的心情。

> **提问1**：朱自清的父亲一字一句地诵读着儿子的文章，内心非常激动，这是为什么呢？

请用这样的句式回答：父亲为_____而激动，是因为_____。

学生阅读思考，讨论交流。

● 预设：

——父亲为这篇文章而激动，是因为他看到儿子事业上终于有了成就。

——父亲为自己当年艰难生活的景象而激动，是因为文章勾起了他或欣喜或悲伤的回忆。

——父亲为自己买橘子的事情而激动，是因为自己的一个举动，给儿子留下了一段美好的回忆，儿子至今铭记在心。

——父亲为儿子的思想成熟而激动，是因为当年父子之间的思想隔阂，终于完全消除，儿子理解父亲，父亲宽容儿子，父子之间冰释前嫌。

——父亲为儿子对自己的感激之情而激动，是因为事情过去多年，但儿子不忘父恩，并用精彩的文字记录下来。

161

——父亲为儿子的真情流露而激动，是因为儿子在文中不断地写了他的<u>懦弱、伤痛、悔恨、懊恼、可笑、反省、深情</u>,他看到了<u>儿子的成长</u>。

> **提问2**：父亲读文章时的激动，从另一个方面说明"我"的讲述和情感抒发深深打动了他，那么"我"在文中又有哪些情感上的表现呢？

学生阅读思考，讨论交流。

● 预设：

1. 感念：感念父亲为"我"做的一切。

2. 理解：理解父亲的言行和情绪，体会父亲人生道路上的挫折坎坷、艰辛不易。

3. 后悔：后悔和懊恼当初对父亲言行的不理解（嫌弃、嘲笑、不屑一顾、不耐烦、不满）。

4. 反思：反思自己的言行（自作聪明），终于明白了如山的父爱是那么深沉、深厚。

5. 思念：思念父亲的爱，惦念父亲的身体。

▶ **追问1**：由此可见，<u>作者在文中抒发的情感是欢乐、幸福，还是感伤、惆怅</u>？

预设：

虽然从父亲的言行中感受到乃至享受到了幸福，但当时的"我"并没有多少体会；而多年后这样的回忆，使"我"有了"悲酸"与"惆怅"（朱自清语）之情。

▶ **追问2**：除了刚才我们研讨的相关内容外，<u>这样的情绪表达在文中还有没有其他体现呢</u>？

预设：

有，具体表现为文中写了自己四次"流泪"：

1. "看见满院狼藉的东西，又想起祖母，不禁簌簌地流下眼泪。"

2. "这时我看见他的背影，我的泪很快地流下来了。"

3. "等他的背影混入来来往往的人里，再找不着了，我便进来坐下，我的眼泪又来了。"

4. "我读到此处，在晶莹的泪光中，又看见那肥胖的、青布棉袍黑布马褂的背影。"

> 哭泣，是人情感的外在表现，哭泣之程度往往折射出感情痛楚之程度。晚清文学家刘鹗说："其感情愈深者，其哭泣愈痛。"
>
> 《离骚》为屈大夫之哭泣，《庄子》为蒙叟之哭泣，《史记》为太史公之哭泣，《草堂诗集》为杜工部之哭泣；李后主以词哭，八大山人以画哭；王实甫寄哭泣于《西厢》，曹雪芹寄哭泣于《红楼梦》。
>
> ——刘鹗《老残游记》

《背影》中"我"的形象给我们印象最为深刻的，恐怕就是四次"流泪"的情景了。"我"的流泪，都因父亲的"背影"而起，可谓"以'背影'哭"或"寄哭泣于'背影'"。这也就奠定了文章的悲情基调。

● **归纳：**

随着年岁的增长和阅历的丰富，"我"对父亲的行为有了真切的体会，对他的情感表达方式也有了正确的认识，并对发生在八年前的往事进行了深刻的反思。出于一个儿子的人性、伦理和道德，"我"对父亲的"悲酸"与"惆怅"的挚爱深情，经过岁月的窖藏与发酵，越发显得深沉和醇厚了。一想到"我与父亲不相见已二年余了"，而"我最不能忘记的是他的背影"，作者也自然"情不能自已"，而顺理成章、水到渠成地写下了这样一篇宣泄悲情的至情之文。

《背影》中的悲情宣示，集中体现在"背影"上。朱自清先生通过"背影"

这一独特形象，抒写自己的哀伤与忧虑，抒写自身至深至切"积极的痛苦"（王蒙语）的感情与经验。这是一种现实生活和人生遭际"顺逆不与"的忧患意识，一种沉郁至深的苦恼意识，一种对灵魂的自觉审视意识，是对父亲的情之切、爱之深，是远在他乡的儿子对父亲健康状况的忧愁、不能守在老人身边尽孝的痛苦。所以，正如他自己的文学创作主张那样，《背影》是"血和泪的文学"，而不仅仅是"爱与美的文学。"

按：关于《背影》的"血和泪"，能够引导学生体会、领悟的教师不多，这是对文本阅读价值和教学意义的一种不应有的忽视。

四、比较阅读，拓展延伸

阅读下列文字，与《背影》相较，看两者在写法上有何异同之处。

父亲要走了。我去送他，父亲反反复复地叮嘱着已经重复了无数遍的话语，我说我都背得出了，父亲便努力笑一笑，用他粗糙的大手抚了抚我的头，沉默了。到了校门口，父亲不让再送了；临上公共汽车的时候，父亲忽然站住，用颤抖的手解开外衣纽扣，从贴肉的衬衣里撕开密密缝住的小口袋，那里藏着五十元钱，父亲抽出三十元，说："崽，家里穷，这点钱你拿着，莫饿坏了肚子。"我的眼泪刷刷地流了下来，在这天地间有什么东西比这种深情更珍贵呢？我会活得很幸福也很体面的，我的父亲！我不肯要，父亲眼红红的，却一副要发脾气的样子。我爱父亲，也怕父亲，只好从那布满老茧的大手里接过二张薄薄的纸币，那是二十元，却仿佛接过一座山，沉甸甸的。父亲不再勉强，把剩下的三十元重新放回原处，低了头，慢慢转过身去。在那一刻，我分明看见父亲两鬓已钻出丝丝白发，而他曾经扛过竹木、扛过岩石也挑过生活重荷的挺直的背，此时已显得佝偻了。望着黑头巾、青包袱、灰布衣的父亲的背影，我的心一阵颤栗。

父亲登上了公共汽车，只把那背影留给我。就在车子启动的那一刹那，父亲猛地转过身来，深深地看了我一眼。啊，父亲，他在流泪！我分明看见两道晶亮的泪泉从父亲古铜色的脸上流过！不流泪的父亲流泪了，不是因为悲哀。

十年后，那背影依然如此清晰地呈现在我的心中。十年前，我还没有读过朱自清的《背影》，后来读了，我感到一阵震撼，但并不如何感动。朱先生虽然把父亲的背影写得沉重、深情，但他的父亲毕竟不如我父亲苦难，活得比我那与泥土、风雨结缘的父亲轻松快乐。我的父亲的背影，我永远像山一样挺立的父亲，是我生命的路碑。

——刘鸿伏《父亲》

学生阅读思考，探究，讨论交流，完成表格。

● 预设：

	《背影》	《父亲》
不同点	父亲送"我"。	既有父亲送"我"，又写"我"送父亲（节选文字集中写后者）。
	父亲为"我"买橘子。	父亲给"我"钱。
	父亲的情感表达比较含蓄。	父亲的情感表达更加直接。
	只写"我"看到父亲的"背影"。	既写了父亲的"背影"，也写了父亲的正面，特别是流泪的情景。
	情感表达更多的是克制、内敛的。	直抒胸臆，并与《背影》相比较，突出父亲对"我"的生命的意义。
	含蓄地写了父子之间的隔阂，写出自己的内省与反思。	父子之间比较融洽，更多写的是感谢、感激和感恩的情感。
共同点	1. 都写到了父亲的"背影"，通过"背影"表达浓郁的父爱； 2. 都通过细节描写刻画父亲的形象； 3. 都对父亲的动作、外貌（衣着、神情）、语言等做了细致的描写； 4. 都写到了自己对父亲的情感； 5. 都写出了自己的感伤情绪。	

再次播放歌曲——刘和刚《父亲》（或崔京浩《父亲》），学生在歌曲声中朗读课文。

五、读写融合，创意表达

任务一：朱自清先生写了父亲的"背影"，如果写父亲的正面形象，又将怎样写才能做到形象生动、让人印象深刻呢？请展开想象，尝试写一写，并与同学分享交流。

任务二：

  1928年，我（朱国华，朱自清的三弟）家已搬至扬州东关街仁丰里一所简陋的屋子。秋日的一天，我接到了开明书店寄赠的《背影》散文集，我手捧书本，不敢怠慢，一口气奔上二楼父亲卧室，让他老人家先睹为快。父亲已行动不便，挪到窗前，依靠在小椅上，戴上了老花眼镜，一字一句诵读着儿子的文章《背影》，只见他的手不住地颤抖，昏黄的眼珠，好像猛然放射出光彩。

——朱国华《朱自清与〈背影〉》

朱自清的父亲诵读着儿子写自己的文章，内心非常激动，他肯定会有许多话要跟儿子说吧，那他将会说些什么呢？请结合原文，合理想象，写一段150字左右的话，并在小组内交流。

《昆明的雨》：浓得化不开的思念

> ◆ 关键问题
>
> "昆明的雨季是明亮的、丰满的、使人动情的。"作者为什么这么说？这句话在文中又有着怎样的作用？
>
> ◆ 设计意图
>
> 这句话是全文的"纲"，抓住了这一句，就能做到"纲举目张"，牵一发而动全身。引导学生抓住关键语句，可以让学生充分理解"文眼"在行文结构和表情达意中的作用，细致体会作者的思想情感。

教学过程

一、阅读感知，把握文意

提问 1： 从全文看，作者对昆明的雨有一个总体印象，表达这一印象的语句是哪一句？

要求学生先阅读全文，再思考回答问题。

● 预设：

第 5 段的开头一句："昆明的雨季是明亮的、丰满的、使人动情的。"

▶ **追问**：围绕这一印象，第 5 段是如何写出昆明雨季的特点的？

学生阅读思考。

预设：

第 5 段共有四句话。

第一句总写昆明雨季的特点和给人带来的感受，后面三句都是围绕这一句说的。

"城春草木深，孟夏草木长"这两句古诗集句，通过"草木"之"深"、之"长"的特点来描画雨季时的"明亮"和"丰满"。

"昆明的雨季，是浓绿的"一句，概写草木之态、之色，"绿"是说其"明亮"，"浓"是状其"丰满"。

最后一句再具体描写草木的"饱和"与"旺盛"，使"明亮"和"丰满"的特征得以进一步彰显，给读者留下深刻印象。

提问 2：除了第 5 段如此集中笔墨写之外，其他段落有没有类似的语句来写这一特点呢？如有，请找出来，并做分析。

● 预设：

1. 第 1 段：在画上所题的字里有"亦可见昆明雨季空气之湿润""雨季则有青头菌、牛肝菌，味极鲜腴"的句子，前一句通过空气之湿润写雨，后一句则以雨中或雨后所特有的植物写之，这也是下文写其他植物的张本。无疑，"湿润"使一切"明亮"和"丰满"，"鲜腴"不仅写出了"丰满"，也写出了它给人带来的感受，而不能不"使人动情"。

2. 第 4 段：写雨"下下停停，停停下下，不是连绵不断，下起来没完，而且并不使人气闷"，并进一步说"昆明雨季气压不低，人很舒服"，不仅写下雨的特点，而且写出了自己的感受与体会，这确实也会"使人动情"。

3. 第 6 段：写仙人掌"多""且极肥大"，其实就是写雨的"丰满"。

4. 第 7 段：写"菌子极多"，且味道鲜美，这既是写"丰满"，也是写记忆难忘,"使人动情"。

5. 第8段:写杨梅,这是属于"雨季的果子",它的数量多自然不用多说。它又"很大",有"乒乓球那样大",这是外形特征;它好看,"黑红黑红的",这是它的色彩;它又特别好吃,"一点都不酸",很甜,比其他地方的都好吃,这是它的味道。

作者写卖杨梅的女孩子之清纯("苗族女孩子")、之艳丽("戴一顶小花帽子""穿着扳尖的绣了满帮花的鞋")、之文静("坐在人家阶石的一角")、之柔和与娇气("声音娇娇的""她们的声音使得昆明雨季的空气更加柔和了"),都是间接写"明亮""丰满""使人动情"。

6. 第9段:描写的是缅桂花这一"雨季的花"。它很高大,与家乡"一人高"的白兰相比,它是"大树","密密的叶子,把四周房间都映绿了"。这还是间接写雨的"明亮"和"丰满"。

至于房东送的缅桂花,"带着雨珠","使我的心软软的,不是怀人,不是思乡",则是"使人动情"的另一种表述。

7. 第10段:开头就说"雨,有时是会引起人一点淡淡的乡愁的"。

写"满池清水",其实是间接写雨;"雨又下起来了……雨下大了……",是直接写雨中的情景、雨中的故事。

至于写木香花,仍然先说其多("很多"),后言其大("这样大的木香却不多见"),再来个特写镜头,写其中的一棵:"爬在架上,把院子遮得严严的。密匝匝的细碎的绿叶,数不清的半开的白花和饱涨的花骨朵,都被雨水淋得湿透了。"此景此情,此物此事,充分体现了雨季的"明亮"和"丰满"。

乃至过了四十年,作者"还忘不了那天的情味",情不自禁地写下了一首诗,赞美昆明的雨,这是写"使人动情"。

> **提问3**:从以上两个方面可以看出"昆明的雨季是明亮的、丰满的、使人动情的"这一句话在行文中的作用是什么?请结合全文说出自己的理解。

● 预设：

这句话透露了行文的线索，也揭示了行文的中心：一是写"雨"，二是写"雨"给人带来的情感体验。

全文围绕"雨"运用了直接描写和间接描写的方法：雨中有景，雨中有物，雨中有事，雨中有人，雨中有情。

这充分体现了作者选材剪裁的艺术，也就是说，凡是与"雨"有关的景、物、人、事、情才会写，凡是与此无关的一律不写；所写的景、物、人、事、情都是能够体现和突出雨的特点的，不能体现的则不写。这使全文贯通，重点突出，笔力集中，形象鲜明。

二、深入阅读，体会情感

> 🔍 **提问**：如果说"雨"是这篇散文的一条明线，那么文中还有一条暗线，是什么？用文中的哪一句话可以说明？请结合上下文说说自己的理解。

● 预设：

作者的情感是贯穿全文的一条暗线。

这首先体现在"我想念昆明的雨"这句话上。

▶ **追问1**："我想念昆明的雨"这句话在文中出现了几次？其所表达的内容和起到的作用都是一样的吗？

预设：

"我想念昆明的雨"这句话在文中出现了两次，分别出现在开头和结尾部分。

第一次在开头的第 2 段，而第 1 段只是一个引子，所以我们完全可以将这句话视为文章的第一句。

这一句破空而来，开门见山，一下子就把读者带入了"昆明的雨"的那种氛围和意境中。后面的所有文字都由此生发，作者尘封的记忆由此打开闸门。很明显，这是全文的总领句，也是"文眼"，它勾起了读者的阅读兴趣：作者为什么要想念昆明的雨？昆明的雨有什么好想念的呢？他想念与昆明的雨相关的哪些情景？他又是怎么写出那些情景的呢？"想念"这一心理情绪折射的又往往是美好的情景，这就奠定了全文的感情基调：对昆明的雨的思念、喜欢、赞美。

概括起来，这一句话的主要作用是：总领全文（"文眼"，引起下文），引起阅读兴趣，奠定情感基调。

第二次是在文章的最后，这是对全文的总结，也是作者情感的升华。它与开头一句遥相呼应，使文章首尾圆合，结构完整；它又是作者情感表达的自然结果——前面所写的那么多景、物、人、事、情，都归结到这句话上，也解开了读者心中的疑问——原来昆明的雨竟然这么美，难怪作者要"想念"它！

如果说开头一句是深情的想念，那么这一句就是热情的赞美；如果说开头是先声夺人的序曲，舒缓悠长，惹人情思，那么结尾就是情绪饱满的华章，洋溢迸发，不可遏止，余音袅袅，思绪绵长。

概括起来，结尾一句的作用是：呼应前文，华丽作结，升华情感。

按：切不可放过"我想念昆明的雨"这一句，它在文章结构形式（思路）和内容（情感）表达上有很重要的作用，为我们进行读写融合的实践提供了极好的范本。

▶ **追问 2**：除了这两句之外，这条情感线索在文中还有许多的体现，你从哪些文字中可以读出来？

学生仔细阅读思考，探讨交流。

预设：

"我想念昆明的雨"这条情感线索在文中一直存在，贯穿始终，如草蛇灰线，忽隐忽现，虽不露痕迹，却隐含其中。

作者在文中所写的景、物、人、事，无一不是他的所见所闻、所思所感，无不饱含着他的款款深情，这且不论。文中还有许多直接发表议论和抒发情感的句子，让我们读到了他，读到了他那一颗感知美、欣赏美、感恩美、怀念美的心：

1. 他说昆明的雨"并不使人厌烦"，"并不使人气闷"，雨季时的昆明"气压不低，人很舒服"，写出了他对昆明的雨的喜爱。

2. 他在介绍菌子的时候，说"滑，嫩，鲜，香，很好吃"，写自己对菌子美味的喜欢；还通过从"叫人怀疑"（"这种东西也能吃？！"）到"张目结舌"（"这东西这么好吃？！"）的曲折变化的心理活动描写，形象地描画出菌子给人的美好记忆。

3. 在写杨梅时，作者写自己的味觉："一点也不酸！"并结合自己的生活体验，用苏州洞庭山和井冈山的杨梅做对比，赞美昆明的杨梅鲜甜无比。

4. 在写缅桂花时，作者对其名称做了一番议论，写出了自己的思考、推断，这使行文内容很丰富。除用自己家乡的白兰与之对比之外，作者还直抒胸臆："带着雨珠的缅桂花使我的心软软的，不是怀人，不是思乡。"那是什么呢？是房东养花、摘花、卖花和送花这些行为对自己心灵的感触。

5. 第10段中，作者说："雨，有时是会引起人一点淡淡的乡愁的。李商隐的《夜雨寄北》是为许多久客的游子而写的。"直接点出了要抒发的情感，但他的本意又不在此，而是写自己在莲花池的一个生活片段，最后却又归结到"四十年后，我还忘不了那天的情味"上去。可见所谓的"乡愁"，表面上说的是雨勾起了自己对家乡的情感，其实是对昆明的情感，正可谓"此心安处是吾乡"。

三、品味语言，体悟美感

按：本文的语言很美，但又不艳，平淡而有味，需要细品慢析，"读书切戒在慌忙，涵泳工夫兴味长"（陆九渊）正适用于此文。本文可以品味的语言点有很多，在前面的解析里已有部分内容涉及，下面再举几个例子加以说明。

> **提问 1**：第 8 段中作者说"雨季的果子，是杨梅"，但他只是写杨梅吗？请结合具体的文字做赏析。

学生阅读第 8 段，品味其独特韵味。

● 预设：

不仅是写杨梅。作者先说要写的事物："雨季的果子，是杨梅。"接着就宕开一笔，写卖杨梅的女孩子。

写女孩子却不描画其脸庞和身材，而是写其穿着打扮中最为突出的两点：一是"小花帽子"，二是"扳尖的绣了满帮花的鞋"。它们的共同点是有"花"。花映人，人似花，集中写出了女孩子的秀美。

写她们的文雅举止与"娇娇"柔和的声音，虽是沿街叫卖，却不令人厌烦，其可与"小楼一夜听春雨，深巷明朝卖杏花"相媲美。

兜了一圈之后，作者的笔墨才又回到杨梅上来：描画其形状、色彩，介绍它的名字，并对其名做评价性描述，最后介绍其味道，先直接赞其"一点都不酸"，再用比较的方法，突出其非同一般。

▶ **追问**：请同学们看下面两组句子，思考一下，它们在表达效果上一样吗？

第一组：

1. "小花帽子"——"小帽子"
2. "穿着扳尖的绣了满帮花的鞋"——"穿着绣花鞋"

第二组：

1. "卖杨梅——声音娇娇的。"——"卖杨梅——声音脆生生的。"

173

2. "卖杨梅——声音娇娇的。"——"卖杨梅——声音响亮的。"
3. "卖杨梅——声音娇娇的。"——"卖杨梅——声音慢条斯理的。"
让学生在比较中，体会语言的精妙。

> 🔍 **提问 2**：第 9 段中这样介绍房东："房东（是一个五十多岁的寡妇）"。作者为什么要加一个括号呢？请比较下列两种说法，谈谈你的理解。

先让学生比较两种表述，引导学生思考探究：

缅桂盛开的时候，房东（是一个五十多岁的寡妇）就和她的一个养女，搭了梯子上去摘。

缅桂盛开的时候，房东就和她的一个养女，搭了梯子上去摘。

● 预设：

读者如果不注意，可能就会忽略括号里的文字，就只能从第 9 段中读出这个房东养花、摘花、卖花和送花这些行为，充其量能粗浅地感受到房东是一个爱花且大方的中年女人。

无论是年龄——五十多岁，还是生活状况——寡妇，这都属于个人隐私，本不应出现，但作者好像担心读者不注意似的，还特地用括号补充出来提醒注意。一个失去丈夫的中年女子，独自带着一个养女过活，这种情况需要特别地被标明吗？

如果是一般的人，可能就会因为生活的磨难，而失去对生活中美好细节的感受能力，在她们的眼中和心里，生活通常是沉重的，是灰色的。而且这样年龄的一个寡妇，再次收获婚姻幸福的可能性也相对较低了。沉重艰难的生活更会磨灭掉她对生活的热爱和对周遭人的友爱。可是，这个房东却能够那样用心和仔细地去养花、摘花、卖花和送花，如果没有一颗坚忍而强大的心，如果不是对生活爱得深沉，她怎能将自己的生活过得如此井然有序、精致动人？

▶ **追问**："她大概是怕房客们乱摘她的花，时常给各家送去一些。"其中的"乱"字用得恰当吗？请说说你的理解。

让学生比较两种表述，引导学生思考探究：
  她大概是怕房客们乱摘她的花。
  她大概是怕房客们摘她的花。

预设：

仔细咀嚼后就可以体会到，若没有这个"乱"字，这句话的意思就变成房东怕房客摘花，花是她的私有物品，她不让别人摘花了，那她送花的目的就有了"宣示主权"之嫌，房东的气量和格局也就小了一点，想要给她点赞，就勉为其难了。

这个"乱"字表达的意思是：她并不是怕房客摘花，她允许别人摘花，但要好好摘，守规矩地摘，满怀爱意地摘，不要亵玩和损毁了其中的任何一朵。如此一来，房东对美的呵护之心也就显而易见了。而且在这种情况下送花，除了能体现出她作为地主的热心、友善的格局和气量，同时，也能体现出她的审美态度：美不仅需要被呵护，也需要和人分享。另外，这种以"送花"求取"护花"的交际手段，也实在再高明不过了。

按：带着学生通过比较阅读，斟酌一个"乱"字，不仅让学生感受到了房东的审美态度和人格魅力，也让学生品味到了房东精妙的处世哲学。

● **归纳**：

这样一个房东，给了作者很多很深的感触。试想，当年偌大一个昆明城，他在昆明生活长达7年，接触的人物可谓多矣，为何选取这样一个小人物来展现一座城的人情美？"因为一个人，爱上一座城。"大概就可以很好地诠释这个疑问了。一个五十多岁的寡妇尚且如此，那么昆明城里成千上万的人们又在演绎着多少动人的故事呢？

提问 3：这篇课文中还有好几处也都有括号，你能理解其中的意味吗？

175

学生先全部找出来，再谈自己的理解。

● 预设：

1. 第9段："缅桂花即白兰花，北京叫作'把儿兰'（这个名字真不好听）。"让学生比较两种表述，引导学生思考探究：

> 缅桂花即白兰花，北京叫作"把儿兰"（这个名字真不好听）。
>
> 缅桂花即白兰花，北京叫作"把儿兰"。

用作者的话说，昆明的缅桂花"可能最初"是"从缅甸传入的"，"而花的香味又有点像桂花"。尽管没有得到某种确切的证实，但这一名称既交代了来源，又点出了其最为显明的特点。而北京的叫法就很土，不能说明它的特征。括号中的话，将两种叫法进行比较，鲜明地表达了自己对缅桂花这一名称的喜爱与欣赏。

2. 第10段："看了池里的满池清水，看了着比丘尼装的陈圆圆的石像（传说陈圆圆随吴三桂到云南后出家，暮年投莲花池而死），雨又下起来了。"

让学生比较两种表述，引导学生思考探究：

> 看了池里的满池清水，看了着比丘尼装的陈圆圆的石像（传说陈圆圆随吴三桂到云南后出家，暮年投莲花池而死），雨又下起来了。
>
> 看了池里的满池清水，看了着比丘尼装的陈圆圆的石像，雨又下起来了。

括号里的内容，作为一种补充，交代了陈圆圆与莲花池的关系，更说明了她与云南的关系、与昆明的关系，否则读者就会有疑惑：此处为何有陈圆圆的石像，而且是着比丘尼装的？有了括号里的内容，就使莲花池有了独特的情味：莲花池是昆明盛景之一，吴三桂在此兴建"安阜园"，专为宠妃陈圆圆的住宅。当然，"莲花"容易使人们想到它的佛教意义，这与陈圆圆石像的着装很相配。人们来到莲花池，很大程度上就是来看看陈圆圆曾经生活过的地方，缅怀她的歌、她的痛、她的情、她的恨，借以表达对历史的感喟，对历史人物命运的感叹，这思古之幽情不正是"使人动情"的一个方面吗？

3. 第10段："我们走进去，要了一碟猪头肉，半市斤酒（装在上了绿釉的土瓷杯里），坐了下来。"

让学生比较两种表述，引导学生思考探究：

> 我们走进去，要了一碟猪头肉，半市斤酒（装在上了绿釉的土瓷杯里），坐了下来。

> 我们走进去，要了一碟猪头肉，半市斤酒，坐了下来。

虽是一个小酒店，虽然是普通的酒，虽然是很土的瓷杯，却因"上了绿釉"而多了几分美感，这给作者留下了极为难忘的印象。古朴与艳丽的结合，充分体现了昆明人爱美的生活情调。而这与前面对卖杨梅的女孩子、对爱花的房东，以及与后面对木香花的描写都是完全一致的，写出了雨季昆明的独特之美。

仔细品读原文语句和去掉了括号中内容的语句的不同，引领学生走近房东，走近陈圆圆，走近小酒店，他们自然就能读懂作者流淌在文字背后的情感。从这个层面上来讲，昆明这座"花城"，昆明人这种"向善求美"的人文文化，也就成了作者记忆里挥之不去的亮点了。作者对昆明的雨发出"使人动情"的由衷感叹，浓得化不开的喜爱与思念之情，也就自然而然、顺理成章地流露出来了。

● 归纳：

由此可见，有没有这个括号里的话，表情达意是完全不一样的。看似不经意的闲笔，却有着无限深意。

沉浸在文本深处，哪怕是对一个字、一句话，甚至一个括号仔细推敲，就都能领悟到文字背后隐藏的丰富内涵，进而思考并发掘支撑人物形象产生相应行为的精神内涵——烙印在人物内心根深蒂固的文化观。

按：和学生一起跟文本"较劲"，不管是文字深部细节里昆明人"向善求美"的精神追求，还是文字表达上汪曾祺先生"闲适平淡"的散文风格，学生都易于理解和感悟。

四、读写融合，学以致用

仔细观察自然与生活现象，模仿汪曾祺先生写杨梅、缅桂花的笔法，写一写你所见过的某一种花草或水果，注意写出它们的特征，写出花草或水果背后的人物，表达自己的某种情感。写好后与同学分享交流，并根据同学的评价意见修改完善，然后将之誊抄到作文本上。

（本设计部分材料由江苏省无锡市凤翔实验学校胡晓安老师提供。）

《苏州园林》：拙政诸园寄深眷

◆ **关键问题**

　　苏州园林给人以非常强烈的美感，介绍它的文字自然也要有鲜明的文艺色彩，这篇文章自不例外。那么我们从哪些方面可以读出它的文艺性特点呢？

◆ **设计意图**

　　文艺性表述是科学小品文的特征之一，这从《中国石拱桥》引用许多古诗文说明其特征可以看出。有了这样的认知基础，学生对说明文语言的生动性、形象性自然不难理解。从文艺性角度引导学生阅读，学生就能抓住《苏州园林》的语言特点，而拨开理解上的一些迷雾；还能借此帮助学生打开说明文阅读理解的另一扇窗户，拥有不一样的体验和认知，进而实现思维进阶。

教学过程

一、情境导入，温故知新

　　（一）出示苏州园林，特别是拙政园、沧浪亭、怡园、留园、网师园等名园的有关图片（邮票），或播放介绍苏州园林的短视频，让学生对苏州园

林之美有直观的印象，唤起学习兴趣

（二）出示两则材料

1. 叶圣陶与苏州园林

叶圣陶先生自小生长在古城苏州这座美丽的园林之城，他与驰名中外的苏州园林有着不解之缘，对苏州园林的一草一木充满了深厚的感情。

叶圣陶先生钟情园林，即使离开家乡多年，对苏州园林仍是魂牵梦萦，经常回忆起苏州园林给自己留下的美好印象，为之他写过许多有关苏州园林的诗文，盛赞苏州园林的艺术魅力。我们今天学习的就是这样一篇文章。

2. 温故知新

（1）石拱桥的桥洞成弧形，就像虹。古代神话里说，雨后彩虹是"人间天上的桥"，通过彩虹就能上天。我国的诗人爱把拱桥比作虹，说拱桥是"卧虹""飞虹"，把水上拱桥形容为"长虹卧波"。

（2）唐朝的张嘉贞说它"制造奇特，人不知其所以为"。

（3）唐朝的张鷟说，远望这座桥就像"初月出云，长虹饮涧"。

（4）每个柱头上都雕刻着不同姿态的狮子。这些石刻狮子，有的母子相抱，有的交头接耳，有的像倾听水声，有的像注视行人，千态万状，惟妙惟肖。

（5）那时候有个意大利人马可·波罗来过中国，他的游记里，十分推崇这座桥，说它"是世界上独一无二的"，并且特别欣赏桥栏柱上刻的狮子，说它们"共同构成美丽的奇观"。在国内，这座桥也是历来为人们所称赞的。它地处入都要道，而且建筑优美，"卢沟晓月"很早就成为北京的胜景之一。

学生温习上列文字，思考：它们的语言表达有什么特点？

● 预设：

——与记叙文（散文）的表达方式很类似，几乎看不出两种文体之间的区别。

——全部运用了引用的说明方法，引用古代诗文，使语言带有文学性，形象说明石拱桥"形式优美"的特点，突出其艺术成就。

——不仅有简要说明，还有具体细致的描写，使石拱桥"形式优美"的特点得到具体呈现，能够更加生动形象地展现在读者面前。

——引用和描写手法的运用，使字里行间洋溢着作者的情感：对中国古代劳动人民的伟大智慧和创造力量进行了高度的赞扬，充满了民族自豪感。这样的表述，增强了说明文的可读性和感染力。

那么，叶圣陶先生的这篇文章在语言表达上又有什么特点呢？让我们走进文本。

二、初读课文，整体感知

学生快速阅读课文，圈画各段的关键语句，把握课文大意，完成下表。
● 预设：

段落	段落关键语句	段落主要内容
第1段	我觉得苏州园林是我国各地园林的标本。	说自己对苏州园林的印象。
第2段	务必使游览者无论站在哪个点上，眼前总是一幅完美的图画。（一切都要为构成完美的图画而存在，决不容许有欠美伤美的败笔。）	介绍苏州园林的总体特点。
第3段	苏州园林可绝不讲究对称，好像故意避免似的。	写亭台轩榭等建筑的布局特点（"讲究亭台轩榭的布局"）。
第4段	假山的堆砌，可以说是一项艺术而不仅是技术。（池沼）这也是为了取得从各个角度看都成一幅画的效果。	写假山、池沼的配合情况（"讲究假山池沼的配合"）。
第5段	苏州园林栽种和修剪树木也着眼在画意。	写花草树木的映衬情况（"讲究花草树木的映衬"）。

续表

段落	段落关键语句	段落主要内容
第6段	游览苏州园林必然会注意到花墙和廊子。	写景致的深浅层次情况（"讲究近景远景的层次"）。
第7段	苏州园林在每一个角落都注意图画美。（诸如此类，无非要游览者即使就极小范围的局部看，也能得到美的享受。）	写每一个角落都注意图画美。
第8段	苏州园林里的门和窗，图案设计和雕镂琢磨功夫都是工艺美术的上品。	写门窗的简朴而别具匠心。
第9段	苏州园林与北京的园林不同，极少使用彩绘。	写建筑的色彩美以及颜色与草木的配合情况。
第10段	可以说的当然不止以上这些，这里不再多写了。	总结全文，留有余地。

> **提问**：从以上的内容梳理中，我们可以发现这篇文章的顺序安排有什么特点？

学生思考，交流。

● 预设：

先说自己对苏州园林的整体印象，为下文介绍做足铺垫；接着说明苏州园林总的特点，这段文字概括性很强；再根据概括性内容，对苏州园林进行分类说明；最后总结，且留下探求空间。

▶ **追问**：从行文结构上看，几乎每一段的开头都有对段落内容进行概括的语句，这样的"段首概括"有什么作用？

按：此处可以与上表中"关键语句"的圈画及其理解结合起来。

学生思考，合作交流。

预设：

——段首概括的语句是对段落内容的提炼，段落内容则对段首句进行具体解说。从段落内部层次看，也体现了从总体概括到具体说明的顺序，这与全文的顺序很一致。

——段首概括使段落内容显得单一而集中，能够显明而突出地呈现在读者面前，便于读者迅速把握主要信息，阅读和理解其内容。

——段首概括提纲挈领，使文章显得"眉清目秀"，层次清晰，条理分明，读者由此可以准确把握行文思路，看出作者的匠心。

——段首概括的各个段落之间既互相平列，又相互补充。

——段首概括与全文概括达到了高度的一致与和谐：全文概括对段首概括起统领作用，段首概括具体体现全文概括的内容。

——段首概括的语言相对齐整，能够准确地概括内容及其所涉及事物的特点。

——这对我们写作文编写写作提纲、进行段首概括，借以搭建全文框架有很大的启发。

三、探究问题，深入理解

学生再读课文，思考：苏州园林给人以非常强烈的美感，叶圣陶先生的文字也具有鲜明的文艺色彩，那么我们从哪些方面可以读出它的文艺性特点呢？

（一）引导学生重点阅读第1段、第2段、第5段，从中找出具有文艺性特点的语句，并做简析

1. 第1段

苏州园林据说有一百多处，我到过的不过十多处。其他地方的园林我也到过一些。倘若要我说说总的印象，我觉得苏州园林是我国各地园林的标本，各地园林或多或少都受到苏州园林的影响。因此，谁如果要鉴赏我国的园林，苏州园林就不该错过。

● 预设：

——作者开宗明义，介绍了自己对苏州园林的个体"印象"，"我觉得"透露出文中所概括苏州园林的特点是个人的某种认识与看法，这正是文艺性表达的基本特征。

——这种主观性极强的表述，与我们常见的一般说明文对事物进行纯客观介绍是有所区别的。

2. 第2段

设计者和匠师们因地制宜，自出心裁，修建成功的园林当然各个不同。可是苏州各个园林在不同之中有个共同点，似乎设计者和匠师们一致追求的是：务必使游览者无论站在哪个点上，眼前总是一幅完美的图画。为了达到这个目的，他们讲究亭台轩榭的布局，讲究假山池沼的配合，讲究花草树木的映衬，讲究近景远景的层次。总之，一切都要为构成完美的图画而存在，决不容许有欠美伤美的败笔。他们唯愿游览者得到"如在画图中"的美感，而他们的成绩实现了他们的愿望，游览者来到园里，没有一个不心里想着口头说着"如在画图中"的。

● 预设：

——"似乎设计者和匠师们一致追求的是：务必使游览者无论站在哪个点上，眼前总是一幅完美的图画。""似乎""务必使"明确无误地告诉读者，这是一种不确定的看法，属于主观判断与自我推测。

——"一切都要""决不容许""唯愿"等说法，以及对游览者内心想法的猜测等，议论性浓烈，描写性明显，这是散文笔法的体现。

——这种"或然"性表述所带来的也可能"似乎不是这样"，也正是散文化的语言。而"说明文"所说明的事物的特征应该是"已然"或"必然"，而非"或然"。

——这是长期留存于作者脑海中的苏州园林的样子，也是给他留下的最美好的印象。这正是散文写作中"触景生情"的体现。

——这一主观认识还有一点容易使人产生怀疑：包括苏州园林在内，无论是古典还是现代,中国所有的园林,又有哪一个不讲究或者说不能体现出"图画美"呢?这与说明文语言表达严密的要求也是有所不同的。

3. 第 5 段

①苏州园林栽种和修剪树木也着眼在画意。②高树与低树俯仰生姿。③落叶树与常绿树相间,花时不同的多种花树相间,这就一年四季不感到寂寞。④没有修剪得像宝塔那样的松柏,没有阅兵式似的道旁树:因为依据中国画的审美观点看,这是不足取的。⑤有几个园里有古老的藤萝,盘曲嶙峋的枝干就是一幅好画。⑥开花的时候满眼的珠光宝气,使游览者感到无限的繁华和欢悦,可是没法说出来。

● **预设:**

这段文字包括标点在内共 170 个字,其中,说明的句子是句①、句③④的前两个分句,有 65 个字;描写的句子是句②⑤⑥、句③的第三个分句,有 84 个字;议论的句子是句④的后两个分句,有 21 个字。描写和议论的文字多达 105 个,可见是以"描写和议论为主"的。

即以说明句③而言,其说话的重点不在对"落叶树与常绿树相间,花时不同的多种花树相间"的"说明"上,而恰恰落在对"一年四季不感到寂寞"的"描写"上。

句④的前两个分句"没有修剪得像宝塔那样的松柏,没有阅兵式似的道旁树"虽是"说明",但其后的冒号则非常明确地交代了这样说明的目的是得出自己的一种认识或结论:"因为依据中国画的审美观点看,这是不足取的。"

这样的表达方式不是"在说明中运用描写和议论",而是在"在描写中运用说明和议论",所要具体、强化与深化的是自己"对事物特征的认识、见解与看法"。

(二) 引导学生思考

除了这三段文字,文中还有哪些具有文艺性特点的语句?请一一找出,并做简析。

学生阅读思考,合作交流。

185

● 预设：

　　1.他们唯愿游览者得到"如在画图中"的美感，而他们的成绩实现了他们的愿望，游览者来到园里，没有一个不心里想着口头说着"如在画图中"的。

　　2.我想，用图画来比方，对称的建筑是图案画，不是美术画，而园林是美术画，美术画要求自然之趣，是不讲究对称的。

　　3.假山的堆叠，可以说是一项艺术而不仅是技术。……全在乎设计者和匠师们生平多阅历，胸中有丘壑，才能使游览者攀登的时候忘却苏州城市，只觉得身在山间。

　　4.这也是为了取得从各个角度看都成一幅画的效果。

　　5.游览者看"鱼戏莲叶间"，又是入画的一景。

　　6.无非要游览者即使就极小范围的局部看，也能得到美的享受。

　　7.综合起来看，谁都要赞叹这是高度的图案美。摄影家挺喜欢这些门和窗，他们斟酌着光和影，摄成称心满意的照片。

　　8.这些颜色与草木的绿色配合，引起人们安静闲适的感觉。花开时节，更显得各种花明艳照眼。

　　9.可以说的当然不止以上这些，这里不再多写了。

这些语句，都不是纯粹的"客观说明"，这与我们所读过的说明文确实不一样。

　　对苏州园林，作者是根据自己的记忆，按照其构成的各个要素叙说的，它们虽然涉及了整体与局部、大与小等说明的元素，但对每一个元素并没有具体展开，没有像一般说明文那样对苏州园林的形状、构造、类别、关系、功能，以及其原理、含义、特点、演变等做具体的介绍，而只是做较为模糊的表述，这也正是"回忆性文字"的特点所在。

四、拓展延伸，提升思维

● 出示1：

叶圣陶先生的原文写于1979年2月6日，题目是"《苏州园林》序"；发表于1979年第4期《百科知识》时，题目被作者改为"拙政诸园寄深眷——谈苏州园林"；编入语文课本时，题目被编者改为"苏州园林"。

> 🔍 **提问**：你从对题目的三种不同表述中读出了什么？你得出的认识是什么？

学生思考，交流。

● 预设：

题目"《苏州园林》序"，说明这是一篇序言，而"序言"的写法比较灵活，侧重说明只是其中一种；"拙政诸园寄深眷——谈苏州园林"更像是散文题目，"谈"是谈谈、漫谈的意思，写作上比较自由、灵活，必然带有主观性与情感性，其表述也必然是文艺性的。

叶圣陶先生将自己作的《洞仙歌》词中"拙政诸园寄深眷"一句略加改动用作文章题目，也说明了他"文艺写作"的初衷。

其实"序"也好，"谈"也罢，都是由此而触发出来的一段记忆，都是表达自己对故乡的思念之情。

"苏州园林"则应该完全是说明文。

——从尊重作者，尊重原文的角度来说，课文题目不一定很合适；从前面的分析看，这篇文章的文艺性色彩很浓，题目的恰当性值得进一步推敲。

● 出示2：

原文开头（课本删去了）：

　　一九五六年，同济大学出版陈从周教授编撰的《苏州园林》，园林的照片多到一百九十五张，全都是艺术的精品：这可以说是建筑界和摄影界的一个创举。我函购了这本图册，工作余闲翻开来看看，老觉得新鲜有味，看一回是一回愉快的享受。过了十八年，我开始与陈从周教授相识，才知道他还擅长绘画。他赠我好多幅松竹兰菊，全是佳作，笔墨之间透出神韵。我曾经填一阕《洞仙歌》谢他，上半阕就他的《苏州园林》着笔，现在抄在这儿："园林佳辑，已多年珍玩。拙政诸园寄深眷。想童时常与窗侣嬉游，踪迹遍山径楼廊汀岸。"这是说《苏州园林》使我回想到我的童年。

原文结尾（课本删改了）：

可以说的当然不止以及写的这些，病后心思体力还差，因而不再多写。我还没有看见风光画报出版社的这册《苏州园林》，既承嘱我作序，我就简略地说说我所想到感到的。我想这一册的出版是陈从周教授《苏州园林》的继续，里边必然也有好些照片可以与我的话互相印证的。

提问：从原文的开头和结尾中，你又读到了哪些信息？

学生自主阅读，思考交流。

● 预设：

1. 原文开头：

——原文开头部分交代写作缘起之一，因陈从周所编辑的《苏州园林》，而"回想到"自己的童年，于是有了如下的回忆。

——这是典型的散文笔法。作者用平实的语言交代了自己与图册《苏州园林》、与图册作者陈从周、与苏州园林的密切关系。

——文章开门见山，首先回忆了与陈从周《苏州园林》图册邂逅的故事，图册甫一问世，他就"函购"了一本，这一行动本身，又何尝不是因为内心对故乡的呼唤？接着叙述欣赏图册时的心理情绪是"新鲜有味"，被画册勾起了他对童年生活的回忆，"回想"一词为全文奠定了情感基调。

——这种回忆是特别"愉快的享受"，也非常持久而令人难以忘怀，作者"多年珍玩"的不仅是图册本身，更是那段美好的童年生活，当然也有与陈从周的美好交谊。

——"拙政诸园寄深眷"集中叙说了他对故乡园林的深深眷念,而与陈从周长达18年的交往,更加使得这种情感历久弥新、醇厚浓烈。

2. 原文结尾:

——这是叙述写作的直接缘由:为风光画报出版社出版的《苏州园林》作序。

——一般而言,序言应该对书的主要内容及其特点做简要介绍或评价,但由于作者"还没有看见"这本书,所以对其内容无从"说明"与评价。

——《苏州园林》这本画册的名称,触发了作者对故乡的思念,所以他围绕苏州园林叙述了自己"所想到感到的"一些情况。

——作者的主观情感左右了他的表达方式:用文艺性语言描述了记忆中苏州园林的模样,介绍了自己所感到的苏州园林的情趣与特征,寄托了浓浓的思乡之情,正可谓"拙政诸园寄深眷"。而这都与一般的"事物说明文"有很大区别。

● 出示:

白发无情侵老境,青灯有味是儿时。

——宋·陆游《秋夜读书每以二鼓尽为节》

如今,我每见到这本《苏州园林》,总是别有一番滋味,"我有柔情忘不了,卅年恩怨尽苏州。"我想这样来讲,我的感情还是真实的。

——陈从周《我的第一本书——〈苏州园林〉》

苏州园林极多,我幼时常去玩儿的有五六处,去得最多的是拙政园。

——叶圣陶《新发行的拙政园邮票》

就经历过、体验过、想象过的生活着着实实地想,把它想清楚,想得轮廓分明,须眉毕现——想的目的是把在生活里见到的某些东西告诉人家——想的手段是语言,让语言把想清楚的东西固定下来。

——叶圣陶《文艺写作必须依靠语言》

五、读写融合,能力迁移

利用课余时间,仔细观察校园,做好观察记录,并用思维导图的形式呈现出来。再借鉴本文先总说再分别说明的写法,写一段文字,向家人或朋友介绍你的校园。

要求:

1. "观察记录"不少于5篇;

2. 抓住校园的主要特征,有条理地介绍;

3. 介绍时可以采用文艺性笔调,写成"小品文";

4. 不少于300字。

《愚公移山》:"奇闻"与"笑谈"的背后

> ◆ **关键问题**
>
> 　　不管在当时,还是在今天,"愚公移山"的故事都好像是"奇闻"和"笑谈",但它传颂至今,成为激励人们的一种精神力量。这是为什么呢?对此,我们又该怎样认识?
>
> ◆ **设计意图**
>
> 　　本设计旨在以理解故事的内容为抓手,让学生全面、准确地把握寓意;激发学生的学习兴趣,引导学生通过对故事情节的梳理,体会其谨严的结构和叙述的简练;在此基础上,形成对寓言特点的基本认识。

教学过程

一、疏通文意,整体感知

(一)营造情境,导入新课

课前播放歌曲《愚公移山》,出示歌词:

　　听起来是奇闻,讲起来是笑谈,

　　任凭那扁担把脊背压弯,任凭那脚板把木屐磨穿。

　　面对着王屋与太行,凭的是一身肝胆,

讲起来不是那奇闻，谈起来不是笑谈。

望望头上天外天，走走脚下一马平川，

面对着满堂儿孙，了却了心中祈愿。

望望头上天外天，走走脚下一马平川，

无路难呀开路更难，所以后来人为你感叹。

这首歌所唱的"奇闻"与"笑谈"故事就是今天我们要学习的一篇寓言《愚公移山》。要想具体了解"奇闻"与"笑谈"背后的东西，还是让我们走进文本吧。

（二）疏通文句，夯实基础

学生自由朗读课文和文下注释，积累部分实词、虚词，了解一些特殊句式。

1. 积累重点词语

且，止，苦，诚，阴，阳，易，诸，焉。

2. 掌握特殊句式

（1）如太行王屋何？（疑问句）

（2）甚矣，汝之不惠！（倒装句）

（3）帝感其诚。（被动句）

按：文言基础知识的学习一定要设置具体的语用情境，重在引导学生学习运用。

（三）整体感知，概括文意

提问：从题目中，你读到了哪些信息？作为一个故事，它还需要补充哪些信息？

学生阅读思考，讨论交流。

● 预设：

"愚公移山"这一题目，为我们提供了两个重要信息：人物（愚公）和事件（移山）。

作为一个完整的故事，它还需要补充的信息有：时间，地点，故事的起因、过程和结果，次要人物，以及故事的影响与意义，等等。

▶ **追问1**：课文中有这些信息吗？你从哪些描写中可以读到？

学生继续读课文，圈画有关信息，交流。

预设：

1. 时间：不详。因为是寓言故事，不一定真实发生过。这也是一般寓言故事所惯常运用的方法。

2. 地点：太行、王屋二山，"方七百里，高万仞"，而愚公一家的居住之地就在北山。

3. 故事起因：太行、王屋二山阻断了人们通行的道路，愚公一家深受其苦，愚公决定移山。

4. 故事经过：愚公想移山——召集全家人商量——讨论后开始行动——遭到智叟嘲笑——愚公表明自己的心志——操蛇之神将此事告诉天帝——天帝受到感动，派大力神将山背走。

5. 故事结果：至此再没有山冈阻断冀州与汉水之间的交通了。

6. 其他人物：愚公之妻，愚公子孙，邻人之子，智叟，操蛇之神，天帝，夸娥氏二子。

▶ **追问2**：围绕题目"愚公移山"，我们可以怎样概括故事情节？请用比较整齐的短语或句子概括。

学生思考，尝试概括，同桌及小组间交流。

预设：

愚公移山的背景——愚公为山所苦——愚公谋划移山——愚公决定移山——愚公率领移山——愚公驳斥嘲笑——神灵惧怕移山——天帝派人移山。

▶ **追问 3**：从对故事情节的梳理中，我们可以发现这篇寓言故事在谋篇布局、人物形象刻画、语体形式上有什么特点？

学生思考讨论交流。

预设：

1. 谋篇布局上：

——紧扣"愚公移山"这一中心事件，富于想象，选材剪裁精当。

——情节完整，结构清晰，首尾呼应。

——详写与略写相结合，详略得当。

2. 人物形象刻画上：

——故事中的人物相互映衬和对比，形象鲜明。

——重语言描写，重思想冲突，重精神体现。

3. 语体形式上：

——以神话为结尾，运用夸张手法，充满积极浪漫的色彩。

——故事寓含深意，体现出寓言的特点。

按：上述各点，可有所侧重，不一定要全面展开。学生形成认识需要有具体的问题引导，要启发他们思考和发现，不能直接灌输。

二、研习文本，探讨问题

> 🔍 **提问 1**：不管在当时，还是在今天，"愚公移山"的故事都确实是"奇闻"，那么它"奇"在何处？

请用这样的句式回答：我从＿＿＿＿＿＿中，发现了它的"奇"，奇在＿＿＿＿＿＿。

学生阅读思考，讨论交流。

● 预设：

——我从愚公要带领一家人"毕力平险，指通豫南，达于汉阴"中，发现了它的"奇"，奇在愚公志向远大、雄心勃勃。

——我从愚公不甘安于现状，要移走两座大山的想法和行为中，发现了它的"奇"，奇在愚公为了造福子孙，不惜牺牲自己晚年生活的精神。

——我从愚公年近九十，却还要干这番伟大而艰巨的事业中，发现了它的"奇"，奇在愚公为了解决现实问题，勇于挑战困难的气魄。

——我从移山的路途遥远，而时间又那么漫长中，发现了它的"奇"，奇在愚公一家不畏艰难险阻，顽强肯干的精神。

——我从愚公与智叟的对话中，发现了它的"奇"，奇在愚公思想认识的高远，他对事情的看法真是"大智若愚"。

——我从愚公一家人一致赞同移山的行动中，发现了它的"奇"，奇在愚公一家人在困难面前团结一致，同心协力。

——我从愚公的邻家孀妻遗男，虽只有七八岁，却"跳往助之"中，发现了它的"奇"，奇在愚公的思想和行为竟让孩子都受到了巨大影响。

——我从操蛇之神对愚公一家挖山不止的恐惧中，发现了它的"奇"，奇在愚公的移山举动，竟然让神灵也感到害怕。

——我从天帝被愚公的精神感动，派了夸娥氏之子把两座山背走中，发现了它的"奇"，奇在愚公移山竟然感动了上天，上天帮助他实现了心愿。

🔍 **提问2**：这样的"奇闻"，在智叟们看来也许是"笑谈"，这又是为什么呢？

请用这样的句式回答：这是因为＿＿＿＿＿＿，可见愚公之"愚"，所以这是"笑谈"。

学生思考探究，讨论交流。

● 预设：

——这是因为<u>太行、王屋两山方圆七百里,非常大,且高达"万仞"</u>,如此极高又大的山,要想移走它,非人力所能为,可见愚公之"愚",所以这是"笑谈"。

——这是因为移山所遇到的首要问题是"<u>焉置土石</u>"(土石放置到哪里呢),只能运到"<u>渤海之尾,隐土之北</u>",路途是那样遥远,可见愚公之"愚",所以这是"笑谈"。

——这是因为一位"<u>年且九十</u>"的老翁,"<u>以残年余力,曾不能毁山之一毛</u>",何况是移山这样极为繁重的体力活,这样的行为"不自量力",可见愚公之"愚",所以是"笑谈"。

——这是因为<u>移山人力有限,包括愚公在内,只有四个能挑担的人</u>,即使<u>加上邻家幼子</u>,也才五个人,可见愚公之"愚",所以这是"笑谈"。

——这是因为<u>移山的工具非常简陋,运送土石的只有最为原始的用竹篾、柳条等编织的器具</u>,可见愚公之"愚",所以这是"笑谈"。

——这是因为<u>往返运送土石时间很漫长,一年才能运一次</u>,效率很低,可见愚公之"愚",所以这是"笑谈"。

▶ **追问**：如此看来,智叟的思想认识和他嘲笑愚公的行为确实很有道理,可说是"理直气壮",但他又为什么在听了愚公的一番话后哑口无言呢?

学生重点读第 3 段中愚公的话,体会其中所包含的意思,尝试交流。

预设：

愚公移山的目的很明确,能够解决现实问题。

愚公的话说明了一个道理:"子子孙孙无穷匮也,而山不加增。"相对于智叟,这样的认识明显高一筹,愚公从中看到了"变"与"不变"、"多"与"少"、"大"和"小"因素的此消彼长,看到了事物的发展变化,智叟所担心的那些问题也就都不复存在了。

愚公关于生命无穷尽的认识很坚定,移山的行动很坚决,他对艰难险阻无所畏惧，用毕生之力去努力克服和排除之，如此大智大勇的思想境界是智叟永远不能企及的。

而智叟看事情的眼光是静止的、僵化的，他不能用联系、发展和变化的眼光看问题，思想顽固，行为固执，不知变通。他所看到的是客观困难，看不到人力的伟大；所看到的是人的身体力量，看不到精神意志的坚不可摧和无穷伟力。

由此可见，"愚公"乃"智"，"智叟"实"愚"，真正"不惠"的正是"智叟"自己，真正应受到嘲笑的也正是他自己。所以，他"固不可彻"之心在愚公的严词驳斥下完全崩塌，原本意气满满的嘲笑只剩下"呵呵"讪笑了。

> 🔍 **提问3**："愚公移山"的故事传颂至今，已经成为激励人们的一种精神力量。对此，你读出了什么？

学生思考交流。

● 预设：

——生命是无止境的，要相信生生不息的力量。

——人生要有远大目标、宏伟志向。

——人要勇于承担责任，为子孙后代、为人民大众造福。

——对未来要有充分的信心，要相信自己，相信生命的力量。

——做事要有毅力，有恒心。

——要不怕困难，勇于挑战，奋力向前。

——要顶住各种压力，克服各种困难，坚持不懈地做下去。

——要善于借助外力，利用有利条件，实现人生目标。

按：对寓意的理解不必强求一致，学生能够结合文意说出自己的认识即可。

● 出示资料，让学生阅读、体会：

世咸知积小可以高大，而不悟损多可以至少。夫九层起于累土，高岸遂为幽谷。苟功无废舍，不期朝夕，则无微而不积，无大而不亏矣。

——《列子·汤问》

虽为寓言，实含至理。盖人之所以有子孙者，为夫生年有尽，而义务无穷；不得不以子孙为延续生命之方法，而于权利无关。是即人之生存，为义务而不为权利之证也。

——蔡元培《义务与权利——在北京女子师范学校演说词》

人类的进化恰合了愚公的办法，人类所以能据有现在的文化和福利，都因为从古以来的人类不知不觉地慢慢移山上的石头、土块，人类不灭，因而渐渐平下去了。然则愚公的移山论，竟是合于人生的真义，断断乎无可疑了。

——傅斯年《人生问题发端》

按：上列相关内容参见《教师教学用书》。

精卫填海

又北二百里，曰发鸠之山，其上多柘木，有鸟焉，其状如乌，文首，白喙，赤足，名曰"精卫"，其鸣自詨。是炎帝之少女，名曰女娃。女娃游于东海，溺而不返，故为精卫，常衔西山之木石，以堙于东海。漳水出焉，东流注于河。

——《山海经》

译文：

再向北走二百里，有座山叫发鸠山，山上长了很多柘树。树林里有一种鸟，它的形状像乌鸦，头上的羽毛有花纹，白色的嘴，红色的脚，名叫精卫，它的叫声像在呼唤自己的名字。这其实是炎帝的小女儿，名叫女娃。有一次，女娃去东海游玩，溺水身亡，再也没有回来，所以化为精卫鸟。经常叼着西山上的树枝和石块，用来填塞东海。浊漳河就发源于发鸠山，向东流去，注入黄河。

注：

这个神话写炎帝（传说中的神农氏）的小女儿被海水淹死后，化为精卫鸟，常衔木石，投到海里，一心要把东海填平的故事，表现了古代劳动人民探索自然、征服自然、改造自然的强烈愿望和持之以恒、艰苦奋斗的精神。现在精卫填海也常被用来比喻志士仁人所从事的艰巨卓越的事业。

按：此内容可与《愚公移山》结合起来读。

▶ **追问**：对"愚公移山"的故事，从现实生活来看，我们有什么要质疑的吗？

学生思考探究，合作交流。

预设：

它作为寓言故事，是想象艺术，与现实生活会有一些距离。特别是古代人们限于主客观条件，有的认知在今天看来不一定正确，如：

——愚公说："子子孙孙无穷匮也，而山不加增，何苦而不平？"现代科学知识告诉我们，山其实一直在发生着如"加增"之类的改变（地壳运动），只不过人们不易感觉到而已。

——愚公所说的"子又生孙，孙又生子，子又有子，子又有孙"只是一般情况，而没有考虑到非常特殊的情况，如遇自然灾害、瘟疫、战乱等，自然繁衍的状态就会有所改变。

——愚公要挖走两座大山（或其中的一座），确实是不太现实的，人力资源、挖掘工具、运输工具等都是当时所难以克服的困难，愚公之妻和智叟的担心不无道理。

——愚公移山的行动虽然得到了家人的一致认同，但在决策过程中，也有不同的声音；而对这件事响应的人却很少，只有一个邻家的孩子，说明缺乏能理解这样的事情并相助的人。

——虽然人们说"故土难离"，但与其遥遥无期地挖山，真不如搬家来得简单，能够简单便捷做的事，不必弄得复杂烦琐。

——人类要与自然和平相处，挖山的举动必然会破坏生态环境，与今天倡导的保护环境的理念并不一致,毕竟"绿水青山就是金山银山"。

——世界上本无什么神灵,天帝也是不存在的,天帝派人把山搬走的故事只是一种幻想,这其实也说明了愚公移山只是一场徒劳,是不可能有什么结果的。

——我们要尊重自然规律,在认识世界和改造世界的过程中,不能盲目蛮干,要讲策略、讲方法。

按:这一讨论,意在拓宽学生的视野,激发学生发散思维,特别是批判性思维和创造性思维,而不是否定寓言故事的阅读价值。我们要充分尊重文本的体式特点(寓言),正确引导学生理解寓言这一"人类童年的故事"的基本特征,让学生掌握寓言背后的东西。

三、比较阅读,拓展延伸

阅读下文,与《愚公移山》进行比较,看夸父与愚公的形象有什么相同之处。

夸父逐日

夸父[1]不量力,欲追日影,逐之于隅谷[2]之际。渴欲得饮,赴饮河渭[3]。河渭不足,将走北饮大泽[4]。未至,道渴而死。弃其杖,尸骨肉所浸,生邓林[5]。邓林弥广数千里焉。

——《列子·汤问》

注释:

[1] 夸父:传说中的巨人。

[2] 隅谷:又名"虞渊",相传为太阳落下去的地方。

[3] 河渭:黄河、渭水。

[4] 大泽:大湖,传说其纵横千里。

[5] 邓林:树林,森林;又解为"桃林"。

学生阅读，比较分析，讨论交流。

● 预设：

愚公和夸父两个人物都有点神奇色彩，一个要在年迈之年移山，一个要跟太阳赛跑；他们都有自己的明确追求，都很勇敢而执着，意志坚定，勇于牺牲，甘于为人类造福。两人的故事都有一个神话的结局，形象都是超现实的，具有浪漫色彩。

从这两个人身上，我们体会到了古代人们探索、征服大自然的强烈愿望和顽强意志。

四、读写融合，创意表达

任务一：请从"愚公率领移山"和"天帝派人移山"两个情节中，选择一个进行具体描写，并在课上交流。

任务二：如果天帝没有派夸娥氏二子背走太行、王屋两座大山，而是任由愚公一家挖山不止，结果会怎么样呢？请展开想象，为故事重写一个结尾，写好后在小组内分享交流。交流时要说明这样写的理由，并记录好同学的评价意见。

要求：

1. 想象要合理，与原文相符；
2. 运用人物描写的一些方法，如语言、动作、神态、心理描写等；
3. 不少于150字。

《诗词五首〈春望〉》：
"感时"与"恨别"交织的满腔愁情

◆ **关键问题**

在乱离之中，又逢阳春三月。一个鸟语花香的晴日，杜甫迈步在长安城隅间，四处张望，似在寻觅某种失去的东西。那么他在寻找什么呢？

◆ **设计意图**

诗题中的"望"字贯穿全篇，"春望"就是"望着春天"，但明显有无穷的意蕴在其中。引导学生去挖掘并理解其行为背后的东西，自然可以带出诗歌的主要内容，学生能够感受到隐藏在其中的诗人形象，进而把握诗歌所抒发的情感。

教学过程

一、温故知新，情境导入

引导学生回顾题目中有"望"字的古代诗歌：我们以前学过哪些？

● 出示下列诗歌，让学生朗读、背诵：

望天门山

李白

天门中断楚江开，碧水东流至此回。

两岸青山相对出，孤帆一片日边来。

望庐山瀑布

李白

日照香炉生紫烟，遥看瀑布挂前川。

飞流直下三千尺，疑是银河落九天。

望 岳

杜甫

岱宗夫如何？齐鲁青未了。

造化钟神秀，阴阳割昏晓。

荡胸生层云，决眦入归鸟。

会当凌绝顶，一览众山小。

野 望

王绩

东皋薄暮望，徙倚欲何依。

树树皆秋色，山山唯落晖。

牧人驱犊返，猎马带禽归。

相顾无相识，长歌怀采薇。

提问：这四首诗中，诗人分别"望"到了什么？表达了怎样的情感？

● 预设：

《望天门山》：诗人远"望"到了天门山的壮美景象，突出了诗人豪迈、奔放、自由、洒脱、无拘无束的形象。

《望庐山瀑布》：诗人"望"到了庐山瀑布雄奇壮丽的景色，表达了诗人对祖国大好河山的无限热爱之情。

《望岳》：诗人"望"到了泰山的雄伟景象，抒发了自己的豪情与抱负。

《野望》：诗人"望"到了山野秋景，流露出了孤独、抑郁的心情，抒发了惆怅、孤寂的情怀。

那么，杜甫的这首《春望》，又写他"望"到了什么？又有怎样独特的情感呢？让我们走进《春望》，去探知杜甫的心灵世界吧。

二、理解题意，整体感知

● 出示：

公元755年11月，安禄山在范阳发动兵变，次年6月攻陷长安。唐玄宗仓皇出逃西蜀。当时杜甫正护送家眷到乡下避难。他听说肃宗在灵武即位，立即把家小安置在鄜州的羌村，只身投奔肃宗，不料途中为叛军所获，被带到长安。但他终因位卑职小，未受囚禁，所以能目睹被安史叛军焚掠一空，满目凄凉的长安城。次年3月，杜甫感念国难，忆及亲人，饱含深情写下此诗。

（一）**学生自由朗读，结合注释，用自己的语言，对全诗内容进行解说**

按：判断解说是否"好"的基本维度有两点，一是与诗意是否吻合，二是语言是否简洁与顺畅。学生能够围绕这两点，说出自己的看法即可。

（二）**概括诗意**

1.引导学生为每一联加上一个小标题，要求相对整齐，最好是一个词语或短语。

学生尝试概括、添加，合作交流。

● 预设：

（1）首联——望春；颔联——伤春；颈联——思春；尾联——愁春。

（2）首联——翘首远望；颔联——感时伤别；颈联——低头沉思；尾联——愁绪满怀。

（3）首联、颔联——张望；颈联、尾联——盼望。

2. 请学生用一两句话概括诗意，可以用这样的句式：诗人通过张望_____的景象，心中不禁生出_____，抒发了_____的感情。

● 预设：

诗人通过张望沦陷后的长安城破败不堪的景象，心中不禁生出深重的忧伤和感慨，抒发了忧国伤时、念家悲己的感情。

三、研读诗歌，深入理解

> 🔍 **提问**：在乱离之中，又逢阳春三月。一个鸟语花香的晴日，杜甫迈步在长安城隅间，四处张望，似在寻觅某种失去的东西。那么他在寻找什么呢？

学生自主研读，思考交流。

● 预设：

——他在寻找春天的美好景象。

——他在寻找往日的大好河山。

——他在寻找都城昔日的繁盛。

——他在寻找曾经安宁平和的家庭生活。

——他在寻找曾经年轻健康的身体。

——他在寻找失去的快乐幸福的心理情绪。

▶ **追问1**：他为什么会有这样的寻找？其行为有着怎样的过程？请从诗中找答案。

预设：

因为有了"国破"的现实，才有了诗人的寻找行为。

诗人寻找的过程是：寻找之由——寻找之见——寻找之忆——寻找之叹。

▶ **追问2：** 那么诗人是如何把这样的寻找过程演绎出来的呢？请结合诗句做简要分析。

先对诗句意思进行具体描述，再对其进行分析：诗意描述＋简要分析（内容＋手法＋情感）。

1. 首联：国破山河在，城春草木深

描述：

这个三月，不同往昔！往日的祥和与美好已不复存在，触目所见，是沦陷的国都、残破的城池，虽然山河犹在，但景象大异：野草遍地，乱木森然。早已窥不见都市昔日的繁华，触目的是满眼苍凉。这样的大好时光，春日的美好却只能面对断壁残垣展示！

分析：

这是寻找之所见的总体印象，诗人通过写长安城里草木丛生、人烟稀少来衬托国家残破。（内容）

"国破"的断壁残垣与"城春"的生机勃勃构成鲜明的对比。（手法）

这一对比，突出勾画了长安城沦陷后的破败景象，寄寓了诗人感时忧国的情怀。（情感）

▶ **再追问1：** 在这一联中，你认为哪个词用得好？为什么？

预设：

——"破"字用得好，它写出了战争对大好河山的破坏程度，使人触目惊心。

——"深"字用得好，它写出了长安城的草木之茂盛，由此可见其荒凉破

败之程度。

出示：

十室几人在，千山空自多。

——杜甫《征夫》

繁华事散逐香尘，流水无情草自春。

——杜牧《金谷园》

过春风十里，尽荠麦青青。自胡马窥江去后，废池乔木，犹厌言兵。……念桥边红药，年年知为谁生？

——宋·姜夔《扬州慢·淮左名都》

古人为诗，贵于意在言外，使人思而得之……近世诗人惟杜子美最得诗人之体。如，此言"山河在"，明无余物矣；"草木深"，明无人矣。

——宋·司马光《温公续诗话》

对偶未尝不精，而纵横变幻，尽越陈规，浓淡浅深，动夺天巧。

——明·胡震亨《唐音癸签》（卷九）

2. 颔联：感时花溅泪，恨别鸟惊心

描述：

花朵含露，是因为感伤时局在落泪；鸟儿跳跃，是因为生死别离而心绪不宁。

分析：

诗人移情于花鸟，它们似乎也体会和具备了诗人的情感，感时伤别，花也溅泪，鸟亦惊心！（内容）

诗人移情于景，比直抒自己内心如何如何，意味更浓郁，效果更强烈。（手法）

这不仅是个人的感受，而且是当时遭受战乱之苦的许多人的共同感受。（情感）

▶ **再追问 2：** 下面两种理解，你同意哪一种？

（1）眼前残破荒凉的都城现状深深地刺痛了诗人的心，再加上忆及远方的

亲人，感时伤别之情再也按捺不住。在诗人眼里，那些原本美好的花鸟却成了让人堕泪惊心之物。

（2）以花鸟拟人，感时伤别，花因"感时"在溅泪，鸟为"恨别"而惊心。是为移情于物。花、鸟本是自然物，现在由于诗人怀有特殊心境，把自己的感受移加到它们身上，所以它们也通人情了。

预设：

第二种更好。

> 天地为愁，草木凄悲。
> ——唐·李华《吊古战场文》
> 昔年种柳，依依汉南。今看摇落，凄怆江潭：树犹如此，人何以堪？
> ——宋·姜夔《长亭怨慢·渐吹尽》

小结归纳：

前四句借眼前的景物抒发内心愁苦之情。明为写景，实为抒情。紧接着，诗人将翘首远望收到眼前，把全景推向特写镜头，写了自己的低头沉思。

3. 颈联：烽火连三月，家书抵万金

描述：

情感的郁结已让诗人不再翘首张望，而是开始数着脚步低首沉吟：战火已延续至今春三月，谁也无法预料何时战乱才会消失它的身影。在颠沛流离之中，诗人和远方的亲人一样，都是多么盼望得到彼此的消息啊！哪怕只是一句平安也好！可是，平时原本十分简单的事情，在烽烟四起的当下，却是难上加难！

分析：

"连三月"写出战火蔓延时间之长，"抵万金"写出了家书的珍贵，以及消息隔绝后久盼音讯不至的迫切心情。（内容）

"连三月"与"抵万金"两相对应，前者为后者之因，后者为前者之果。（手法）

从侧面反映战争给人民带来的巨大痛苦和人民在动乱时期想知道亲人平安

与否的迫切心情。（情感）

出示：

去年潼关破，妻儿隔绝久。

——杜甫《述怀》

数州消息断，愁坐正书空。

——杜甫《对雪》

▶ **再追问 3**：“烽火”"家书"与上一联的内容和情感有什么关联？

预设：

诗人以"烽火"承接"感时"，"家书"承接"恨别"，而亲人的"别"，正是由战乱的"时"造成的。

4. **尾联：白头搔更短，浑欲不胜簪**

描述：

诗人感慨之余，束手无策。他扬起手，意欲整理一下鬓发，聊解愁绪，却蓦然发现，那满头华发不知何时已悄悄地一根根滑落，触手所感，那稀疏的短发，几不胜簪！

分析：

本为消愁，却在感时伤乱、忆念家人之余，又添新的愁怀！（内容）

"白发"为愁所致，"搔"为想要解愁的动作，"更短"可见愁的程度。诗人捕捉了一个富有表现力的、能够充分显示内心愁绪的细节。（手法）

写出了诗人寻找一切未果的情态，写出了他的忧国思家之情。（情感）

出示：

战哭多新鬼，愁吟独老翁。

——杜甫《对雪》

国步犹艰难，兵革未衰息。

——杜甫《送韦讽上阆州录事参军》

向来忧国泪，寂寞洒衣巾。

——杜甫《谒先主庙》

安危大臣在，不必泪长流。

——杜甫《去蜀》

穷年忧黎元，叹息肠内热。

——杜甫《自京赴奉先县咏怀五百字》

▶ **再追问 4**：诗人以这一细节描写作为诗歌的尾联，有什么意味？与前面的诗句又有怎样的关联呢？

预设：

这一细节，既是实情，又是形象的夸饰。按理说，诗人此时只到中年，还不至于满头白发，头发更不至于稀疏到不能插簪。但是在残酷的现实面前，在战乱不知何时结束，国都不知何时恢复，家人不知何时完聚，而此身已老的境况下，诗人怎能不愁肠百结，生出万般悲哀？

这一细节，生动形象地向我们展示了诗人感慨之余的孤独背影，一位愁绪满怀的白发老人形象兀立在读者面前。

作者望春，并没有得到任何快慰，却为"感时""恨别"所困，终至烦躁不安，频频抓挠头发。"白发"缘于"国破"和"恨别"，"更短"可见愁的程度。在国破家亡，离乱伤痛之外，又叹息衰老，更增一层悲哀。

▶ **再追问 5**：在这样的情境下，诗人最希望寻找到的景象是什么？

出示：

都人回面向北啼，日夜更望官军至。

——杜甫《悲陈陶》

喜心翻倒极，呜咽泪沾巾。

——杜甫《喜达行在所三首》（其二）

剑外忽传收蓟北，初闻涕泪满衣裳。却看妻子愁何在，漫卷诗书喜欲狂。白日放歌须纵酒，青春作伴好还乡。即从巴峡穿巫峡，便下襄阳向洛阳。

——杜甫《闻官军收河南河北》

按：让学生自主阅读这首诗，体会其情感。

预设：

——最希望寻找到的是战乱早日结束。

——最希望寻找到的是皇帝早日返回都城。

——最希望寻找到的是亲人早日团聚。

——最希望寻找到的是自己精神愉快、身体健康。

出示：

　　少陵野老吞声哭，春日潜行曲江曲。……黄昏胡骑尘满尘，欲往城南望城北。

——杜甫《哀江头》

　　任何伟大的诗人之所以伟大，是因为他的痛苦和幸福深深植根于社会和历史的土壤里，他从而成为社会、时代以及人类的代表和喉舌。

——［俄］别林斯基《别林斯基论文学》

归纳：

1. 后四句写心念亲人境况，充溢离情。表现手法由寓情于景，转为直抒胸臆。

2. 杜甫在诗中把家愁同国忧交织起来，深刻地表现了正直知识分子的个人命运与国家民族的命运休戚相关的精神，具有高度的概括性和典型意义。

3. 诗篇集中抒发了诗人伤悼国家残破，眷念亲人离散后生死不知，"感时"与"恨别"交织的满腔愁情。

4. （这首诗）意脉贯通而平直，情景兼备而不游离，感情强烈而不浅露，内容丰富而不芜杂，格律严谨而不板滞。（徐应佩、周溶泉语）

四、比较阅读，拓展延伸

《月夜》也作于诗人困居长安期间。请仔细阅读，看看它在思想情感和写作手法上与《春望》有什么异同。

月 夜

杜甫

今夜鄜州月，闺中只独看。遥怜小儿女，未解忆长安。

香雾云鬟湿，清辉玉臂寒。何时倚虚幌，双照泪痕干。

学生自主阅读，思考交流。

● 预设：

1. 思想情感：

两首诗都表达了对亲人的思念、牵挂；《春望》从自己望春所见、所感和所叹，表达情感；《月夜》则从妻子"独看"着笔，写战乱中亲人的忧虑、惊恐和感伤。

《春望》还表达了对国家衰乱、人民流离失所的悲痛；《月夜》则主要是通过家庭亲人之间的彼此牵挂，折射战乱给人民带来的痛苦。

《春望》的感情更加沉郁，《月夜》的感情比较深挚。

2. 写作手法：

两首诗都很能体现杜诗"写实"的风格：《春望》对所见之景、所感之情、所抒之愁的表达都很真切；《月夜》写妻子"独看"月色，虽然都是想象之景，却极为真实。

两首诗都运用了细节描写：《春望》刻画悲哀叹息不已的自我形象；《月夜》则刻画了妻子的无限思念与忧虑之态。

《春望》想象之词较少，主要是融情于景，将对国家败亡的悲痛融入景物描写中，甚至让花、鸟都沾染了悲伤的情绪；《月夜》全诗均用虚写，借助想象，写妻子对自己及自己对妻子的思念，妻子"独看"的实景与未来不知"何时"

的"双照"的虚景，紧密结合，情辞婉切。

（参见课文后"积累拓展四"和"教师教学用书"）

五、读写融合，表达交流

请选择诗歌的某一个画面，借助想象，将其具体描写出来。写好后在小组内分享交流，并根据同学的评价意见修改完善，然后将之誊抄到作文本上。

要求：

1. 要与诗意相吻合；
2. 要运用一些描写手法，特别是细节描写；
3. 不少于300字。

《诗词五首〈赤壁〉》：
"好奇"而谙事理的隐然表述

◆ 关键问题

清代人吴乔认为，评价咏史诗有两条标准：一是思想内容要"出己意"，二是艺术表现要"用意隐然"（有含蓄的诗味）。杜牧的这首诗，是如何做到"出己意"与"用意隐然"这两点的呢？

◆ 设计意图

对诗意的字面表达，学生阅读时不会有什么难度，但可能也正因如此，他们对诗歌在写作上的独特性，可能有所忽略或难以把握，进而影响对其表达特色的准确理解。引导学生抓住"出己意"与"用意隐然"这关键的两点，可以带动对内容、形象、表达特点的体会和感受，从而获得不一般的阅读体验。

教学过程

一、情境导入，激发兴趣

（一）出示下列诗文，让学生自由朗读

悠悠回赤壁，浩浩略苍梧。帝子留遗憾，曹公屈壮图。

——唐·杜甫《悠悠赤壁》

大江东去，浪淘尽，千古风流人物。故垒西边，人道是，三国周郎赤壁。乱石穿空，惊涛拍岸，卷起千堆雪。江山如画，一时多少豪杰。

——宋·苏轼《念奴娇·赤壁怀古》

壬戌之秋，七月既望，苏子与客泛舟游于赤壁之下。清风徐来，水波不兴。举酒属客，诵明月之诗，歌窈窕之章。少焉，月出于东山之上，徘徊于斗牛之间。白露横江，水光接天。纵一苇之所如，凌万顷之茫然。浩浩乎如冯虚御风，而不知其所止；飘飘乎如遗世独立，羽化而登仙。

——宋·苏轼《赤壁赋》

思考：这些诗文中，都写到了同一个地方——赤壁。从古到今，不知有多少文人墨客以"赤壁"为话题写下了许多诗文，以上就是其中的代表。为什么他们对赤壁情有独钟呢？

（二）出示两则材料

1.赤壁之战是中国历史上著名的以弱胜强的战役之一。公元208年（汉献帝建安十三年），曹操率领水陆大军，号称百万，发起荆州战役，然后讨伐孙权。孙权和刘备组成联军，由周瑜指挥，在长江赤壁(今湖北赤壁市西北，一说今嘉鱼东北)一带大破曹军，从此奠定了三国鼎立的历史局面。当时年仅三十四岁的孙吴统帅周瑜，成了这次战役中的头号风云人物。

2.这首诗是杜牧任黄州刺史时，经过赤壁（今湖北武汉赤矶山）这个传说中的古战场，有感于三国时代的英雄成败而写下的。诗人游览了赤壁古战场，观赏了古战场的遗物，对赤壁之战发表了独特的看法。

● **归纳：**

由此可见，这是一首"怀古咏史"之作。

二、初读诗歌，整体感知

> 🔍 **提问 1**：经过自主阅读，你能对照注释，尝试用自己的语言对诗歌内容进行解说吗？

● 预设：

一把折断了的铁戟沉没在泥沙之中还没有完全锈蚀，销尽其原来的模样，拿来磨光洗净，还可以认出它是赤壁之战时所用的兵器。假使东风不给周瑜的火攻计策以方便，那么大乔、小乔就要被曹操锁闭在铜雀台中（春恨无限了）。

> 🔍 **提问 2**：前两句与后两句各自表述的是什么内容？请结合诗句做具体分析。

● 预设：

前两句：叙事。

作者先说游览赤壁时，无意中发现了一支沉没在水底沙中的铁戟；再说铁戟虽已锈迹斑斑，但还能辨别出它的属性；接着说自己的一个举动——将其磨光洗净；最后说自己的发现——原来是前朝（此处指赤壁之战时）的兵器。

后两句：议论。

作者认为周瑜的获胜纯属侥幸——若不是上天眷顾，刮起了东风，那么失败的肯定是孙刘联军。

▶ **追问**：前两句的叙事与后两句的议论之间有着怎样的联系？请做具体分析。

预设：

前两句纯用白描手法，看似平淡无奇，实则为后面的议论储备了充足的势能，做足了铺垫，可谓兴感之由。

诗人发现了这支与古代战争有联系，虽沉没在水底沙中，经过了六百多年，但还没有被时光销蚀掉的铁戟，经过一番磨洗，确认它是赤壁战役的遗物，不禁浮想联翩，思绪万千，"摅怀旧之蓄念，发思古之幽情"（汉·班固《思都赋》）。

那些在历史上留下过踪迹的人物、事件，就像这铁戟一样，常会被无情的时光销蚀掉，从人们的记忆中消逝，但又会因偶然的机会被人记起，引起深思。

由这件小小的东西，诗人想到了东汉末那个分裂动乱的时代，想到了那次有重大意义的战役，想到了那一次生死搏斗中的主要人物。

三、研讨问题，深入理解

> **提问**：清代人吴乔认为，评价咏史诗有两条标准：一是思想内容要"出己意"，二是艺术表现要"用意隐然"（有含蓄的诗味）。杜牧的这首诗，是如何做到"出己意"与"用意隐然"这两点的呢？

学生阅读思考，合作交流。

● 预设：

（一）关于"出己意"

▶ **追问1**：如果按照一般的写法，咏史诗会怎样写？其写作思路一般是什么？

预设：

按照咏史诗的创作惯例，这支小小的铁戟，自然会勾起作者对于当年那金戈铁马的古战场的回忆，并引发作者对这次战役的主人公周瑜的丰功伟绩的钦佩与赞叹。

217

写作思路一般是：来到某地——看到古迹（对古迹进行描写）——想到与古迹有关的事件——想到与事件有关的某位古人——歌颂他的事迹（想象当时的情景）——表达某种情感（感慨）。如下面两首诗词：

　　大江东去，浪淘尽，千古风流人物。故垒西边，人道是，三国周郎赤壁。乱石穿空，惊涛拍岸，卷起千堆雪。江山如画，一时多少豪杰。

　　遥想公瑾当年，小乔初嫁了，雄姿英发。羽扇纶巾，谈笑间，樯橹灰飞烟灭。故国神游，多情应笑我，早生华发。

——宋·苏轼《念奴娇·赤壁怀古》

　　丞相祠堂何处寻，锦官城外柏森森。映阶碧草自春色，隔叶黄鹂空好音。三顾频烦天下计，两朝开济老臣心。出师未捷身先死，长使英雄泪满襟。

——唐·杜甫《蜀相》

按：出示两首诗词，让学生阅读体会，明白一般咏史诗的写作思路。

▶ **追问2**：那杜牧是沿着怎样的思路写下去的呢？

预设：

（来到赤壁）——看到古代铁戟（对铁戟进行描写）——由铁戟的时代想到那场战役——想到战役中的风云人物周瑜——表达对周瑜取得业绩的感慨（周瑜的获胜完全依靠东风的便利）——设想其失败后的结局。

很明显，杜牧的写法非同一般，这正是"出己意"的表现。

▶ **追问3**："东风"与"铜雀"在诗中有什么含义？诗人选择这两个意象的用意是什么？

预设：

"东风"，指火烧赤壁一事，当时周瑜采用部将黄盖火攻之计，适值东南风起，火乘风愈烈，尽烧北船，曹军大败。

在赤壁战役中，周瑜得益于用火攻战胜了数量上远远超过己方的敌军，而其能用火攻则是因为在决战的时刻，恰好刮起了强劲的东风，所以诗人分析这次战争成败的原因，只选择当时的胜利者——周瑜和他倚以制胜的因素——东风来写；而且因为这次胜利的关键，最后不能不归到东风，所以又将东风放在更主要的地位上。（参见《唐诗鉴赏辞典》）

> 二龙争战决雌雄，赤壁楼船扫地空。烈火张天照云海，周瑜于此破曹公。
>
> ——唐·李白《赤壁歌送别》
>
> 孟德雄心瞰唊吴，皇天未肯遂共图。水军八十万东下，赤壁山前一火无。
>
> ——明·王奉《过赤壁偶成佳句》（其二）
>
> 峭壁穷峙江流东，当年鏖战乘东风。百万北走无曹公，鼎立已成烟焰中。
>
> ——元·朱桢《赤壁石刻》

"铜雀"，即铜雀台，为曹操于建安十五年（210年）在邺城所筑，因楼顶有大铜雀而得名。曹操晚年拥其姬妾在台中享乐。

诗人并不从正面来描摹东风如何帮助周郎取得了胜利，而是从反面落笔：假使这次东风不给周郎以方便，那么，大乔和小乔就必然要被掳去，关在铜雀台上，供曹操享受了。言下之意，曹军胜利，孙刘失败，胜败双方易位，历史形势将完全改观。

> 魏帝当时铜雀台，黄花深映棘丛开。人生富贵须回首，此地岂无歌舞来。
>
> ——唐·薛能《铜雀台》

> 铜雀高峨峨，百尺凌云烟。台中贮群妓，颜色如花妍。
>
> ——明·陈琏《铜雀台》

杜牧的感慨，认为周瑜获胜实属侥幸，可谓警拔精悍，读来令人耳目一新。

▶ **追问4**：下面两种说法，你同意哪一种？请结合相关知识做解释说明。

出示：

  牧之作《赤壁》诗……意谓赤壁不能纵火，即为曹公夺二乔置之铜雀台上也。孙氏霸业，系此一战。社稷存亡，生灵涂炭都不问，只恐捉了二乔，可见措大不识好恶。

——宋·许𫖯《彦周诗话》

（意思是说杜牧眼界甚小，不关心国家大事，反倒落笔于江东两位美女，似有"轻薄"之嫌。）

  （许𫖯）讥杜牧《赤壁》诗为不说社稷存亡，惟说二乔。不知大乔乃孙策妇，小乔为周瑜妇，二人入魏，即吴亡可知。此诗人不欲质言，故变其词耳。

——《四库提要》

学生思考，合作交流。

预设：

同意第二种说法。写二乔而不写社稷，此乃诗人曲笔所致。

这两位女子，并不是平常的人物，而是属于东吴统治阶级中最高阶层的贵妇人。大乔是前国主孙策的夫人，当时国主孙权的亲嫂；小乔则是正在带领东吴全部水陆兵马和曹操决一死战的军事统帅周瑜的夫人。

她们虽与这次战役并无关系，但她们的身份和地位，代表着东吴作为一个独立政治实体的尊严。东吴不亡，她们绝不可能归于曹操；连她们都受到凌辱，则东吴社稷和生灵的遭遇也就可想而知了。

所以，诗人用"铜雀春深锁二乔"这样一句诗来描写在"东风不与周郎便"的情况之下，曹操胜利后的骄恣和东吴失败后的屈辱，正是极其有力的反跌。不独以美人衬托英雄，与上句周郎互相辉映，显得更有情致而已。如这一首："遥想公瑾当年，小乔初嫁了，雄姿英发，羽扇纶巾，谈笑间樯橹灰飞烟灭。"（宋·苏轼《念奴娇·赤壁怀古》）

比较两种说法："铜雀春深锁二乔"和"国破家亡在此朝"。

诗的创作必须用形象思维，而形象性的语言则是形象思维的直接反映。如果按照许𫖮的意见，那就要写成"国破家亡在此朝"，虽然平仄、押韵无一不合，但一点诗味也没有了。

小结归纳：

用形象思维观察生活，别出心裁地反映生活，乃是诗的生命。杜牧在此诗里，通过"铜雀春深"这一富于形象性的诗句，即小见大，这正是他在艺术处理上独特的成功之处。这是"出己意"的又一种表现。

（二）关于"用意隐然"

▶ **追问5**：诗人仅仅是在慨叹历史吗？请说说你的理解。

学生思考，合作交流。

预设：

——在诗人看来，周瑜取得非凡业绩纯属侥幸，但是"天幸不可恃"。诗人表面上是发表一种看法，其实是感慨自己生不逢时，有政治军事才能而不得一展。他相信只要有机遇，自己总会有所作为。这显示出一种逼人的英气。

——这样的认识表现出了诗人非凡的见识，曲折地反映出他自负知兵，借史事以吐其胸中抑郁不平之气的目的，表现出了其豪爽的胸襟。

——以"东风"的有无来强调战争胜败的偶然性，看似偏颇，实乃意在提醒后世统治者不可荒疏大意，须振作发奋，方能立于不败之地。

——慨叹历史上英雄成名的机遇，颇有"时无英雄，使竖子成名"那种慨叹在内，不过出语非常隐约，不容易看出来罢了。

——设想战争失败，二乔被掳，看似由女人承担屈辱，但真正应该感到羞愧屈辱的应是那些无所作为、无所事事的男性统治者。

> 君王城上竖降旗，妾在深宫那得知。十四万人齐解甲，更无一个是男儿。
>
> ——五代·花蕊夫人《述国亡诗》
>
> 家国兴亡自有时，吴人何苦怨西施。西施若解倾吴国，越国亡来又是谁？
>
> ——唐·罗隐《西施》

联想到当时朝廷腐败，统治者寻欢作乐的现实境况，诗人以史讽今的命意非常明显。

——杜牧有经邦济世之才，通晓政治军事，对当时中央与藩镇、汉族与吐蕃的斗争形势，有相当清楚的了解，并曾经向朝廷提出过一些有益的建议。他把周瑜在赤壁战役中取得的巨大胜利，完全归功于偶然的东风，并非随意为之。

> 杜牧是宰相杜佑之孙，二十六岁中进士，因为秉性刚直，被人排挤，在江西、宣歙、淮南诸使幕做了十年幕僚，"促束于簿书宴游间"，生活很不得意。他三十六岁内迁为京官，后受宰相李德裕排挤，出为黄州、池州等地刺史。李德裕失势，他被内调为司勋员外郎，官至中书舍人。
>
> 杜牧看到唐帝国的种种内忧外患，政治上想有一番作为。他读书注意"治乱兴亡之迹，财富兵甲之事，地形之险易远近，古人之长短得失"（《上李中丞书》）；善于论兵，作《愿十六卫》《罪言》《战论》《守论》，又注《孙子》。

▶ **追问6**：由此可见，杜牧的这首咏史诗有什么特点？

预设：

对历史上兴亡成败的关键问题发表独创的议论，反说其事，是杜牧这首咏史诗的特色。

杜牧认为文章应"以意为主，以气为辅，以辞彩章句为兵卫"（《答庄充书》）。他说自己的创作是"苦心为诗，本求高绝"（《献诗启》）。

他的咏史诗往往出语新奇，有人评价其"好奇而不谙事理"（清·潘德舆《养一斋诗话》），殊不知，咏史诗重在不落窠臼，警拔世人，正所谓"跌入一层，正意益醒"（清·吴景旭《历代诗话》）。从这个意义上说，杜牧的咏史诗相较一般的咏史诗而言，立意更为高远，警拔益醒之处更胜一筹。（参见《唐宋诗鉴赏辞典》）

其实，这种"翻案"之法，诗人们是经常在咏史诗中运用的，如这一首："尽道隋亡为此河，至今千里赖通波。若无水殿龙舟事，共禹论功不较多。[唐·皮日休《汴河怀古》（其二）]"

四、拓展延伸，提升思维

阅读杜牧的《题乌江亭》，请从"出己意"与"用意隐然"中选择一个角度，做简要分析。

题乌江亭[①]

杜牧

胜败兵家事不期，包羞忍耻是男儿。

江东子弟多才俊，卷土重来未可知。

注释：

① 乌江亭：在今安徽和县东北的乌江浦，相传为西楚霸王项羽自刎之

处。《史记·项羽本纪》："于是项王乃欲东渡乌江。乌江亭长檥船待，谓项王曰：'江东虽小，地方千里，众数十万人，亦足王也。愿大王急渡。今独臣有船，汉军至，无以渡。'项王笑曰：'天之亡我，我何渡为！且籍与江东子弟八千人渡江而西，今无一人还，纵江东父兄怜而王我，我何面目见之？纵彼不言，籍独不愧于心乎？'……乃自刎而死。"

学生自主阅读，分析，分享交流。

● **预设：**

项羽不渡乌江一事，向来为后人所乐道，通常认为此事表现了项羽勇于担当的英雄气节。不过，在杜牧看来，颜面事小，东山再起事大，项羽自刎实为逃避责任之举。

在诗人看来，项羽兵败，但尚可东山再起，"人事犹可为"，胜败之数，或未易量，为何自暴自弃，自刎于乌江呢？更何况还有那么多"江东才俊"呢？

王安石针对这首诗，曾经发表过自己的看法，与杜牧不同：

百战疲劳壮士哀，中原一败势难回。

江东子弟今虽在，肯与君王卷土来？

——宋·王安石《叠题乌江亭》

杜牧针对项羽兵败身亡的史实，批评他不能总结失败的教训，惋惜他的"英雄事业"归于覆灭，同时暗寓讽刺之意。

杜牧借题发挥，宣扬百折不挠的精神，这是此诗的可取之处。

五、读写融合，创意表达

请在下列两个学习任务中，选择其中一个完成。

1. 借助想象，用现代散文对诗歌进行扩写，要有具体的描写。写好后在课上交流，并根据老师和同学的评价意见修改完善，然后将之誊抄到作文本上。

2. 请设想一下，如果不从反面发表议论，而是正面表达感慨，杜牧将会怎么说呢？将他可能会说的话写下来，并与同学分享交流。

九年级
上册

《乡愁》：独特的意象，丰富的情感

◆ **关键问题**

余光中的《乡愁》，意象非常独特，它们都有怎样的意蕴？表达了诗人怎样的思想情感？

◆ **设计意图**

这首诗歌篇幅短小，内容浅易，结构整齐，语言浅白，学生理解起来并没有太大的难度。如何抓住诗歌中表达情感的独特方式——选取意象形象表达，进而实现与古代诗歌的有机勾连，这是本设计的主要考虑。要抓住诗歌语言的表达特点，引领学生挖掘语言背后的东西；从对意象的把握入手，进而理解诗歌，揣摩情感。

教学过程

一、设置情境，初步感知

（一）情境导入

离别是人生的常态，当离家在外的游子思亲伤怀，思归不得之时，他们便会借助诗歌传递相思之情。这种情感在古代诗歌中屡见不鲜，比如说我们学过的——

床前明月光，疑是地上霜。举头望明月，低头思故乡。

——唐·李白《静夜思》

客路青山外，行舟绿水前。潮平两岸阔，风正一帆悬。海日生残夜，江春入旧年。乡书何处达？归雁洛阳边。

——唐·王湾《次北固山下》

谁家玉笛暗飞声，散入春风满洛城。此夜曲中闻折柳，何人不起故园情。

——唐·李白《春夜洛城闻笛》

独在异乡为异客，每逢佳节倍思亲。遥知兄弟登高处，遍插茱萸少一人。

——唐·王维《九月九日忆山东兄弟》

回乐烽前沙似雪，受降城外月如霜。不知何处吹芦管，一夜征人尽望乡。

——唐·李益《夜上受降城闻笛》

故园东望路漫漫，双袖龙钟泪不干。马上相逢无纸笔，凭君传语报平安。

——唐·岑参《逢入京使》

还有我们没有学过的诗歌，比如——

木落雁南渡，北风江上寒。我家襄水曲，遥隔楚云端。乡泪客中尽，孤帆天际看。迷津欲有问，平海夕漫漫。

——唐·孟浩然《早寒江上有怀》

客舍并州已十霜，归心日夜忆咸阳。无端更渡桑干水，却望并州是故乡。

——唐·刘皂《旅次朔方》

戍鼓断人行，边秋一雁声。露从今夜白，月是故乡明。有弟皆分散，无家问死生。寄书长不达，况乃未休兵。

——唐·杜甫《月夜忆舍弟》

念故乡，念故乡，故乡真可爱，天青青，风凉凉，乡愁阵阵来。故乡人，今如何，常念念不忘。在他乡，一孤客，寂寞又凄凉。我愿意，回故乡，重返旧家园，众亲友，聚一堂，同享共欢乐。

——歌曲《念故乡》

> **提问**：这些诗歌在表达思乡怀人之情时，都通过一些景象或景物来表达感情，都有哪些呢？

学生自由朗读这些诗歌，找出其中的景物或景象，讨论交流。

● 预设：

1. 有自然界中的景物，如明月、蓝天、清风；
2. 有自然中的景象，如道路、河水；
3. 有自然界中的动物，如归雁；
4. 有人们日常生活中的事物，如玉笛、芦管及其奏出的音乐声，纸笔，孤帆；
5. 有与文化生活风俗有关的事物，如茱萸。

以上诗歌中，有只集中写某一事物或景物、景象的，也有写两种及以上的。它们不仅具有本身的特点，而且洋溢着诗人浓烈的情感，或者说，诗人正是借助于这些事物、景物或景象，表达自己的情感的，我们把它们叫作"意象"。

● 出示：

1. 意象，指具有特定寓意之形象。(《词源》)
2. 所谓意象，就是创作主体运用自己独特的情感活动对客观物象进行加工而创造出来的一种艺术形象，是用来寄托主观情思的客观物象，是富有某种特殊含义和文学意味的具体形象，其具体表现就是借物（景）抒情、托物言志。

那么，被誉为"乡愁诗人"的余光中，他的这首题为"乡愁"的现代诗，又是运用什么意象来表达思念之情的呢？让我们带着这样的问题走进诗歌。

（二）初步感知

> **提问**：这首现代诗中有哪些具体的意象？

学生自由朗读，思考交流。

● 预设：

邮票，船票，坟墓，海峡。

● 归纳：

与古典诗歌中的月亮、归雁、玉笛、家书一样，邮票、船票、坟墓、海峡都是寄托乡愁的媒介，用来表达"乡愁"这种抽象的、难以言表的情感。

二、把握意象，体会意蕴

> **提问1**：诗歌中的这几种意象，都有哪些意蕴？传达了诗人怎样的情愫呢？请完成下表。

学生阅读思考，讨论交流。

● 预设：

时 间	意 象	意 蕴	情 愫
小时候	邮票	书信的代名词，母亲与"我"、"我"与母亲情感表达的纽带。母子间用文字互通音信。	儿子对母亲的依恋难舍，母亲对儿子的无比牵挂。虽有彼此想念的隐痛，却也不无温暖。
长大后（成年后）	船票	生活旅程的代名词。为了生计，为了家庭责任，为了人生意义，"我"一次又一次地踏上了旅途。	"我"对新娘的无限爱念，新娘对"我"的无尽思念。虽有分居异地的伤感，却也不无甜蜜。
后来（多少年后）	坟墓	生命永远消逝的代名词。母亲长眠于地下，"我"则依然在外漂泊。	母亲的去世给"我"带来了巨大的哀痛，从此"我"失去了来路，而只有归途。
现在	海峡	大陆与台湾联系的桥梁。虽然一衣带水，虽然同族同种，骨肉相连，却被人为分割。	渴望祖国统一，希望华夏民族团结一心。

> **提问 2**：四节诗，四种意象，四种情感。那我们在朗读诗歌时，特别是读到这些意象时要留意什么，才能读出诗人所表达的不同情感呢？

学生自由朗读，合作交流，并在班级展示。

● 预设：

第一节表现的是母子之间思念之深。朗读时要带着回忆的痛苦与幸福，语速缓慢，语调轻柔，略带低沉，"小小的邮票"要读得特别缓慢，"母亲"要读出深情，"这头""那头"要读出思念。

第二节表现的是爱人之间相思之苦。朗读时要带有一些伤感和柔情蜜意。声音轻柔，语速舒缓，"窄窄的船票"要读出不情愿的被迫，"新娘"要读出甜蜜，"这头""那头"要读出牵挂。

第三节表现的是对母亲逝世的痛苦无奈。朗读时，语调要格外沉痛，语速缓慢，语气深沉。"后来啊"，声音要低沉、绵长，像一声叹息与哭喊；"一方矮矮的"要读出遗憾与悔恨；"坟墓"要读出不忍与不舍；"外头""里头"要读出阴阳两隔的无奈，深沉的压抑和悲痛。

第四节表现的是与祖国分离的无依之痛。朗读时要适当加重语气，"海峡"要读出不可逾越的遗恨，语气要重，语速要慢；而"浅浅的"则要轻读，读出诗人的某种期待和惆怅；"这头""那头"则要适当轻快一些，读出那种渴望，读出大陆与台湾终有一天能够统一的信心。

> **按**：学生朗读时可以配以音乐，进一步营造诗歌阅读的氛围。

> **提问 3**：这四种意象可以互换位置吗？请比较下列表述的不同，并说说自己的看法。

第一组：

小时候　我——邮票——母亲

小时候　我——船票——母亲

第二组：

长大后　我——船票——新娘

长大后　我——邮票——新娘

第三组：

后来啊　我——坟墓——母亲

后来啊　我——海峡——母亲

学生朗读，思考，交流。

● **预设：**

先看三组的不同表述：

第一组：小时候"我"作为流亡学生与母亲经常分离，但相隔并不遥远，完全可以互通音信，而换为"船票"则有不同，暗示着彼此距离远，这与诗人的实际情况不相符合。

第二组："我"结婚后，去美国进修，与妻子分别，做了异国孤客。写信给妻子诚然也是会有的事情，但"船票"与"邮票"相比，更能表现出那份伤感与惆怅。

第三组：如果对"后来"不加限制，那么说母亲在"海峡"的那头，也诚然不错，但因为后面要表达更加宏大的情感，故而不能这样说；说母亲的"坟墓"显然更能触发诗人情感的"痛点"，也更能引起读者的情感共鸣。

从诗歌内容和主旨看，诗人的"乡愁"不仅有对母亲、妻子的思念，还有对国家、民族前途命运的牵挂与担忧。

> 人生不满百，长怀千岁忧。
>
> ——宋·陈普《拟古八首》（其一）

诗人表达的情感，有一个从小到大，从个人到国家，从远到近的过程，而"邮票""船票""坟墓"和"海峡"正体现了时空的隔离与变化过程，推进了诗情的层层深化。所以，不能互换位置。

> 一个读书人的乡愁，是把空间加上去，乘上时间，乘上文化的记忆，乘上沧桑感，这种乡愁就是立体的。
>
> ——余光中

余光中，1928年出生于南京，1949年离开大陆，2017年12月14日离世。由于特殊的政治原因，大陆和台湾长期阻隔，而诗人又经常流浪于海外，因而游子思乡之情成为他诗歌作品中重要的内容。20世纪70年代，初余光中创作了《乡愁》这首诗。他说："随着日子的流失愈多，我的怀乡之情便日重，在离开大陆整整20年的时候，我在台北厦门街的旧居内一挥而就，仅用了20分钟便写出了《乡愁》。"

● 引导学生归纳：

由此可见，这首表达乡愁的诗歌所要表达的情感丰富而有层次，呈现出层层递进的态势。由个人的悲欢离合上升到家国之思，情感的浪潮一浪又一浪，澎湃汹涌而来，这就是乡愁的多重意蕴。

● 出示下列材料，让学生自由朗读，找出其中的意象，进一步体会诗人的家国之思：

一张娇小的绿色的魔毡，
你能够日飞千里；
你的乘客是沉重的恋爱，
和宽厚的友谊。
两个灵魂是你的驿站，
你终年在其间跋涉；
直到他们有一天相逢，

你才能休息片刻。
何时你回到天方的故国，
重归你魔师的手里？
而朋友和情人也不再分别，
永远相聚在一起。

——余光中《邮票》

小小的骨灰匣梦寐在落地窗畔，
伴着你手栽的小植物们。
归来啊，母亲，来守你火后的小城。
春天来时，我将踏湿冷的清明路，
葬你于故乡的一个小坟。
葬你于江南，江南的一个小镇。
垂柳的垂发直垂到你的坟上，
等春天来时，你要做一个女孩子的梦，
梦见你的母亲。
而清明的路上，母亲啊，我的足印将深深，
柳树的长发上滴着雨，母亲啊，滴着我的回忆，
魂兮归来，母亲啊，来守这四方的空城。

——余光中《招魂的短笛》

台风季，巴士峡的水族很拥挤
我的水系中有一条黄河的支流
黄河太冷，需要掺大量的酒精
浮动在杯底的是我的家谱
喂！再来杯高粱！

——余光中《五陵少年》

在林肯解放了的云下
惠特曼庆祝过的草上

坐下，面对鲜美的野餐

中国中国你哽在我喉间，难以下咽

东方式的悲观

——余光中《敲打乐》

三、迁移阅读，拓展延伸

阅读下列三首诗，找出诗中的意象，并做简要分析。

（一）

一碗油盐饭

佚名

前天，

我放学回家，

锅里有一碗油盐饭。

昨天，

我放学回家，

锅里没有一碗油盐饭。

今天，

我放学回家，

炒了一碗油盐饭，放在妈妈的坟前。

学生阅读思考，写下分析文字。

● 预设：

这首诗的意象是"一碗油盐饭"，它承载着浓厚的母爱，慈爱与温暖就浓缩在这一鲜明的意象中；这一意象也体现了"我"对母亲的深情感念和无限思念，平常而朴素，单纯而集中，真挚感人，催人泪下。

（二）

望故乡
于右任

葬我于高山之上兮，望我大陆；大陆不可见兮，只有痛哭！
葬我于高山之上兮，望我故乡；故乡不可见兮，永不能忘！
天苍苍，野茫茫；山之上，国有殇！

学生阅读思考，写下分析文字，并在小组内交流。

● 预设：

这首诗的意象有高山、苍天和原野，写出了诗人渴望死后能够安葬在高山之上，可以"望我大陆""望我故乡"的悲哀情感，写出了自己的不幸遭遇和国家的现状。直抒胸臆，慷慨悲壮，无限悲痛地抒发了自己对故乡、对大陆深深的怀念之情，表达了台湾海峡两岸骨肉同胞渴望祖国统一的共同心声。

（三）

乡愁四韵
余光中

给我一瓢长江水啊长江水
酒一样的长江水
醉酒的滋味
是乡愁的滋味
给我一瓢长江水啊长江水

给我一张海棠红啊海棠红

血一样的海棠红

沸血的烧痛

是乡愁的烧痛

给我一张海棠红啊海棠红

给我一片雪花白啊雪花白

信一样的雪花白

家信的等待

是乡愁的等待

给我一片雪花白啊雪花白

给我一朵腊梅香啊腊梅香

母亲一样的腊梅香

母亲的芬芳

是乡土的芬芳

给我一朵腊梅香啊腊梅香

学生阅读思考，写下分析文字，小组交流。

● 预设：

诗人运用了长江水、海棠红、雪花白、腊梅香四种意象，表达了自己浓郁的"乡愁"，把抽象的乡愁具体化了。在诗人笔下，长江水是乡愁的滋味，海棠红是乡愁的烧痛，雪花白是乡愁的等待，腊梅香是乡愁的芬芳，这些意象，形象地突出了乡愁之大、乡愁之广、乡愁之深、乡愁之痛、乡愁之浓。

按：上列三首诗的赏析要根据教学实际情况安排，如果课上没有时间，可以安排到课后进行。

四、读写融合，表达交流

任务一：请模仿本诗的结构形式，选择适合的意象，写一写你的（实际、想象或理解的）"乡愁"吧！写好后在小组内分享交流，并记录下同学的评价意见。

任务二：请选择本诗的某一小节，用自己的语言将之改写成现代散文，并与诗歌进行比较，体会不同语言表达方式所产生的效果。将自己的阅读与写作体会整理出来，在课上交流。

附学生习作示例：

> 我仿佛看见，窗外如水的月光照进屋内，昏黄的油灯下一个十一二岁的少年，端坐在桌前，他又开始给母亲写信了。
>
> 他时而抬头望望窗外的圆月，时而低头疾书。我仿佛听到他那断断续续的抽泣。他在写些什么呢？是回忆儿时在母亲怀抱里撒娇的情境，还是想起了每次上学前母亲语重心长的叮咛？
>
> 他不停地抚摸着这枚小小的邮票，仿佛看到了母亲收到信后那欣喜的笑容，他母亲说……
>
> 月光如水透过枝叶投在地上。少年已然长大成人，满脸忧伤的样子，伫立在江边，凝视着眼前的江水。
>
> 他也许是在思念着他的亲人吧？
>
> 他时而眺望远方，时而低头注视着手中一张小小的船票。那儿，一定有他的新娘！这张船票，承载着他太多的思念。
>
> 他可能会想："妻子，我虽身在远方，却无时无刻不在思念着你。

你不要担心我，无论我们相隔多远，我们的心依然紧紧地贴在一起。你只要照顾好自己。"

秋风萧瑟作响，雨林风声万事点滴……

再也看不清母亲心海内一点泪的涟漪，再也记不起她一丝活的荣光……

一位头上有着几丝白发的中年男子，跪在那座碑墓前，一遍一遍地抚摸着石碑上的青苔，仿佛又能抚过母亲的满头银丝：母亲，儿不孝，儿回来了。

低低的啜泣声，回响在这一片寂静的天地里。

我仿佛看见，那薄薄的雾气笼罩着海面，海的那一边，看不真切。一位满头白发，历经岁月磨难的老人，拄着拐杖，站在大海边。他迫切地想看见远方。

他在望什么呢？原来，远方是他朝思暮想的家乡。

他无时无刻不在渴望着回去。可这一湾浅浅的海峡，却仿佛万水千山，阻隔着他和他的家乡。

海风吹拂着他花白而凌乱的头发，一滴浊泪从脸颊缓缓流过。

（本设计中部分内容由江苏省兴化市周庄初级中学王夏珵老师、厦门市海沧区教师进修学校附属学校林童老师提供。）

《岳阳楼记》：
四面湖山归眼底，万家忧乐到心头

◆ 关键问题

在今天的岳阳楼主楼正门上有这样一副对联："四面湖山归眼底，万家忧乐到心头。"这是对《岳阳楼记》忧乐思想情怀的最好概括。对此文章是怎样表现出来的呢？

◆ 设计意图

范仲淹的《岳阳楼记》之所以传颂千古、震古烁今，是因为作者的思想情怀、理想追求、气度胸襟在文中华丽展现，大放光彩，其中最为撼动人心的是他的"忧乐情怀"。聚焦忧乐情怀，可以带动学生对文章主旨的把握，渗透思想情感教育；对忧乐思想呈现的过程进行分析，又能够让学生把握文章的内容结构及其在景物描写中寄寓政治理想和思想情感的表达特点。

教学过程

一、情境导入，积累文言

（一）情境导入

出示下列诗句，让学生自由朗读：

长太息以掩涕兮，哀民生之多艰。
亦余心之所善兮，虽九死其犹未悔。
路漫漫其修远兮，吾将上下而求索。

——战国·屈原《离骚》

国破山河在，城春草木深。
感时花溅泪，恨别鸟惊心。

——唐·杜甫《春望》

出师未捷身先死，长使英雄泪满襟！

——唐·杜甫《蜀相》

安得广厦千万间，大庇天下寒士俱欢颜！风雨不动安如山。呜呼！何时眼前突兀见此屋，吾庐独破受冻死亦足！

——唐·杜甫《茅屋为秋风所破歌》

穷年忧黎元，叹息肠内热。
朱门酒肉臭，路有冻死骨。

——唐·杜甫《自京赴奉先县咏怀五百字》

衙斋卧听萧萧竹，疑是民间疾苦声。
些小吾曹州县吏，一枝一叶总关情。

——清·郑燮《潍县署中画竹呈年伯包大中丞括》

杜老乾坤今日眼，范公忧乐昔人心。

——清·胡林翼 题岳阳楼联

241

四面湖山归眼底，万家忧乐到心头。

——清·陈大纲 题岳阳楼联

提问：读了这些诗句，我们有怎样的感受？

学生思考交流。

● **预设**：

这些诗句都有一个共同的主题：忧国忧民。这是儒家民本思想的具体表现，也是中华民族的优秀精神传统。这当中，范仲淹在《岳阳楼记》中所提出的政治理念"先天下之忧而忧，后天下之乐而乐"正是这种精神最为典型的反映。让我们带着这样的认识，走进文本，了解究竟吧！

（二）积累文言

1. 解释重点实词

（1）谪守；（2）明年；（3）胜状；（4）大观；（5）迁客；（6）骚人；（7）翔集；（8）锦鳞。

2. 理解重点虚词

（1）然则；（2）得无；（3）若夫；（4）何极；（5）或。

3. 辨析一词多义

（1）属予作文以记之

　　有良田美池桑竹之属

（2）前人之述备矣

　　有备无患

（3）然则北通巫峡，南极潇湘

　　此乐何极

（4）薄暮冥冥，虎啸猿啼

　　散入珠帘湿罗幕，狐裘不暖锦衾薄。

（5）去国怀乡，忧谗畏讥

僵卧孤村不自哀，尚思为国戍轮台。

（6）而或长烟一空

或异二者之为

4. 翻译重点句子

（1）政通人和，百废具兴。

（2）前人之述备矣。

（3）去国怀乡，忧谗畏讥。

（4）上下天光，一碧万顷。

（5）或异二者之为。

（6）不以物喜，不以己悲。

（7）居庙堂之高则忧其民，处江湖之远则忧其君。

（8）其必曰："先天下之忧而忧，后天下之乐而乐"乎！

（9）微斯人，吾谁与归？

5. 积累与运用成语（解释并造句）

（1）政通人和；（2）百废具兴；（3）浩浩汤汤；（4）气象万千；

（5）波澜不惊；（6）心旷神怡；（7）宠辱偕忘；（8）不以物喜，不以己悲。

按：文言积累可以灵活处理，既可以布置为预习作业，也可以在课上集中解决，还可以在阅读理解的过程中，随文理解；同时在课后要有适当的巩固性练习。不论采用哪种处理方式，都要考虑到让学生在运用中学会积累，不能简单机械。

二、指导朗读，整体感知

（一）指导朗读

1. 指导学生朗读课文，把握好重音和停连，读出感情和气势

● 预设：

第1段：语调舒缓，语速轻快，音量轻柔，读出对滕子京的欣赏之情。

第 2 段：语调上扬，语速适当放缓，音量加大，特别是"衔远山……气象万千"要读出节奏感，读出岳阳楼大观之气势。

第 3 段：语调低回，语速放慢，音量减小，读出伤感与忧怀之状。

第 4 段：语调上扬，语速稍快，音量放大，读出洋洋得意、旷达自放之情。

第 5 段：语调沉稳，语速减慢，音量前段（"嗟夫……何哉？"）中等，中段（"不以物喜……后天下之乐而乐'乎！"）加大，后段（从"噫"到最后）减弱，读出否定的语气，读出高昂的情绪，读出叹息的情状。

按：先让学生对照注释自由朗读，小组交流式试读，再逐段指导。

2. 指导学生划分好朗读节奏，以第 5 段为例

嗟夫！予／尝求古仁人之心，或／异二者之为，何哉？不／以物喜，不／以己悲，居／庙堂之高／则／忧其民，处／江湖之远／则／忧其君。是／进亦忧，退亦忧。然则／何时而乐耶？其／必曰／"先／天下之忧／而忧，后／天下之乐／而乐"乎。噫！微／斯人，吾／谁与归？时／六年九月十五日。

● **出示**：

文言文节奏划分的几种情况：

（1）句首的发语词、关联词语后面要有停顿；

（2）连在一起的两个单音节词，朗读时须停顿；

（3）主语和谓语之间应停顿，动词与所带宾语、补语之间应停顿；

（4）朗读停顿要体现出省略成分。

要正确划分朗读节奏，必须以准确理解文句的意思为前提，再根据朗读停顿的规律综合分析判断。

（二）整体感知

要求学生朗读课文，概括文章的主要内容。

● **预设**：

文章的主要内容有：

一是介绍写作缘由（第 1 段）；

二是描写岳阳楼周围的景色，引出"迁客骚人"登楼"览物"时所产生的两种不同感受（第2~4段）；

三是借对"古仁人之心"的探求，抒发自己的旷达胸襟和政治抱负（第5段）。

三、研读课文，重点把握

> **提问**：这篇文章虽然名为"岳阳楼记"，但对岳阳楼并没有多少描写，而是以"忧乐"思想情怀贯穿始终，这显得非同一般。这一思想必然会在行文结构上有具体体现，你能从中读出来吗？请结合全文，做简要分析。

学生阅读思考，讨论交流。

● **预设**：

全文分三个部分，从表达方式看，第一部分叙事，第二部分写景，第三部分议论。事、景、情有机交融，浑然一体。从结构上看，好像三者分立，其实议论才是核心，也正是作者写作意图的充分体现。

▶ **追问1**：我们可以从第一部分的叙事中读出情怀来吗？

学生阅读思考，讨论交流。

预设：

第一部分只有两句话，但有三层意思：

第一层是第一句，交代滕子京贬职于巴陵的事实。这在个人来说，确实可说是"忧"。

第二层由"越明年，政通人和，百废具兴"这几句构成。一位"谪守"之人，却能把地方治理得政治清明、经济发达、人民安康、社会和谐，委实值得大书特书。对有政治抱负的滕子京来说，这是一种"乐"。

第三层是余下语句。岳阳楼重修之举正是"政通人和，百废具兴"的最好

245

说明，这也才能启引出滕子京"属予作文以记之"的事由。

归纳1：

这段文字紧扣"谪守"这一锁钥，以对滕子京非同寻常的政治业绩赞赏为主要内容，暗含了"忧乐"的话题。

▶ **追问2：** 第二部分的写景又是怎样体现出"忧乐"思想的呢？

学生阅读思考，讨论交流。

预设：

这部分内容涉及第2~4段文字，又可分为两层：

第一层（第2段）：概括描写岳阳楼上所见的自然形胜。其景确实令人"乐"，却用"前人之述备矣"一笔带过，而把重点落在"迁客骚人""览物之情，得无异乎"的问题上，这又继续说到"忧乐"的问题。

第二层（第3~4段）：一写"迁客骚人"之"感极而悲者矣"，一写"迁客骚人"之"喜洋洋者矣"，一忧一乐，对比鲜明，巧妙地回应了上文"览物之情，得无异乎"的问题，使"异"落到了实处。

归纳2：

虽然是写景，但还是以"忧乐"为中心，并一以贯之，不断点击与强化，并予以具体呈现。

▶ **追问3：** 在第三部分中，作者直接提出了"忧乐"的问题，那么他是怎样提出的呢？

学生阅读思考，讨论交流。

预设：

作者行文至此，却笔锋一转，以"嗟夫"这一感叹词领起了下面的一番议论，转到了对迁客骚人之"忧"与"乐"做评价上来。

作者又不直接判断或臧否那些人的是非、优劣、高卑，而是宕开一笔，先谈自己的思想认识——"予尝求古仁人之心，或异二者之为"，彻底否定了那些迁客骚人，最后抛出自己人生追求的最高境界："先天下之忧而忧，后天下之乐而乐。"这迥异于前述迁客骚人的思想境界与人生态度。

很明显，作者对其所构想的两种景象，内心并不认同，他认为理想的现实景象是"不以物喜，不以己悲"，是"进亦忧，退亦忧"，是"先天下之忧而忧，后天下之乐而乐"。这样鲜明的情感态度，形成了强烈的对比映衬，给读者以巨大的视觉冲击和心灵震撼。范仲淹的思想认识，一下子到了新的高度。此文一出，立即传扬天下，并使岳阳楼"楼名益重天下"，这也正是这一思想情绪、政治理想非比寻常的最好证明。

归纳3：

作者的议论从否定现实，到提出主张，他所提出的"古仁人之心"，远超常人，不仅具有忧君忧民的政治责任感，更具有"先天下之忧而忧，后天下之乐而乐"，如同洞庭一湖"衔远山，吞长江，浩浩汤汤，横无际涯"的阔大胸怀。

归纳4：

纵观全文，作者围绕"忧乐"思想情怀，综合运用多种表达方式，将之冶于一炉，使文章呈现出记事扼要、写景生动、议论精辟、抒情浓郁的鲜明特点。

四、延伸阅读，理解主旨

提问：范仲淹在《岳阳楼记》中所表达的忧乐思想情怀，具有鼓舞人们关心天下、献身民众的强大精神力量。那么他为什么要写这样一篇文章呢？请结合资料，做简要分析。

链接资料：

1. 滕子京与范仲淹同为大中祥符八年（1015年）进士，范仲淹"与之同年友善，爱其才"（宋·范公偁《过庭录》），曾有一段时间，两人"诗书对周孔，琴瑟亲义黄。……道味清可挹，文思高若翔。笙磬得同声，精色皆激扬"（范仲淹《书海陵滕從事文会堂》），情味相投，志同道合，在长期的交往中结下了深厚的友谊。

可两人均命途多舛，滕子京因"用公使钱无度，为台谏所言，朝廷遣使者鞠之。宗谅闻之，悉焚公使历。使者至，不能案，朝廷落职徙知岳州"（宋·司马光《涑水记闻》）。范仲淹则因推行"庆历新政"失败而于庆历五年被罢免参知政事，庆历六年被贬到了邓州知州任所。

2. 滕宗谅，字子京……庆历四年，徙知岳州军，州建学育才，百废俱兴。筑偃虹堤千丈，以捍洞庭之险。重修岳阳楼以壮大观，岳人诵之。

——《岳州府志》

3. 放臣逐客，一旦弃置远外，其忧悲憔悴之叹，发于诗什，特为酸楚，极有不能自遣者。滕子京守巴陵，修岳阳楼，或赞其落成，答以："落甚成，只待凭栏大恸数场。"闵己伤志，固君子所不免，亦岂至是哉！

——宋·周辉《清波杂志》

4. 子京左迁巴陵，重修岳阳楼，落成。郡僚问："落成如何？"曰："痛饮一场，凭栏大恸十数声而已。"

——《岳州府志》

5. 滕子京负大才，为众忌嫉，自庆阳帅谪巴陵，愤郁颇见辞色。文正与之同年，友善，爱其才，恐后贻祸。然滕豪迈自负，罕受人言，正患无隙以规之。子京忽以书抵文正，求《岳阳楼记》。故《记》中云："不以物喜，不以己悲。""先天下之忧而忧，后天下之乐而乐。"其意盖有在矣。

——宋·范公偁《过庭录》

学生阅读思考，讨论交流。

● 预设：

范仲淹与滕子京相似的遭遇，共同的处境，使他们惺惺相惜，心照不宣，心心相印，彼此勉励。这使滕子京在岳阳楼重修落成之后，请范仲淹"作文以记之"的行为显得再正常不过。

让范仲淹欣慰的是，滕子京虽遭谪徙，愤郁满怀，却励精图治。他不计个人荣辱得失，以国事为重，勤政为民的襟怀与行动，得到了范仲淹的高度认可。

滕子京的斐然政绩，令范仲淹想到了"居庙堂之高"者所应该担负的责任；滕子京的不懈怠、不放弃、奋发图强，又让范仲淹想到了"处江湖之远"者所应承担的责任；而滕子京的思想状况，则让范仲淹有点担心，他借作此文，要对滕子京这位"迁客骚人"进行规劝勉励，兼以自勉。这样的表述隐含了范仲淹对滕子京"政通人和，百废具兴"的充分肯定和大力赞赏，他巧妙地希望滕子京真正成为与"古仁人"一样的"斯人"、与自己道合的同志。

这是文章以"滕子京谪守巴陵郡"为开端，继而描写"迁客骚人"的心情，最后表达自己探求"古仁人"心志并终有所得、心向往之的又一个原因：范仲淹对滕子京的充分了解，对世道人情的敏锐洞察，对人生经验的深刻体悟，对生命意义与价值的不懈追求。

这样的表达既呼应而又远超出滕子京对楼记"神游物外而心与景接""淡味而远托思于湖山"的热切期盼。

毫无疑问，滕子京读了这篇一时传诵的金玉之声、万古流芳的锦绣华章后，自然能心有灵犀一点通，对范仲淹的意图及其思想心领神会、击节赞叹、敬佩不已。

▶ **追问**：前人说本文"通体俱在'谪守'上着笔"，对此你怎么看？

学生阅读思考，讨论交流。

预设：

滕子京因"谪守"而有"重修岳阳楼"之举动，也才有"属予作文以记之"之请求。

范仲淹同样因"谪守"而联想到一般的"迁客骚人"在"谪守"时或悲或喜的情感，进而想到"古仁人"与他们的根本不同，由此提出自己的政治主张与理想：面对"谪守"，要"先天下之忧而忧，后天下之乐而乐"。这既是对自我的鞭策，也是对滕子京的勉励。

从个人"谪守"之"忧"上升到国家之"忧"，天下之"忧"，其达观的态度、宽广的胸怀，确乎超出常伦，境界崇高。

五、读写融合，表达交流

阅读下列名言名句，结合本文主旨，写一篇以"忧乐情怀"为主题的演讲稿，在班级演讲。

乐以天下，忧以天下。

——《孟子·梁惠王下》

忧国忘家，捐躯济难，忠臣之志也。

——三国·曹植《曹子建集》

向来忧国泪，寂寞洒衣巾。

——唐·杜甫《谒先主庙》

位卑未敢忘忧国，事定犹须待阖棺。

——宋·陆游《病起书怀》

风声雨声读书声声声入耳，家事国事天下事事事关心。

——明·顾宪成《名联谈趣》

《醉翁亭记》：乐民之乐，太守之事也

◆ **关键问题**

作者开篇坦言："醉翁之意不在酒，在乎山水之间也。"这是因为山水之间有其独特之乐。那么作者在文中所说的仅仅是"山水之乐"吗？如此思想情感又是怎样表达出来的呢？

◆ **设计意图**

与范仲淹对人生价值、政治理想进行形象刻画与理性表达所不同的是，欧阳修主要通过某种"行为艺术"展示自己的"忧乐情怀"，在看似热闹、迷醉不醒的情景下，表达自己的"冷峻"与"清醒"。引导学生抓住散文的"文眼"，可以带动学生把握全文内容，进而体会与揣摩作者的思想情感，赏析文章的结构艺术和语言特色。

教学过程

一、创设情境，积累文言

（一）情境导入

出示下列文字，让学生阅读：

《醉翁亭记》初成，天下莫不传诵，家至户到，当时为之纸贵。

——宋·朱弁《曲洧旧闻》

欧阳公记成，远近争传，疲于摹打。山僧云："寺库有毡，打碑用尽，至取僧室卧毡给用。"凡商贾来，亦多求其本，所遇关征，以赠官，可以免税。

——《滁州志》

在我国宋代文坛上曾经有一种文化现象，叫"醉翁文化"，这源于一位作家创作的一篇千古名文。这篇文章一经问世，就引起了极大的轰动效应，当时的名人为之书写刻石，立于亭边，天下传诵。不仅如此，文章还被当时的音乐家谱成琴曲演奏，被大文豪苏轼、黄庭坚等人改写成词。而文中所写到的"醉翁亭"，也同样成了一种文化符号，千百年来无数文人墨客心驰神往，题诗吟咏，徘徊于这个精神家园。那么，这究竟是一篇怎样的名文，能够产生如此巨大的影响？要探其究竟，还是让我们走进欧阳修的《醉翁亭记》吧。（参见《教师教学用书》）

（二）积累文言

1. 解释重点实词

（1）环；（2）蔚然；（3）翼然；（4）名；（5）意；（6）芳；（7）负者；（8）弈者；（9）颓然；（10）从；（11）去。

2. 理解重点虚词

（1）者；（2）也；（3）而；（4）若夫；（5）至于；（6）已而。

3. 辨析一词多义

（1）望之蔚然而深秀者
    佳木秀而繁阴

（2）有亭翼然临于泉上者
    临溪而渔，溪深而鱼肥

（3）人知从太守游而乐
    不知太守之乐其乐

（4）太守与客来饮于此

至于负者歌于途，行者休于树

（5）名之者谁？太守自谓也。

宴酣之乐，非丝非竹

4. 翻译重点句子

（1）环滁皆山也。

（2）醉翁之意不在酒，在乎山水之间也。

（3）野芳发而幽香，佳木秀而繁阴。

（4）伛偻提携，往来而不绝者，滁人游也。

（5）起坐而喧哗者，众宾欢也。

（6）苍颜白发，颓然乎其间者，太守醉也。

（7）人知从太守游而乐，而不知太守之乐其乐也。

（8）醉能同其乐，醒能述以文者，太守也。

5. 积累与运用成语（解释并造句）

（1）峰回路转；（2）醉翁之意不在酒；（3）水落石出；（4）其乐无穷（而乐亦无穷也）；（5）前呼后应（前者呼，后者应）；（6）觥筹交错。

按：文言积累可以灵活处理，既可以布置为预习作业，也可以在第一课时集中解决，还可以在阅读理解的过程中，随文理解；同时在课后要有适当的巩固性练习。处理时要考虑到语用情境的设置，让学生能够随文理解，迁移运用。

二、指导朗读，整体感知

（一）指导朗读

指导学生沉浸式朗读课文，找出21个"也"字句，进行归类，体会"也字体"叙述的独特与精妙。最后完成下表。

● 预设：

"也"字句（原句序号）	句式特点归类	表达效果
1. 环滁皆山也。	判断句，解释说明	不疾不徐，平易自然，平和愉悦，晓畅朴实，易知易明，幽默诙谐，情韵生动，余韵不绝。
2. 望之蔚然而深秀者，琅琊也。		
3. 而泻出于两峰之间者，酿泉也。		
4. 有亭翼然立于泉上者，醉翁亭也。		
5. 作亭者谁？山之僧智仙也。		
6. 名之者谁？太守自谓也。		
10. 晦明变化者，山间之朝暮也。		
11. 水落而石出者，山间之四时也。		
14. 杂然而前陈者，太守宴也。		
15. 起坐而喧哗者，众宾欢也。		
13. 往来而不绝者，滁人游也。		
16. 颓然乎其间者，太守醉也。		
20. 醉能同其乐，醒能述以文者，太守也。		
21. 太守谓谁？庐陵欧阳修也。		
8. 醉翁之意不在酒，在乎山水之间也。	陈述句，解释说明	
9. 山水之乐，得之心而寓之酒也。		
19. 人知从太守游而乐，而不知太守之乐其乐也。	陈述句，表示感叹	

▶ **追问**：还有哪些句子可以加上"也"？

> 或言《醉翁亭记》用"也"字太多，荆公（王安石）曰："以某观之，尚欠一'也'字。"坐有范司户者曰："'禽鸟知山林之乐，而不知人之乐'，此处欠之。"荆公大喜。
>
> ——《桑榆杂录》

指导学生朗读课文，找出文中的"而"字句，进行归类，体会语句的变化与韵律。最后完成下表。

预设：

"而"字句（原句序号）	"而"的意思与作用	表达效果
1. 望之蔚然而深秀者	表示并列	舒缓语气，纤徐轻柔，婉曲流畅；富于变化，灵巧飞动；音韵谐美，意境深远；富有音乐性和抒情性。
4. 得之心而寓之酒也		
7. 水落而石出者		
12. 溪深而鱼肥		
13. 泉香而酒洌		
15. 起坐而喧哗者		
16. 太守归而宾客从也		
17. 游人去而禽鸟乐也		
2. 而泻出于两峰之间者	表示顺承	
8. 朝而往，暮而归		
9. 而乐亦无穷也		
10. 往来而不绝者		
11. 临溪而渔		
5. 若夫日出而林霏开，云归而岩穴暝	表示并列或顺承	
6. 野芳发而幽香，佳木秀而繁阴		
19. 人知从太守游而乐		
14. 杂然而前陈者	表示修饰	
3. 饮少辄醉，而年又最高	表示转折	
18. 而不知人之乐		
20. 而不知太守之乐其乐也		

出示：

道纯则充于中者实，中充实则发为文者辉光。

——欧阳修《答祖择之书》

根之茂者其实遂，膏之沃者其光晔，仁义之人，其言蔼如也。

——唐·韩愈《答李翊书》

（二）整体感知

> **提问 1：** 从题目中，你读出了哪些信息？可能会有哪些疑问？

学生思考，交流。

● **预设：**

题目"醉翁亭记"四字，各有其意。"醉翁"是一个人的名号，"醉"是某种生活状态，"翁"则指中老年人；"亭"是一种建筑，"记"则是一种文体的标志。

可能会有的疑问：

1. "醉翁亭"在哪里？何时由何人所建？

2. 为什么叫"醉翁亭"？

3. 这座亭子有什么独特之处，值得作者为之"记"？

4. 通过这篇"记"，作者想表达什么样的思想情感？

5. 这篇"记"在写作上有何独特之处？

> **提问 2：** 课文第2、3、4段开头的"若夫""至于""已而"等词语在文中有什么作用？

学生自由朗读这三段文字，思考，交流。

● 预设：

与《岳阳楼记》中的"若夫""至若""嗟乎"等词语一样，都是表示承接上文、标记语意流转的。它们紧承第1段的"山水之乐，得之心而寓之酒也"来展开，铺叙"山水之乐"的种种情形。

"若夫"：承接连词，引起下文，含有假设和例说的意思，类似于"至于说到……"

"至于"：虽同样表示承接，但意思会更进一层，暗示内容会更加丰富和深入；也可以理解为"另说一种情况"，有"不仅如此，还有一种情况"的意思。

"已而"：时间副词，有"随即"的意思，表示时间转移，暗示场景转换。

▶ **追问**：这三段是按照怎样的顺序来写的？

第2段写山中朝暮、四时景物变化之美，这是写作者眼见其景；第3段写滁人游、太守宴，众宾欢、太守醉，这是写作者身与其事；第4段写太守和宾客醉归之乐，这是写作者感慨嗟叹。

归纳：

这三段文字的写作顺序是：先写所见之景，再写所游之事，后写游后之感。脉络清晰，层次分明。

三、探究问题，深入理解

> 🔍 **提问**：作者开篇坦言："醉翁之意不在酒，在乎山水之间也。"这是因为山水之间有其独特之乐。那么作者在文中所说的仅仅是"山水之乐"吗？如此思想情感又是怎样表达出来的呢？

学生找出文中写"乐"的句子，朗读体会，思考交流，完成下表。

● 预设：

写"乐"的句子	"乐"的情感	在文中的作用
1. 山水之乐，得之心而寓之酒也。	"乐"在山水之景，"乐"在内心感受，"乐"在饮宴之为。	为全篇锁钥，自然引起下文。
2. 四时之景不同，而乐亦无穷也。	"乐"在朝暮、四时之景。	承接上文，具体写"乐"之一；自然过渡到下文。
3. 滁人游之乐，太守宴酣之乐。	"乐"在观赏美景，"乐"在宴酣之欢。	承接上文，具体写"乐"之二；为后文抒发感慨做铺垫。
4. 游人去而禽鸟乐也，山林之乐。	"乐"在禽鸟和美。	呼应前文，自然收束。
5. 人知从太守游而乐，众人之乐。	"乐"在游览，"乐"在欢宴。	
6. 太守乐民之乐。	"乐"以解忧，"乐"而忘忧，"乐"在其中。	更进一层，升华情感。

● 出示：

有无限乐民之乐意，隐见言外，若止认作风月文章，便失千里。

——清·过琪《古文评注》（卷十）

● 归纳：

一个"乐"字为全篇之骨，把各段内容和无数曲折贯穿起来，环环紧扣，形成一个严密的艺术整体。

▶ **追问1**：如何理解他的"醉翁"名号？文中先后几次写"醉翁"的情态，有什么作用？

学生思考，讨论交流。

预设：

他自称"醉翁"，不是饮酒而醉，而是为"山水之乐"所陶醉。这"山水之乐"不仅指美丽的水光山色给自己带来赏心悦目的无穷之乐，同时也包括"太守"（欧阳修本人）和"众宾"的"宴酣之乐"，"负者歌于途，行者休于树"，往来不绝的"滁人游"之乐，以及"太守之乐其乐"。

文章有三次写醉翁的情态：第3段写"苍颜白发，颓然乎其间者，太守醉也"，与第1段"太守与客来饮于此，饮少辄醉，而年又最高"相互照应；结尾部分说"醉能同其乐，醒能述以文者，太守也。太守谓谁？庐陵欧阳修也"，与开头"名之者谁？太守自谓也"遥相呼应。如此文眼巧设，脉络疏通，过渡照应，使全文虽千波百折，却自成条理。

▶ **追问2：** 那么作者真的很快乐吗？

学生思考，讨论交流。

预设：

1. 作者是真的"乐"

——作者具有乐观豁达的情怀，对贬谪遭遇处之泰然。

> 每见前世有名人，当论事时，感激不避诛死，真若知义者。及到贬所，则戚戚怨嗟，有不堪之穷愁形于文字，其心欢戚无异庸人，虽韩文公不免此累。
>
> ——欧阳修《与尹师鲁第一书》

欧阳修曾经崇拜的"名人"韩愈，被贬后也不免穷愁怨嗟，而被他视为"庸人"；而欧阳修本人，是绝不想做那样的"庸人"而被人讥笑的。

——欧阳修因为支持"庆历新政"而被贬滁州，但他爱民之心未曾少减，政事宽简，与民休息，具有中庸和美、年丰人足的政治理想。

> 与民同乐，刺史之事也。
>
> 因为本其山川，道其风俗之美，使民知所以安此丰年之乐也者，幸生无事之时也。
>
> ——欧阳修《丰乐亭记》

小题目中做大文章，生动的记叙和描写中寓含着丰富的政治意义。作者所描画的与民同乐的美好景象，正是其政治理想的形象折射。

2. 作者并非真的"乐"

——作者处于失志困顿的境地，能够较深切地感受到社会的不公，他自然会通过抒发自己郁积的忧思感愤，道出与自己有相同命运的失意者的心声，起到反映现实的作用。

——文中也隐含着肯定自己的政绩，对被贬表示不满的意思，流露出对遭贬的牢骚。

——乐中有不乐，恬静平淡中有不平。

> 看山是山，看水是水；
>
> 看山不是山，看水不是水；
>
> 看山还是山，看水还是水。

按：这道追问思考题带有一定的开放性，不必强求统一，学生只要言之有理即可。

● 归纳：

古人云："仁者乐山，智者乐水。"我们一方面要看到，欧阳修在文中确实表现出了寄情山水的旷达，但另一方面也要从行文的字里行间，读出他的情感波澜。山水之乐，诚然美不胜收；游人络绎不绝，宾客欢声雷动，似可安抚一颗受伤的心灵，但他仍然要"寓之酒也"，可见"何以解忧，唯有杜康"是其最好的写照，从外表的热闹，仍可透视他内心的孤寂和冷清。他所说的"醉翁之意不在酒，在乎山水之间也"只是一种托词，他所在意的是"乐民之乐"，这是他的职责所在，使命所系。在形象表达的背后，体现了他的政治追求，更彰显了他的人生境界。

四、品味语言，把握特色

● 出示：

宋子京（宋祁，字子京，当时的一位文章大家）得其本，读之数过，曰："只目为《醉翁亭赋》，有何不可。"

——宋·朱弁《曲洧旧闻》

由此可见，《醉翁亭记》完全可以作为一篇独具创新特色的诗化了的散文。那么前人这样的认识是怎么得出的呢？

（一）引导学生阅读第 1 段，思考问题 1

围绕"醉翁亭"三字，作者"记"了哪些内容？从中我们可以看出它的什么特色？

● 预设：

先从醉翁亭的方位写起，从滁州写到山，由山写到水，由水引出亭，从亭点出建亭之人和名亭者，最后又解释"醉翁"的含义。

从面到点，由远及近，既说明了亭的地理环境，交代了"名亭"的原因，又点出"山水之乐"四字，使之成为一条线索，以引起下文。

（二）引导学生阅读第 2 段，思考问题 2

这段写景文字又具有怎样的写作特色？

● 预设：

这段文字不仅生动传神，而且富有概括力。

1. 一句话概括一个特定的时间及其景色变化特点：

"若夫日出而林霏开，云归而岩穴暝，晦明变化者，山间之朝暮也。"

日出——明，朝；景色特点：林霏开。

云归——晦，暮；景色特点：岩穴暝。

静态景物富有动感，丰富了表现力。

2. 一句话概括一个特定的季节及其景色变化特点：

"野芳发而幽香，佳木秀而繁阴，风霜高洁，水落而石出者，山间之四时也。"

野芳——春；景色特点：发而幽香。

佳木——夏；景色特点：秀而繁阴。

风霜——秋；景色特点：高洁。

水落石出——冬；景色特点：泉水干涸。

写得如诗如画，生动贴切，摇曳生姿。

3. 一句话概括全篇要旨：

"朝而往，暮而归，四时之景不同，而乐亦无穷也。"

朝、暮、四时的游赏，照应前面的描写，总归为"乐亦无穷"，以与上段"山水之乐"相应，并启引下篇写"乐"之种种情形及其具体原因，为全篇主旨的推出做充分的铺垫。

● **归纳：**

这段文字用对偶句写景，用散句收束，骈散结合，整齐错落，在整齐中寻求变化；抑扬顿挫，音调铿锵，节奏鲜明，读起来一唱三叹，情韵无限。

（三）引导学生找出文中的不同人称，思考问题 3

一般而言，抒发寄情山水的旷达情怀的文章都会采用第一人称，但这篇文章很不同，这样写有什么好处呢？

● **预设：**

文中作者对自己的称呼有三种：太守——官职，醉翁——名号，欧阳修——姓名。三种称呼都是第三人称，好似一位旁观者在观察、体验、领会着这一切。

这是一种全知视角，与第一人称的叙述限知视角相比，具有更大的自由度，在时、空、情、意诸方面都有拓宽、丰富和加深的空间。

三种称呼，互为表里，互相映衬，很好地揭示了人物情感的丰富性和形象的多面性。直到文章最后，作者才自报家门，揭开谜底，揭开全篇悬念。这种写法，与汉赋中假托人物说事说理如出一辙，充分体现了其"用赋体"的艺术追求。

● 出示：

> 柳州（柳宗元）记山水，从实处写景；欧公（欧阳修）记园亭，从虚处生情。此篇……更有情韵意态。
> ——清·吴汝纶《古文辞类纂评点》

> 其言简而明，信而通，引物连类，折之于至理，以服人心。
> ——宋·苏轼《〈居士集〉序》

> 天材有余，丰约中度，雍容俯仰，不大声色，而义理自胜。
> ——宋·苏辙《欧阳文忠公神道碑》

● 归纳：

这篇文章语言精练，三言两语就把景物的生动之处传神地写出来。历历如绘地写出山中的景色，写得优美可爱，气象万千，充满诗情画意。更为突出的是由景物引起丰富咏叹，抒发感慨，写得很有情韵。平顺中带有新巧，严谨中显出自然，描绘生动，气势顺畅。

五、读写融合，学以致用

任务一：与《岳阳楼记》相比较，这篇文章在表达"乐"的主题上有什么不同？请尝试写一段评价和欣赏文字，并在小组内分享交流。

任务二：阅读下面这首词，与本文做简单比较，看其语言表达有何不同。请围绕某一点，写一段分析文字，并在课上交流。

瑞鹤仙

宋·黄庭坚

环滁皆山也，望蔚然深秀，琅琊山也。山行六七里，有翼然泉上，醉翁亭也。翁之乐也，得之心，寓之酒也。更野芳佳木，风高日出，景无穷也。游也，山肴野蔌，酒洌泉香，沸觥筹也。太守醉也，喧哗众宾欢也。况宴酣之乐，非丝非竹，太守乐其乐也。问当时太守为谁，醉翁是也。

《湖心亭看雪》：性爱佳山水，一往有情深

◆ **关键问题**

张岱在《湖心亭看雪》中以独特而高超的审美趣味，写了他眼中、梦中、心中的西湖美景，表达了对西湖的一往情深。对作者所营造的美好意境，你有怎样的理解和认识呢？

◆ **设计意图**

文章篇幅短小，写景文字并不多，内容理解上难度不大，想要逐步培养学生的高阶思维，提高他们的审美能力，我们需要做出一些努力和尝试。可以从审美趣味这个角度，引领学生进入作者所描画的景象及其所营造的境界之中，通过对美好画面的欣赏和品味，让学生感受和体会其语言表达艺术，进而认识作者超凡脱俗的思想境界，并形成情感共振与共鸣。

教学过程

一、情境导入，整体感知

（一）情境导入

1. 出示西湖美景，特别是湖心亭的图片，让学生对西湖、湖心亭之美形成

直观印象

2. 出示下列文字，让学生对"湖心亭"之美形成初步认识

湖心亭：又名"湖心寺""清喜阁"，位于浙江杭州外西湖中，小瀛洲北面。因在外西湖中小岛上，故名。

四季笙歌，尚有穷民悲夜月。
六桥花柳，深无隙地种桑麻。

——明·胡来朝《湖心亭柱铭》

亭立湖心，俨西子载扁舟，雅称雨奇晴好。
席开水面，恍东坡游赤壁，偏宜月白风清。

——明·郑烨《湖心亭柱铭》

如月当空，偶以微云点河汉。
在人为目，且将秋水剪瞳人。

——明·张岱《清喜阁柱对》

湖心亭雄丽空阔。时晚照在山，倒射水面，新月挂东，所不满者半规，金盘玉饼，与夕阳彩翠重轮交网，不觉狂叫欲绝。

——明·张京元《湖心亭小记》

3. 出示两段评价文字，进一步激发学生的阅读兴趣

上有天堂，下有苏杭。杭州美景，多在西湖。到过西湖的游人很多，但大多在春夏之季。至于冬日西湖雪景之佳，能领略者较为少见。好在这一遗憾可以通过阅读这则短文来弥补。作者寥寥几笔，略微勾勒，西湖雪景，跃然纸上。着墨不多，却给人很大的想象空间，余味无穷。

——淮茗《〈陶庵梦忆〉评注》

湖心亭是许多人都去玩过的，可是有多少人看到过张岱这里描写的景色呢？描写西湖风景的人也可谓多矣，可是谁又曾用精炼至极的笔墨如此凸显地勾画出山水的精英？

——黄裳《绝代的散文家——张宗子》

与其他人相比，张岱的这篇《湖心亭看雪》到底有什么独特之处，又为什么能够获得如此高的评价呢？要知道其中的原因，还是让我们走进文本吧。

（二）指导朗读

1. 学生自由朗读课文，结合注释和相关工具书梳理字词，疏通文意

2. 指导学生朗读课文，划分好朗读节奏，用"/"标出停顿，多读几遍

节奏划分示例：

是日/更定矣，余/拏/一小舟，拥/毳衣/炉火，独往/湖心亭/看雪。雾凇/沆砀，天/与云/与山/与水，上下一白。湖上影子，惟/长堤一痕，湖心亭/一点，与/余舟一芥，舟中/人/两三粒而已。

比较节奏划分，看哪一种正确：

（1）拥/毳衣/炉火——拥毳衣/炉火

（2）舟中/人/两三粒而已——舟中人/两三粒而已

● **预设：**

（1）作者所"拥"的是"毳衣""炉火"两个事物，这从侧面写出了西湖雪夜之寒冷异常；若不在"拥"字后面停顿，"炉火"一词便失去了谓语限定。

（2）"舟中/人"的划分，是把"舟中"与"人"看作两个词，前者为方位名词，突出"人"所在的空间位置；而"舟中人"则是一个定语加中心词的结构，突出的只是"人"。"人"相对于"小舟"不算小，但相对于雪中的西湖，则很渺小。既然前面已经明确说小舟只是"一芥"，那么此处应该突出"人"只是"两三粒而已"。

按：引导学生在反复朗读的过程中划分朗读节奏，在划分节奏的过程中感知文意。对于部分结构复杂的句子，教师可做适当的讲解引导。

（三）翻译课文

学生自由朗读课文，对照注释尝试翻译，小组交流。

> **提问**：对下面一段文字，有两种翻译，你认为哪一种更好，为什么？

雾凇沆砀，天与云与山与水，上下一白。湖上影子，惟长堤一痕，湖心亭一点，与余舟一芥，舟中人两三粒而已。

译文一：

雾气中的松树白汽弥漫，天和云和山和水，浑然一体，白茫茫一片。湖上能（清晰）见到的倒影，只有西湖长堤在雪中隐隐露出的一道痕迹，湖心亭的一点轮廓，和我的一叶小舟，舟中的人两三粒罢了。

译文二：

（湖上）弥漫着水汽凝成的冰花，（只见）天与云、与山、与水，上下全是一片白色，湖面上映出的影子，只有（淡淡的）一道长堤的痕迹，一点湖心亭的轮廓，和我那像一棵小草的船，船中像米粒一般大小的两三个人影罢了。

● 预设：

译文一多处运用了"意译"的方法，意思虽没有大的变化，但与原文贴合得不够紧密；而译文二则主要运用"直译"的方法，很尊重原文，显得更加准确通畅。

二、研读课文，审美发现

> **提问 1**：张岱笔下的西湖雪夜景象确实很美，作者是通过怎样的笔法才营造出如此审美意境的呢？对此你有怎样的理解和认识呢？请结合具体内容，做简要分析。

辅助问题：从内容看，这段文字可以分为几层意思？又分别是从哪些方面描画出西湖独特的雪景之美的？

学生阅读思考，讨论交流。

● 预设：

可以分为三层。

1. 第一层：从开头到"湖中人鸟声俱绝"

开头两句点明时间、地点，不着痕迹地引出下文的大雪和湖上看雪。"大雪三日，湖中人鸟声俱绝"两句，紧承开头，写出大雪封湖的景象，读来如觉寒气逼人。

▶ **追问1**：作者写湖中大雪有什么特别之处？你是从哪些词语中读出来的？

预设：

概写"大雪"之大，且下的时间不短，给人以充分的想象。

大雪之景一般都是通过视觉来写，作者却写听觉，写出大雪后湖山封冻，人、鸟都瑟缩着不敢外出，寒噤得不敢作声，连空气也仿佛冻结了，阵阵寒意扑面而来的景象。

特别是一个"绝"字，传达出冰天雪地、万籁无声的森然寒意。

这种高度的写意手法，巧妙地从人的听觉和心理感受上写出了大雪的威严。

▶ **追问2**：与下面这首诗描写的雪景进行比较，它们在表达上有什么不同？

千山鸟飞绝，万径人踪灭。孤舟蓑笠翁，独钓寒江雪。

——唐·柳宗元《江雪》

学生阅读思考，讨论交流。

预设：

柳宗元写视觉所见之"有形"，江天茫茫，人鸟无迹，渲染和衬托了江雪中独钓的渔翁，其清高孤傲、凛然不可侵犯的形象跃然纸上。

张岱则写听觉所闻之"无声"，这无声的听觉感受背后，是人的存在，这为下文写人冒着严寒去湖心亭看雪做了映照。

归纳：

往日无比喧嚣繁闹的西湖，在"大雪三日"后，"湖中人鸟声俱绝"。严寒之中，连续三天的大雪封堵了一切，所有的踪迹与声响，都消失得无影无踪。

2. 第二层：从"是日"到"独往湖心亭看雪"

▶ **追问 3**：从这一层中，你读到了一个怎样的张岱？其中哪一个词语最能体现他的形象？请做具体分析。

学生阅读思考，讨论交流。

预设：

可以想象，"更定"之后的西湖更是寂无人声，好似荒无人烟之所。但就在这样一个看似什么也没有、听似什么也没有的情景下，张岱却兴致勃勃地"挐一小舟，拥毳衣炉火，独往湖心亭看雪"。

"无"中突然之间生出了"有"，这与西湖的空阔景象形成了强烈的反差，也使他的行为显得更加特立独行、与众不同。

俗话说"霜前冷，雪后寒"，"是日"是"大雪三日"后的极寒之日；"更定"则是夜深人静、寒气倍增之时；"拥毳衣炉火"则凸显出寒气砭骨。

与柳宗元的"独钓寒江雪"之"独"一样，"独"字最能体现张岱的形象。在这冰天雪地里，他竟"独往湖心亭看雪"，这是一种何等迥绝流俗的孤怀雅兴啊！

一个"独"字透露出行为的冷僻，也表露了自己的热切。

这一"热"的举动与西湖的"冷"形成了有趣的对照：如此冷的天气也无法阻挡他对西湖的热情。也正是因为有这样的举动，才使他对西湖的热爱显得更加真实、真切、真诚。

独自前往，是因为找不到同道之人，还是因为不愿被别人搅扰，抑或是因为不想让他人知道？这不正是作者独抱冰雪之操守、孤芳自赏之情调的表现吗？在这孤寂的情怀中，何尝没有避世的幽愤？

3. 第三层：从"雾凇沆砀"到本段最后

▶ **追问 4**：此时此刻的西湖给作者以怎样的印象？可以用哪一个词语来概括？请做具体分析。

学生阅读思考，讨论交流。

预设：

1.可以用"白"，也可以用"无"来概括。这又与前面的"人鸟声俱绝"紧密呼应。

作者所见的西湖，确实迥异于平常："雾凇沆砀，天与云与山与水，上下一白。"这是总体感觉和印象。

比较两种表述：

天与云与山与水，上下一白。

天、云、山、水，上下一白。

有了三个"与"，好似天、云、山、水一起活动起来，较之单纯并列，多了一点意趣，使它们之间毫无阻隔，顺势而下，一气呵成。

如果不仔细观察、认真辨别，除了"白"这一单色之外，真的什么也看不到，什么也感受不到，往日那些触目所及的林林总总的景象，好像一下子隐藏了起来。

2.可以用"一"来概括，借用王国维的话说，就是"着一'一'字而境界全出"。从如"一痕"的长堤，到似"一点"的湖心亭，再到犹"一芥"的小舟，乃至"两三粒"的舟中人，有如聚焦镜头，越来越小，越小越微，直至微乎其微。

▶ **追问 5**：这里的景物以及数量词能够互换位置吗？这样写有什么妙处？

预设：

不能互换位置。它们由远到近，由大到小，写了堤、亭、舟、人等原实有之物在混沌虚无的雪夜中独有的景象，真实而具体地存在，如点缀物一般，既

271

可见又可感，画面感极强，给读者以巨大的视觉冲击。

如此笔法，写出了视线之移动，小舟之荡漾，景物之变化，空蒙无际，不露痕迹，使人浑然不觉。

▶ **追问6**：作者在写堤、亭、舟、人这些实有之物时，运用了什么艺术手法？请做具体分析。

预设：

作者在用如水墨画一样的简笔勾勒堤、亭、舟、人这些实有之物时，运用了虚实结合的方法。

"长堤"与"湖心亭一点"虽是实景，却是作者远眺所见。

"一痕"与"一点"正是一种心理感觉，这是实中有虚。

"余舟一芥，舟中人两三粒"看似是真实的存在，却是作者的某种感觉，是他辅以想象而对实物做的一种比拟。因为"一芥"和"两三粒"只能是远眺或高空俯视所见，作者既在舟中，又何以看到此种景象？这是虚中有实。

实景与虚景交替互见，变化多端，摇曳生姿，充分显示了其笔法的高超。

🔍 **提问2**：文章题目是"湖心亭看雪"，那就应该写"在湖心亭上看雪"，但这里明明写的是"去湖心亭途中看雪"，这是为什么呢？

学生阅读思考，讨论交流。

● **预设：**

张岱笔下的西湖雪景，并不是在湖心亭上的所见所闻，也就是说不是写"在湖心亭上看雪"，而是写"去湖心亭途中看雪"。

如果是前者，虽然同样可以写出景象之大，但实则很难看到湖心亭在雪中只有"一点"的景象，也很难感觉到舟之小、人之微的情景。这是其艺术构思精巧之处。

另一个原因是，他本是"独往"，却不料竟在湖心亭上遇到了两位赏雪的"金陵人"，并又受邀"强饮三大白"，这使自己的心境难以宁静下来，观照雪景、理解自然、解悟山水也就没有那么从容、那么幽静、那么入境。

只有以极度渺小之个体对无比广大之自然，才可以"游目骋怀""极视听之娱"（王羲之《兰亭集序》），才不会有居高临下的感觉，才能达到平等的沟通与交流，从而获得一种亲近、默契和认同。

这样，湖心亭的雪景，就成了张岱的朋友和知己，他就能从西湖壮阔的雪景之中获得某种心灵上的满足与理解，对大千世界有了俯仰自得、目送归鸿的心领神会，以此安放或消解自己的一颗虽极小却又无比敏感的灵魂。

三、探究问题，深入理解

> **提问 1**：陪同张岱去湖心亭看雪的舟子，为什么会发出"莫说相公痴，更有痴似相公者"的感叹呢？从这样的评价中，我们可以获得怎样的认识？

学生阅读思考，讨论交流。

● 预设：

1."痴"中有真意

有谁会"痴"到在一个天寒地冻的雪夜，到西湖去看雪景呢？这不是凡人凡事、俗人俗事，而是士大夫文人的一种逍遥独步，是一种高层次的雅致举动。在这一非同凡响的行为中，其人其景其情本身就成了一种诗情与画意。

● 出示：

> 在春夏则热闹之至，秋冬则冷落矣；在花朝则喧哄之至，月夕则星散矣；在晴明则萍聚之至，雨雪则寂寥矣。
>
> ——张岱《西湖总记·明圣二湖》

2."痴"中有真情

如此寄情山水的行为,在一般人看来有些任性,也难以理解,但其实是一种率性的行为,是真性情的自然流露,是一种美的表现,是一种人格追求,也是一种美学理想。

● 出示:

在张岱看来,唯率性者才有"深情"与"真气"。

> 人无癖不可与交,以其无深情也;人无疵不可与交,以其无真气也。
>
> ——张岱《陶庵梦忆·西湖梦寻》

> 纵一苇之所如,凌万顷之茫然。浩浩乎如冯虚御风,而不知其所止;飘飘乎如遗世独立,羽化而登仙。
>
> ——宋·苏轼《赤壁赋》

> 奈何呼不已,一往有情深。
>
> ——张岱《陶庵梦忆·西湖梦寻》

● 小结归纳:

张岱"独往湖心亭看雪"的雅人雅兴,让我们感受到了他独立不羁、冰清玉洁的人格特质,他孤高而至性的鲜明艺术形象,他对西湖的一往情深。

> 🔍 **提问 2**:张岱在湖心亭上遇到了饮酒的两个人,并与他们喝酒聊天,你认为张岱的情绪会怎么样?或者说,张岱有没有把他们当作同道或知己?请结合文意,从"雅"与"俗"的角度,谈谈你的看法。

学生阅读思考,讨论交流。

● 预设:

——张岱很高兴,心情很愉快,可谓雅人、雅事,雅兴、雅情。理由主要有如下两点:

他不仅喜出望外,而且"强饮三大白",情绪热烈,豪气干云;与他们做了交谈,尽管事情已经过去了多年,但还依稀记得他们的籍贯与大概经历。

> 游览风景名胜，本来就是一件很开心的事；如果再不期遇到谈得来的朋友，彼此畅谈，则更是意外惊喜。这些都让作者遇到了，其心情之愉悦，可想而知。
>
> ——淮茗评注《陶庵梦忆》

——张岱有点扫兴，因为没有想到竟遇到了两位"俗人"，他们的行为可以说是俗不可耐。理由有如下几点：

去湖心亭看雪为文人风雅之兴，那在湖心亭上饮酒作乐，则未免有点庸俗；本该静心观察、品鉴山水自然，获取精神的自由，却以口欲满足代之，此二俗也；本有独自欣赏、放松心灵之兴，却被他人喧闹搅之，此三俗也；原为自由飘荡、对话天地之举，却被俗人讥为"痴"者，此四俗也。

有此数俗，他从原本怀着快乐的心境、热情的态度，突然变得有几分扫兴与落寞、哀愁和感伤了。尤其是舟子的"莫说相公痴，更有痴似相公者"的喃喃自语，真乃神来之笔，可谓"君从何处看，得此无人态"（苏轼《高邮陈直躬处士画雁二首》其一）的慨叹。

所以，他在被热情相邀喝酒时，显得很勉强；在与他们交谈时，也显得很冷淡，竟连谈的什么也没记得那么多、那么清晰了。

四、读写融合，表达交流

请用自己的语言将本文的第 1 段改写成现代散文，让景物、人物描写更加具体而细致，并与本文比较，体会其"这样写"的艺术效果。写好后在课上交流。

（此设计中部分内容由厦门市海沧区教师进修学校李桂林老师提供。）

《诗词三首〈行路难〉（其一）》：
失望与希望同频，忧郁和奋发共振

◆ **关键问题**

李白为什么要在诗中慨叹"行路难"？我们怎样理解他的这种慨叹？

◆ **设计意图**

李白运用《行路难》这一古题，写了好几首诗歌，看上去是"拟古"之作，但其实就是要写出自己的"行路难"，写自己遭受各种"难"的情景，以及他对待"难"的态度。对"行路难"进行具体而深入的理解，有助于学生把握诗歌丰富而复杂的内容，感知诗人的形象，体会和揣摩诗歌所表达的情感，从而启发和引导学生思考探索人生的意义。

教学过程

一、创设情境，走近诗人

（一）出示两副对联，让学生朗读积累

提问：这两副对联写的是谁？你是从哪些字眼中读出来的？

1. 诗中无敌，酒里称仙，才气公然笼一代；

   殿上脱靴，江头披锦，狂名直欲占千秋。

2. 千古诗才，蓬莱文章建安骨；

   一身傲骨，青莲居士谪仙人。

（二）走近诗人李白

提问：对李白这位大诗人，我们还有哪些了解？

按：课前让学生阅读有关资料，对李白形成较为全面的认识，以助于阅读本诗。

● **出示补充材料：**

李白，字太白，号青莲居士。中国唐朝诗人，有"诗仙"之称。李白的青少年时代，正是盛唐时期，安定繁荣的社会环境，激励着青年人积极向上。他不仅刻苦读书，博学广览，酷爱文学，"十五观奇书，作赋凌相如"，而且学习武艺，击剑任侠，并热爱大自然，走遍了巴山蜀水。

他很早就立下了"志在四方"的宏愿，以扶摇直上九万里的大鹏自况，以"为苍生""安社稷"，为国家建功立业为己任。二十五岁时，他"仗剑去国，辞亲远游"，从此离开四川，为实现自己的理想而奔走四方，漫游了大半个中国。晚年漂泊东南一带，最后病死于安徽当涂。

李白的诗歌多强烈抨击当时的黑暗现实，深切关怀时局安危，表达热爱祖国山河，同情下层人民，鄙夷世俗，蔑视权贵的思想，但也往往流露出一些饮酒求仙、放纵享乐的消极思想。他善于从民间吸取营养，想象丰富奇特，风格雄健奔放，色调瑰奇绚丽，是中国文学史上继屈原之后伟大的浪漫主义诗人。

二、理解题意，指导朗读

（一）理解题意

指导学生阅读课下注释①，出示补充：

《行路难》，乐府"杂曲歌辞"调名，内容多写世路艰难和离情别意，古人认为其"备言世路艰难及离别悲伤之意，多以'君不见'为首"。南朝诗人鲍照就写过《拟行路难》十八首，其中有些诗是传世的佳篇。

> 🔍 **提问**：有人这样评价："《行路难》，叹世路艰难及贫贱离索之感。古辞亡，后鲍照拟作为多，白诗似全学照。"那么，你同意这一说法吗？通过初读，你有哪些直观的感受呢？请结合下列材料，说说自己的阅读发现。

● 出示：

天宝元年秋后，诗人怀着报国热情进京，满以为可以得到玄宗重用，但是现实无情粉碎了他的幻想。天宝三年三月，李白愤然上书请归，玄宗亦"以非庙廊器，优诏罢遣之"。至此，李白被迫离开长安，结束了头尾只有三年（实际上不到两年）的宫廷生活，再一次走上漫游、漂泊的途程。

《行路难》共有三首，作于诗人初离朝廷之时。

学生自由朗读，体会，交流。

💭 预设：

同意这一说法。李白这首旧题乐府诗，继承了南朝时鲍照的艺术传统，抒发自己政治上遭遇挫折后的愤激之情。在诗里，他以行路的艰难比喻世路的险阻，表达了不平之感和继续追求光明的希望。

由此可见，诗歌题目语带双关，一箭双雕，既交代了这首诗歌是拟古体裁，又借用古诗体裁（调名）具体点示了诗歌的题旨和情感倾向。

（二）指导朗读

1. 要求学生初步朗读，借助注释和工具书梳理全诗的主要内容

2.教师范读或播放范读音频，学生先模仿读，再试读，并在朗读中把握朗读节奏

3.指导学生正确划分节奏

学生尝试划分，教师做适当指导，学生交流。

● 预设：

金樽/清酒/斗十千，玉盘/珍羞/直万钱。

停杯/投箸/不能食，拔剑/四顾/心茫然。

欲渡/黄河/冰塞川，将登/太行/雪满山。

闲来/垂钓/碧溪上，忽复/乘舟/梦日边。

行路难！行路难！多歧路，今安在？

长风/破浪/会有时，直挂/云帆/济沧海。

4.指导学生注意把握好朗读情感

第1、2句：起调平缓，节奏中等或稍慢。

第3、4句：声调低沉，节奏放缓。

第5、6句：情绪激愤，节奏继续放缓，音量适当提高。

第7、8句：声调轻柔，适度上扬，语速稍快。

第9、10句：声调低抑，节奏短促，语速缓慢。

第11、12句：声调高亢昂扬，语速、节奏爽朗明快，情感奔放热烈。

按：先让学生说说朗读的体会与感受，试着读，师生共同评价，再进行讨论，形成对朗读基本要领的共识。

三、研读诗歌，体会情感

提问1：从刚才的朗读中，我们会明显感觉到这首诗在内容表达和情感抒发上是有起伏与变化的，据此，这首诗的内容层次和情感表达层次如何划分？请结合诗歌内容说说这样划分的理由。

学生阅读思考，讨论交流。

● 预设：

全诗可以分为三层，每层四句。

（一）第一层：诗人面对"金樽清酒""玉盘珍羞"这样精美的食馔，却因心中充满着难以排解的烦恼，"停杯投箸"，无法下咽；他"拔剑四顾"，心意茫茫

● 比较：

> 停杯投箸不能食，拔剑四顾心茫然。
>
> ——李白《行路难》（其一）
>
> 对案不能食，拔剑击柱长叹息。
>
> ——南朝·鲍照《拟行路难》

▶ **追问1**：这两种表述哪一种更好？为什么？请说说你的理解。

预设：

李白写得更好。李白的这两句虽然化用了鲍照的诗句，却有青出于蓝之妙。

——"停杯投箸"比"对案"更具形象性。

——"心茫然"比"长叹息"更能深沉地表现无所适从之感，与下文"多歧路"遥相呼应。

▶ **追问2**：第3、4两句连用了好几个动词，它们有什么作用？

预设：

诗人连用了"停""投""拔""顾"四个动词，写出了自己四个连续的动作，形象地显示了内心的苦闷忧郁，感情的激荡变化。

诗人在"金樽美酒""玉盘珍羞"面前，为什么会无法下咽，心意茫然呢？紧接着，诗人为我们描述了这样的景象。

（二）第二层：紧承上层诗意，对"行路难"做正面描写，写出"四顾茫然"

的客观原因

▶ **追问 3**：诗人所说的"冰塞川""雪满山"，是指实际自然生活景象吗？请从字面义和深层义两个方面说说自己的理解。

预设：

不是指实际自然生活景象，而是指抽象的政治生活处境。

字面义：诗人想渡黄河但冰封水面，要登太行却积雪满山。

按：此处可与唐代韩愈《左迁至蓝关示侄孙湘》中的诗句"云横秦岭家何在？雪拥蓝关马不前"做比较，以帮助学生理解。

深层义：

——诗人运用比喻手法，把"冰塞川""雪满山"比喻为自己仕进道路上遇到的艰难险阻，说明自己前进的道路受到阻塞，济世安民的理想无法实现。

——以水陆之道途难行，喻奸佞当道，世路艰难，寓意显明。

——诗人以此隐喻自己要求前进，但处处遭到权贵打击的困难处境。

按：学生的表述意思对即可，不必强求一致。

出示：

  黄河与太行，水陆之要冲，天下之达道也。欲将渡黄河与？则冰塞之不可渡。欲将登太行与？则雪满而不可登。

——明·朱谏《李诗选注》（卷二）

  冰塞雪满，道路之难甚矣。而日边有梦，破浪济海，尚未决志于去也。后有二篇，则畏其难而决去矣。此盖被放之初述怀如此，真写得难字意出。

——《唐宋诗醇》

  渡河、登太行，济世也。冰雪，喻小人，犹《四愁诗》之水深雪雰也。溪上梦日边，身在江湖，心存魏阙也。

——刘咸炘《风骨集评》

▶ **追问 4**：<u>"闲来"两句，诗人又运用了什么手法，表达了怎样的情感？请结合补充材料，做简要分析。</u>

预设：

诗人运用了两则典故，是为"用典"。

"闲来垂钓碧溪上"：用姜尚典。据《水经注》记载：姜尚在未遇见周文王之前，曾在渭水滨磻溪垂钓，后来被周文王重用。

"忽复乘舟梦日边"：用伊尹典。据《宋书·符瑞志上》载：伊尹在未遇商汤之前，曾梦见自己乘船在日月边经过，后来被商汤重用。

借着历史人物突然受到重用的事实，表达了自己能重新得到任用，为国建功立业的愿望。

出示：

> 长啸梁甫吟，何时见阳春？……我欲攀龙见明主，雷公砰訇震天鼓。
>
> ——李白《梁甫吟》

（三）第三层：姜尚、伊尹巧遇明主，固然给诗人迷茫的心田注进希望之光，但一想到残酷的现实，诗人心中就又会积满愤懑与不平，这就自然转向了诗歌的第三层

▶ **追问 5**：<u>那么诗人是怎样表达自己愤懑与不平的情绪的呢？请结合"行路难"两句做简要分析。</u>

预设：

行路难——世道艰难；

多歧路——心绪茫然；

今安在——不知所措。

> 大道如青天，我独不得出。
>
> ——李白《行路难》(其二)

诗人连用了四个三字句，反复咏叹"行路难"，节奏短促，声调低抑，唱出无穷忧虑和焦灼不安的心声，回应上文"四顾心茫然"的诗句。

▶ **追问6**：在如此心态之下，诗人就此放弃了自己的理想追求吗？

预设：

没有。诗人对未来还存有一线希望，因此，最后两句笔锋一转，借用宋代宗悫的话，表述自己的信念和追求：终有一天能乘长风破万里浪，挂上云帆，横渡沧海，到达理想的彼岸。

据《宋史·宗悫传》记载：宗悫少年时，叔父宗炳问他的志向，他说："愿乘长风破万里浪。"意思是说自己的志向远大。

与前面的用事典不同，此处用的是语典。

倔强而又自信的李白相信自己不会长期沦落，毫无作为，终能从埋没中得到重用，从压抑中得以施展抱负，实现自己宏大的理想。他决不愿在筵席上表现自己的气馁，他那种积极用世的强烈要求，终于使他再次摆脱了歧路彷徨的苦闷，唱出了充满信心与希望的强音。

🔍 **提问2**：从对诗歌内容表达层次的分析中，我们还可以看出诗人的情感有一个怎样的变化过程？请结合诗意，说说你的理解。

学生再次阅读诗歌，思考交流。

● **预设**：

诗人的情感有一个这样的变化过程：失望——希望，忧郁——奋发，失望与希望同频，忧郁和奋发共振。这其中，有理想的破灭，有梦想的起航，有永不言败的豪情，有舍我其谁的疏狂。

诗歌具有跳荡、波澜起伏的特色，百步九折地揭示了诗人感情的激荡起伏、复杂变化，恰到好处地反映了诗人情感迭变的心理历程。

按：**此处引导学生重点读诗中的长短句和感叹词，体会其情绪的急遽交替和变换，把握他的苦闷、迷惘、愤慨与充满信心、执着追求交织起来的复杂心态。**

——诗的一开头，让人感觉似乎是一个欢乐的宴会，但紧接着两句，就显示了感情波涛的强烈冲击。

——中间四句，刚刚慨叹"冰塞川""雪满山"，又恍然神游千载，仿佛看到了吕尚、伊尹由微贱而忽然得到君主重用的场景。诗人心理上的失望和希望，忧郁和追求，急遽变化交替。

——"行路难"四句，节奏短促、跳跃，完全是急切不安状态下的内心独白，逼真地传达出进退失据而又要继续探索追求的复杂心理。

——结尾二句，经过前面的反复回旋之后，境界顿开，唱出了高昂乐观的调子，诗人相信自己的理想抱负终有实现的一天。

多么强烈的期望，多么坚定的信心！在他的心中永远燃烧着一团火，他始终没有丢弃追求和信心，这是十分可贵的。

● 归纳：

通过层层叠叠的感情起伏变化，既充分显示了黑暗污浊的政治现实对诗人的宏大理想抱负的阻遏，反映了由此而引起的诗人内心的强烈苦闷、忿郁和不平，同时又表现了诗人倔强、自信和他对理想的执着追求，展示了诗人力图从苦闷中挣脱出来的强大精神力量。（参见《唐诗鉴赏辞典》）

四、拓展延伸，深入探究

🔍 **提问 1**：李白为什么要在诗中慨叹"行路难"？我们怎样理解他的这种慨叹？

● **出示相关材料供学生阅读：**

李白怀着施展抱负、实现理想的热望，应诏去长安。然而，事与愿违，黑暗的现实无情地打击着充满幻想的诗人。长安三年，他发现天宝初期的政治非常腐败，佞臣当道，权贵得势，排斥贤能；唐玄宗贪图享受，不理朝政。玄宗召诗人入京，不过是因为爱其诗名，让他供奉翰林，成为文学弄臣而已，毫无重用以辅弼朝政之意。

诗人的苦闷：

彷徨庭阙下，叹息光阴逝。

——李白《答高山人兼呈权顾二侯》

冠盖满京华，斯人独憔悴。

——唐·杜甫《梦李白》（其二）

诗人的傲岸：

天子呼来不上船，自称臣是酒中仙。

——唐·杜甫《饮中八仙歌》

一朝力士脱靴后，玉上青蝇生一个。

——唐·贯休《古意》

诗人的遭遇：

何图谤言忽生，众口攒毁。

——李白《上安州裴长史书》

上亦以非庙廊器，优诏罢遣之。

——唐·孟棨《本事诗》

● **预设：**

李白被迫离开长安，结束了头尾只有三年（实际不到两年）的宫廷生活，再一次走上漫游、漂泊的途程。诗人在离开长安后很长一段时间里，陆续写下了许多抒发壮志未酬、怀才不遇的感慨的诗篇，表达自己傲岸不羁的性格，揭露并抨击了当时黑暗、腐败的政治现实，具有进步意义。

但他一直希望为国从政，把自己的全部智慧和才能贡献给国家，使祖国安定富强。怀着这样宏伟的理想和抱负，诗人四方奔走，上下求索，希望能得到进身报国的良机。但是由于唐王朝政治日趋黑暗，权奸当道，贤路堵塞，所以诗人一生中实际上没有得到从政的机会。

特别是在遭到人生重大打击之后，诗人思想上产生过矛盾和犹豫，无措与茫然，但那只是激愤之语，相反地，他更加关心朝廷的政治，系念着祖国的安危，总是对未来充满着热情的期待。

▶ **追问**：对李白强烈的用世之心，我们怎样认识？请说说你的看法。

预设：

李白渴望有一天能得到朝廷重用，他始终坚信"天生我材必有用""长风破浪会有时"，这是那个时代里人们共有的一种人生理想：扬名显亲。

> 老死阡陌间，何因扬清芬？
> ——李白《赠何七判官昌浩》
>
> 一生欲报主，百代期荣亲。
> ——李白《赠张相镐》（其一）

但是更主要的原因，是他对祖国、对人民的一片丹心和热忱，这使他能够具有一种不畏风波、以身许国的豪迈气概。

🔍 **提问2**：阅读李白的《行路难》（其二），这首诗在内容和表达上与本诗有哪些不同呢？

> 大道如青天，我独不得出。
> 羞逐长安社中儿，赤鸡白雉赌梨栗。
> 弹剑作歌奏苦声，曳裾王门不称情。

淮阴市井笑韩信，汉朝公卿忌贾生。

君不见昔时燕家重郭隗，拥篲折节无嫌猜。

剧辛、乐毅感恩分，输肝剖胆效英才。

昭王白骨萦蔓草，谁人更扫黄金台？

行路难，归去来！

译文：

人生道路如此宽广，唯独我没有出路。我不愿意追随长安城中的富家子弟，去搞斗鸡走狗一类的赌博游戏。像冯谖那样弹剑作歌发牢骚，在权贵之门卑躬屈节是不合我心意的。当年淮阴市人讥笑韩信怯懦无能，汉朝公卿大臣嫉妒贾谊才能超群。你看，古时燕昭王重用郭隗，拥篲折节、谦恭下士，毫不嫌疑猜忌。剧辛、乐毅感激知遇的恩情，竭忠尽智，以自己的才能来报效君主。然而燕昭王早就死了，还有谁能像他那样重用贤士呢？世路艰难，我只得归去啦！

按：这首诗中用典较多，可以将相关注释和译文做成"学案"的形式让学生自主阅读，适当降低阅读理解的难度。

学生阅读思考，写下分析内容，合作交流。

● **预设：**

在内容和表达上的不同点主要有：

——《行路难》（其二）借用大量典故，写在长安时一般人们对他的嘲笑、轻视，当权者对他的忌妒和打击使他郁郁不得志，具体写出了"行路难"的原因，不像《行路难》（其一）比较概括和委婉。

——"行路难，归去来！"形象地描写了在朝廷上下都不看重他而且排斥他的境况下，他只好拂袖而去的情形。这两句既是沉重的叹息，也是愤怒的抗议。而"行路难，行路难，多歧路，今安在？"表达的主要是感慨与无助。

——"行路难，归去来！"作为一种愤激之词，比较具体地指出要离开长安，但对离开长安之后怎么办，并没有明确的交代；而"长风破浪会有时，直挂云帆济沧海"则直接说自己还抱有他日东山再起的幻想。

——《行路难》(其一)比较积极乐观,对统治者还没有完全失望;《行路难》(其二)则相对消极悲观一些,这是基于对残酷政治现实的清醒认识。

五、读写融合,表达交流

任务一:宋人方岳诗云:"不如意事常八九,可与语人无二三。"如果你是李白,你将如何对待生活中的不如意之事?请结合生活实际,把你的想法写下来,并与同学分享交流。

任务二:请围绕"如意与不如意"这一话题,结合李白、杜甫、白居易、苏轼等诗人的人生经历,写一篇演讲稿,在班级演讲。

《诗词三首〈酬乐天扬州初逢席上见赠〉》：沉郁中见豪气，奔放中有哲思

◆ **关键问题**

刘禹锡的诗文，素以表达哲理见长，这首诗就是其中的代表。那么诗人表达了怎样的哲理？他又是怎样将之宣示出来的？

◆ **设计意图**

与他的《秋词》（其一）一样，刘禹锡的这首诗之所以传诵古今，主要因为是其人生哲理的诗性表达。抓住"哲理"，也就抓住了诗歌的精髓及其特点，引导学生感受"哲理"，就是感受诗歌的"个性"；通过感受诗歌的"个性"，学生就可以体会诗人的形象特点及其抒发情感的独特方式。

教学过程

一、温故知新，激发兴趣

（一）出示下列诗文，让学生朗读，并说出其作者是谁，它们所表达的内容各是什么，所借以表达思想情感的事物有哪些

莫道谗言如浪深，莫言迁客似沙沉。千淘万漉虽辛苦，吹尽狂沙始

到金。

——《浪淘沙》（其八）

自古逢秋悲寂寥，我言秋日胜春朝。晴空一鹤排云上，便引诗情到碧霄。

——《秋词》（其一）

山不在高，有仙则名；水不在深，有龙则灵。斯是陋室，惟吾德馨。

——《陋室铭》

● 预设：

这些诗文都出自唐代大诗人刘禹锡之手。

1 所表达的内容是清白正直的人虽然一时被小人陷害，但历尽辛苦之后，他的价值还是会被发现的。作者以淘金为喻，表明对最终能显示出自己不是无用的废沙，而是光亮的黄金的坚信与执着。

2 所表达的内容是自己对秋天和秋色的感受与众不同，一反过去文人悲秋的传统，赞颂了秋天的美好，并借黄鹤直冲云霄的描写，抒发了奋发进取的豪情和豁达乐观的情怀。

3 所表达的内容是平凡的山、水因为有仙人、龙而显得灵秀，那么简陋的住所也可以因居住者的品德高尚而散发幽香。作者以比喻入手，引出所要表达的内容。

其实，刘禹锡还有一首诗也广为流传，其所表达的人生哲理一直影响至今。那么要想知道这是一首怎样的诗，其所表达的哲理是什么，我们还是走进他的《酬乐天扬州初逢席上见赠》吧。

（二）介绍写作背景

> 🔍 **提问**：你从诗题中读出了哪些信息？你可能会有哪些疑问？

1. 学生读诗题，并说出自己的阅读发现。

● **预设：**

诗题"酬乐天扬州初逢席上见赠"信息量较多，其中：

"酬"："酬答"，即以诗相答。

"乐天"："乐天"是白居易的字。

"扬州初逢席上"：是说在扬州的一次宴会上初次与白居易相逢。

"见赠"："见"指"我"，"见赠"就是"赠给我"，指的是白居易在宴席上吟了一首赠给刘禹锡的诗。

▶ **追问：**"见赠"的当然也可以是其他物品，那我们又怎么知道是一首诗呢？

预设：

从刘禹锡诗作的最后一联可以得知："今日听君歌一曲，暂凭杯酒长精神。"既是"歌一曲"，那必是诗歌无疑了。

2.可能会有的疑问：

——刘禹锡与白居易"初逢"时的气氛怎么样？

——白居易的赠诗中写了哪些内容？

——刘禹锡对白居易赠诗持什么态度？

——刘禹锡对白居易在诗中所表达的感情怎么看？

——当时的宴席上还有哪些人？他们又是怎么看的？

● **出示：**

唐敬宗宝历二年（826年）冬，刘禹锡罢和州刺史，回归洛阳，途经扬州，与罢苏州刺史的白居易相逢。当时淮南节度使王播设宴招待两位诗人。白居易在酒席上把箸击盘，吟诗一首，题为《醉赠刘二十八使君》，为刘禹锡长期被贬的不幸遭遇鸣不平。刘禹锡遂写此诗回赠答谢。

二、指导朗读，整体感知

（一）指导朗读

1. 要求学生朗读诗歌，课旁注释，借助工具书初步了解并梳理全诗的主要内容

2. 教师范读或播放范读音频，学生先模仿读，再试读，并在朗读中把握朗读节奏

3. 指导学生正确划分节奏

学生尝试划分，教师做适当指导，学生交流。

● 预设：

巴山楚水 / 凄凉地，二十三年 / 弃置身。

怀旧 / 空吟 / 闻笛赋，到乡 / 翻似 / 烂柯人。

沉舟侧畔 / 千帆过，病树前头 / 万木春。

今日 / 听君 / 歌一曲，暂凭 / 杯酒 / 长精神。

4. 指导学生注意把握好朗读情感

首联：起调平缓，声调低沉，节奏中等或稍慢，读出伤感愤激之情。

颔联：声调继续低沉，节奏缓慢，读出深沉感叹之情。

颈联：情绪激愤，音量提高，节奏加快，读出坚定豪迈之情。

尾联：声调爽朗，高亢昂扬，速度加快，读出热烈奔放之情。

按：先让学生说说朗读的体会与感受，试着读，师生共同评价，再进行讨论，形成对朗读基本要领的共识。

（二）整体感知

1. 要求学生先用"翻译"的方式，对诗歌内容进行初步理解，再用相对整齐的语句对每一联的意思进行概括，并交流

● 预设：

（1）白话译文：

第一种：巴山楚水一片荒远凄凉，二十三年来，我被朝廷抛弃在那里。回

到家乡，熟悉的人都已逝去，只能吟着向秀闻笛时写的《思旧赋》来怀念他们，而自己也成了神话中那个烂掉了斧头的人，回乡已无人相识，真令人恍如隔世啊。我如同一艘沉船，新贵们好比千帆竞渡，飞驰而过；又如一棵病树，眼前都是万木争春，生机盎然的景象。今天听到你为我歌唱的那一曲，就凭借这杯酒水重新振作起精神吧。

第二种：在巴山楚水这些凄凉的地方，度过了二十三年沦落的光阴。怀念故友徒然吟诵闻笛小赋，久谪归来感到已非旧时光景。沉船的旁边正有千艘船驶过，病树的前头却也是万木争春。今天听了你为我吟诵的诗篇，暂且借这一杯美酒振奋精神。

按：上列两种译文均可提供给学生参考。

（2）诗意概括：

首联：概写被贬遭遇。

颔联：抒发被贬感慨。

颈联：表达乐观态度。

尾联：点明酬答之意。

按：学生对意思的概括，言之有理即可，除了句式之外，不必强求一致。

2. 梳理层次

提问：除了内容层次之外，还可以读出这首诗的情感层次，那我们怎样来划分呢？请简要说说这样划分的理由。

学生自主划分，合作交流。

● 预设：

第一层（首联）：写自己蒙冤而长期被贬谪的不幸遭遇，为全诗奠定愤激的情感基调。

第二层（颔联）：通过对岁月流逝、人事变迁的感叹，进一步深化愤激之情。

第三层（颈联）：感叹自己的沉沦与新贵的得势，愤激之情到达了顶点。

第四层（尾联）：情感急转直下，表示并不消极气馁，要抖擞精神，积极进取，重新投入新的生活，以自勉自励结束全诗。

● 归纳：

层层深入，言简意赅。

愤激而不浅露，感慨而不低沉，惆怅而不颓废，沉郁中见豪气，奔放中有哲思。（参见《教师教学用书》）

三、把握意象，深入理解

> 🔍 **提问 1**：这首诗历来为人们所称道的是表达了某种人生哲理，那么诗人表达哲理的是哪一联？表达了怎样的哲理？请结合诗意，做简要分析。

学生阅读思考，讨论交流。

● 预设：

诗人表达哲理的是第三联（颈联）："沉舟侧畔千帆过，病树前头万木春。"用今天的话说就是：沉舟侧畔，有千帆竞发；病树前头，正万木逢春。

寓含了这样的哲理：没落的事物就让它没落吧，新生的事物必然会发展起来；社会在前进，"阳光总在风雨后"，未来的前景一定会更加美好。

这是历来为人们所传诵的名句，堪称千古警语，充满哲理意味。它抛开了个人的悲苦，表达了乐观进取、积极向上的人生态度，尽显慷慨激昂的气概。其所表现的身经危难，百折不回的坚强毅力，给后人以莫大的启迪和鼓舞。

● 出示：

人事有代谢，往来成古今。

——唐·孟浩然《与诸子登岘山》

海日生残夜，江春入旧年。

——唐·王湾《次北固山下》

▶ **追问1**：这一哲理是怎样被宣示出来的？

学生思考，交流。

预设：

诗人通过精心选择典型意象，巧妙设喻，表达自己对人生的独特见解：用"沉舟"和"病树"比喻"遭遇不幸，久遭贬谪，二十三年弃置身"的自己；用"千帆"和"万木"比喻在自己遭贬谪之后仕途得意的新贵们。

这样的表达，初看上去是对自己的多舛命运不胜感叹的愤激之语，却因为包含了新陈代谢的自然规律，而有了更为深广的意义。

▶ **追问2**：对这一哲理，我们应该如何去认识与感受？

预设：

二十三年的贬谪生活，并没有使他消沉颓唐。

> 莫道桑榆晚，为霞尚满天。
>
> ——刘禹锡《酬乐天咏老见示》

它跳出了个人遭遇和恩怨的藩篱，选取了"沉舟"与"千帆"，"病树"与"万木"这样两两相对的意象，表现了天地万物新陈代谢、生生不息的活力，是诗人用乐观的精神看待社会人生的形象写照。这两句诗，也超越了时代，千古以来，成为人们用以鼓舞梦想、放眼未来的激励语。（参见《教师教学用书》）

🔍 **提问2**：除了"沉舟"与"千帆"，"病树"与"万木"这两组意象，诗人还选取了哪些意象，又分别表达了怎样的感情？

学生阅读思考，讨论交流。

● 预设：

诗人还选取了这样一些意象，其表达的意思分别是：

1. 巴山楚水：地域名词。偏僻，远离京城长安，远离权力中心；荒凉，为蛮荒之地，生活艰难；交通不便，"蜀道之难，难于上青天！"表达了自己对谪居荒凉地区竟长达二十三年的强烈不满。

2. 闻笛赋：借用晋代向秀经过嵇康故居时，听见有人吹笛，不禁悲从中来，而作《思旧赋》的典故，形象地表达了恍如隔世，人事全非之慨，感情深沉。

3. 烂柯人：借用晋人王质烂柯的典故，既暗示了自己贬谪时间之长，又表现了世态的变迁，以及回归之后生疏而怅惘的心情。

● 出示：

去年今日此门中，人面桃花相映红。
人面不知何处去，桃花依旧笑春风。

——唐·崔护《题都城南庄》

独上江楼思渺然，月光如水水如天。
同来望月人何处，风景依稀似去年。

——唐·赵嘏《江楼感怀》

四、拓展延伸，能力迁移

提问：刘禹锡的这首酬答诗，与白居易的赠诗密切相关，可以说没有白居易的诗，也就没有刘禹锡的唱和。那么白居易在诗中说了什么，为什么能引发刘禹锡如此的感慨？请仔细阅读白居易的《醉赠刘二十八使君》，说说两首诗之间的关联点。

为我引杯添酒饮，与君把箸击盘歌。

诗称国手徒为尔，命压人头不奈何。

举眼风光长寂寞，满朝官职独蹉跎。

亦知合被才名折，二十三年折太多。

译文：

你为我举起酒杯斟满酒，咱们一同狂饮，我为你拿着筷子敲碗碟吟唱诗歌。

哪怕你的诗在全国排在前面也没用，命不由人啊，不能出人头地也是无可奈何。

放眼别人风风光光，唯有你一直孤独寂寞。满朝文武都在升迁，只有你却频繁遭遇种种不幸。

你的才名太高，按理说遭受点挫折也正常，但是遭遇二十三年的曲折，这磨难也太多了。

学生阅读思考，讨论交流。

● **预设：**

——从尾联"亦知合被才名折，二十三年折太多"可以看出，白居易一方面感叹刘禹锡的不幸命运，另一方面又称赞了刘禹锡的才气与名望。而刘禹锡的起笔正与其紧相承接，说自己"二十三年弃置身"的遭遇，正暗合"酬答"之意；一来一往，显示出朋友之间推心置腹的亲切关系。

——从"诗称国手徒为尔，命压人头不奈何。举眼风光长寂寞，满朝官职独蹉跎"这四句可以看出，白居易对刘禹锡的遭遇充满了同情，很为刘禹锡抱不平，表示了自己的极大愤慨，情绪上有点消极悲观。这也同样引起了刘禹锡的情感共鸣，他感慨万千，不禁也发出了"怀旧空吟闻笛赋，到乡翻似烂柯人"的愤激之语。

——但与白居易的情感态度不同的是，刘禹锡固然为自己的遭遇感到惆怅，却又相当达观，而发出激昂慷慨之语。这是对白居易"命压人头不奈何""亦知合被才名折"的呼应，也是对白居易的劝慰：不必为我的寂寞、蹉跎而忧伤。

刘禹锡对世事的变迁和仕宦的升沉，表现出豁达的襟怀，这明显要比白居易的思想境界高，意义也深刻多了。

——从刘禹锡的尾联可以看出，这是对白居易赠诗的酬答，也是对白居易热情关怀的感谢，更是对白居易的告慰：我会振作起来，投入新的生活，而不会沉沦下去。

五、读写融合，创意表达

任务一：如果你是白居易，读了刘禹锡的这首诗，你会有怎样的感受，又会对刘禹锡说些什么呢？

请展开合理想象，选择适当的表达形式（诗歌或散文），替白居易写一段话。

任务二：请结合两首诗的诗意，展开合理想象，把这次"扬州初逢席上见赠"的情景写下来。

要求：

1. 可以对场景（气氛），人物动作、神态、语言等进行适当描写；
2. 300字左右；
3. 写好后在班级交流，并根据同学的评价意见进行修改。

《诗词三首〈水调歌头·明月几时有〉》：以情驭月，以理遣情

◆ **关键问题**

古往今来，"月"是人们经常吟咏的主题。那么，在苏轼的《水调歌头·明月几时有》中，"月"又有怎样的情态？由此又表达了诗人怎样的情感呢？

◆ **设计意图**

在中国传统文化中，"月"已经成为某种文化符号，其意象的凝练性与丰富性，是需要我们去认识与体验的。在人们的笔下，"月"不仅呈现出形态各异的景象，而且被赋予了浓郁的情与意。本设计旨在让学生对"月"的意象形成更加丰富的认识，并对词作情感表达和题旨呈现特点有准确的把握；引导学生在对景象描写与情感抒发的品味中，勾画出词人的思维图式，挖掘出词作的丰富内涵，并适度拓展，理解词人形象。

教学过程

一、情境导入，整体感知

（一）情境导入

古往今来，有许多诗人以月亮为题材来吟诗赋词。你能背出一些咏月的诗词吗？

　　床前明月光，疑是地上霜。举头望明月，低头思故乡。

——唐·李白《静夜思》

　　月落乌啼霜满天，江枫渔火对愁眠。

——唐·张继《枫桥夜泊》

　　春风又绿江南岸，明月何时照我还？

——宋·王安石《泊船瓜洲》

　　春花秋月何时了？往事知多少。

——南唐·李煜《虞美人》

还有这样一些诗歌中也都写到了月，我们一起来读一读。

　　晨兴理荒秽，带月荷锄归。

——晋·陶渊明《归园田居》（其三）

　　明月松间照，清泉石上流。

——唐·王维《山居秋暝》

　　海上生明月，天涯共此时。

——唐·张九龄《望月怀远》

　　可怜九月初三夜，露似珍珠月似弓。

——唐·白居易《暮江吟》

　　同来望月人何处？风景依稀似去年。

——唐·赵嘏《江楼感旧》

明月别枝惊鹊，清风半夜鸣蝉。

——宋·辛弃疾《西江月·夜行黄沙道中》

不难看出，"月"是人们经常歌咏的对象。这些咏月的诗句，千百年来一直被人们传诵，这都是因为"月"被赋予了人的各种情感。有一年中秋节，宋代的大文豪苏轼也写下了一首咏月词作——《水调歌头·明月几时有》，还得到了"中秋词自东坡《水调歌头》一出，余词尽废"的高度评价，这是为什么呢？要想了解其中的原因，还是让我们走近苏轼，走进他的这首词吧！

播放歌曲《明月几时有》，进一步营造情境，激发学生的阅读兴趣。

（二）了解背景

> **提问**：从苏轼的词作小序中，你读出了哪些信息？还可能会有哪些疑问？

学生自由朗读小序。

● **预设**：

词前小序透露了这样一些信息：

——写作时间：丙辰中秋，即宋神宗熙宁九年（1076年）的中秋；准确的说法是，中秋节后的第二天，因为他"欢饮达旦"（旦：早晨）。

——写作状态：是在中秋赏月之后所为，而且是尽情饮酒，乃至大醉。

——写作缘由：为怀念弟弟子由（苏辙）而作。

还可能会有的疑问是：

——苏轼赏月时的具体情形是怎样的？

——他在赏月时，见到了什么，又想到了什么？

——赏月时，他有怎样的思想情绪？

——他是一个人赏月吗？为什么要思念弟弟？

● **出示**：

这首词作于宋神宗熙宁九年（1076年）中秋，此时作者正在密州（今山东诸城）太守任上。苏轼因为政治上失意，辗转在各地为官，与弟弟苏辙已有七年没见面了。这年中秋，皓月当空，银辉遍地，面对一轮明月，词人心潮起伏，抑郁惆怅，乘酒兴正酣，挥笔写下了这首名篇。

（三）指导朗读

1. 要求学生初步朗读，借助注释和工具书梳理字词。
2. 教师范读或播放范读音频，学生模仿着读，并在朗读中把握朗读节奏。
3. 指导学生正确划分节奏。

学生尝试划分，教师做适当指导，学生交流。

● 预设：

明月／几时有？把酒／问／青天。不知／天上宫阙，今夕／是／何年。我／欲乘风归去，又恐／琼楼玉宇，高处／不胜寒。起舞／弄／清影，何似／在人间。

转／朱阁，低／绮户，照／无眠。不应／有恨，何事／长向别时圆？人／有／悲欢离合，月／有／阴晴圆缺，此事／古难全。但愿／人长久，千里／共婵娟。

（四）整体感知

1. 词作是始终围绕"月"来写的，请以"（动词）月"的形式概括上下阕的主要内容

指导学生有感情地朗读，学生尝试概括、交流。

● 预设：

上阕：望月——问月——归月——伴月；月下饮酒，由幻想超脱尘世，转化为喜爱人间生活。

下阕：赏月——怅月——享月——共月；对月怀人，由感伤离别，转化为祝福离人。

按：预设的内容可供学生参考，学生只要言之有理即可，不必强求一致。

2. 请用自己的话把这首词作的内容完整地表达出来

● 预设：

丙辰年的中秋节，我高兴地喝酒直到第二天早晨，喝到大醉，写了这首词，同时思念弟弟苏辙。

明月是从什么时候才开始出现的？我端起酒杯遥问苍天。不知道在天上的宫殿，现在是何年何月。我想要乘御清风回到天上，又恐怕在美玉砌成的楼宇中，受不住高耸九天的寒冷。翩翩起舞玩赏着月下的清影，哪像是在人间。

月儿转过朱红色的楼阁，低低地挂在雕花的窗户上，照着没有睡意的自己。明月不该对人们有什么怨恨吧，为什么偏在人们离别时才圆呢？人有悲欢离合的变迁，月有阴晴圆缺的转换，这种事自古从来难以周全。只希望这世上所有人的亲人能平安健康，即便相隔千里，也能共享这美好的月光。

二、研读诗词，品味赏析

> **提问1**：在这首词中，"月"又有怎样的情态？由此又表达了诗人怎样的情感呢？请做具体赏析。

学生再读词作，品味赏析，讨论交流。

● 预设：

（一）赏析上阕的"望月"

中秋佳节，皓月当空，词人对天望月，不禁心思浩茫；在"举杯邀明月"的状态之下，他不禁对天发问，进行人与月的对话，直逼宇宙起源和世界生成的奥秘。这有如屈原一样的《天问》，是谁也无从回答的。但苏轼偏要问，这也许是略带醉意的呓语，但更是他童心与天真的表现。一个带有几分顽皮而又通透的词人形象便凸显在读者面前。

▶ **追问1**：起笔的"问"与下文有什么关联？

预设：

"问"是质疑，有问才有思索，必然带出下文对月的哲理思考。可见，"问"

是全词的锁钥，后面的内容都是由"问"而带出的。

出示诗句，让学生自由朗读，进一步感受类似的状态与情感：

把酒问月·故人贾淳令予问之

唐·李白

青天有月来几时，我今停杯一问之。

人攀明月不可得，月行却与人相随。

……

今人不见古时月，今月曾经照古人。

古人今人若流水，共看明月皆如此。

唯愿当歌对酒时，月光长照金樽里。

春江花月夜（节选）

唐·张若虚

江畔何人初见月？江月何年初照人？

人生代代无穷已，江月年年只相似。

不知江月待何人，但见长江送流水。

▶ **追问2：**词人好似看到了月宫仙境，那缥缈的月宫，定然有美丽的景象。这是词人对天上宫阙的向往，我们怎样理解他的这种心态呢？请做简要分析。

预设：

词人联想到神话传说中的广寒清虚之府，因发"乘风归去"之想。词人心中大约在想"吾本仙境中人"，安能久在凡尘俗间？这是词人之天性使然。

1. 仙风道骨是苏轼的本性，他读《庄子》时，由衷感叹："吾昔有见，口未能言，今见是书，得吾心矣。"
2. 黄庭坚评价苏轼："真神仙中人！"

他写这首词时正值政治失意，思想的矛盾、对现实的不满充塞胸怀，由此，才写出幻想中的天上宫阙，幻想超脱尘世。

▶ **追问 3**：他最终是否选择了"乘风归去"？

预设：

没有。因为他担心"高处不胜寒"，这好似他有意挑出天上的美中不足，以坚其在人世之心，飞天探月，出尘之思，终于让位于对人间生活的热爱。且他终其一生并未像陶渊明那样毅然归隐，这是他的儒者本色。

天上和人间，幻想和现实，出世与入世两方面都吸引着他，这显示了他的矛盾心理。但矛盾的最终结果是回到现实，"起舞弄清影，何似在人间"，既是为"我歌月徘徊，我舞影零乱"（李白《月下独酌》）作注脚，更是说明他最终选择了入世。

（二）赏析下阕的"怀人"

▶ **追问 4**："转朱阁，低绮户，照无眠"三句写出了怎样的景象？"无眠"之说，在表达上有什么作用？

预设：

这仍然是写自己的赏月。这三句有承上启下的作用。写月光的移动，既是写视线的转移，更是写月光照人的无眠。

很自然地启引读者进一步推想：词人为何会无眠？是因为月景太美，情绪兴奋，不想辜负大好月色而无眠？是因为不胜酒力，精神亢奋而无睡意？还是另有原因？

▶ **追问 5**："转朱阁，低绮户，照无眠"三句与下面两句比较，它们同是写月，但有什么不同呢？

月色入户，欣然起行。……庭下如积水空明，水中藻荇交横，盖竹柏影也。（苏轼《记承天寺夜游》）

预设：

——"转""低""照"连续三个动词，写出了月光的不断移动，是作者眼中之月；"月色入户"则写月光动作的主动性，活泼而调皮，作者自然会有"欣然"之态、"起行"之举，写出了月色给自己带来的感觉。

——"转""低""照"写月光的动作，是直接描写；而"如积水空明，水中藻荇交横"则是写月光下的景象，美好而奇妙，是间接描写。

▶ **追问 6**：词人对月光的质问又有什么意味？

预设：

前面是询问青天，此处是质问月光：为何偏偏要在人们别离之际显出圆满的样子，平添离人多少"月圆人不圆"的怅恨？这使自己的情绪慢慢自然转到了亲人不能团聚的惆怅上，"兼怀子由"之情也由此显现。

出示：

嗟余寡兄弟，四海一子由。

——苏轼给友人书

与君世世为兄弟，更结来生未了因。

——苏轼狱中给子由书

咫尺不相见，实与千里同。

——苏轼《颍州初别子由二首》（其一）

子瞻既通守余杭，三年不得代。以辙之在济南也，求为东州守。既得请高密……

——苏辙《超然台赋叙》

扶我则兄，诲我则师。

——苏辙《东坡墓志铭》

进退出处，无不相同。患难之中，友爱弥笃。无少怨尤，近古罕见。

——《宋史·苏辙传》

按：阅读上列材料，让学生对苏轼"兼怀子由"有更深的认识与体会。

▶ 追问 7："人有悲欢离合，月有阴晴圆缺，此事古难全"说明词人的心理情绪发生了怎样的变化？

预设：

词人毕竟是旷达的，他能够以开放的心胸慨然面对一切。他没有被怅恨的情绪所笼罩与左右，而是笔锋一转，说道：人世之有悲欢离合，亦如月亮之有阴晴圆缺，此事自古而然，何足耿耿？

很明显，词人的心理情绪发生了变化：从心中有所郁结，到心胸开阔，作达观之想。他在理想和现实的矛盾中，以理智思辨与现实达成了和解。

▶ 追问 8："但愿人长久，千里共婵娟"表达了诗人怎样的情感？

预设：

这是词人发出的美好祝愿，使文章落实到"兼怀子由"的写作意图上。他宽慰自己：兄弟虽不能欢聚，但能千里共赏一轮明月，亦差可慰怀了。乐观旷达的情怀，深邃的哲理趣味，在行云流水般的词句和美妙的意境中，自然呈现出来。

出示下列诗句，让学生体会在表达思念之情上的异同：

美人迈兮音尘阙，隔千里兮共明月。

——南朝·谢庄《月赋》

中庭地白树栖鸦，冷露无声湿桂花。今夜月明人尽望，不知秋思落谁家？

——唐·王建《十五夜望月》

露从今夜白，月是故乡明。

——唐·杜甫《月夜忆舍弟》

海上生明月，天涯共此时。情人怨遥夜，竟夕起相思。

——唐·张九龄《望月怀远》

独在异乡为异客，每逢佳节倍思亲。遥知兄弟登高处，遍插茱萸少一人。

——唐·王维《九月九日忆山东兄弟》

花间一壶酒，独酌无相亲。举杯邀明月，对影成三人。……醒时同交欢，醉后各分散。永结无情游，相期邈云汉。

——唐·李白《月下独酌》

提问 2：根据对词作的品味赏析，你能对这首词在内容和表达上的特点做简要概括吗？

学生思考概括，讨论交流。

● 预设：

这首词想象浪漫，感情真挚。全词由对月的吟咏，到对人的思念，进而阐发了一种生活哲理，充分体现了情中寓理，以理遣情的特点。

三、探究问题，多元解读

提问 1：有人认为，苏轼写"月"与其他诗人很不一样，他的着眼点不在月本身，而是寄寓了自己的人生哲理。我们怎样看待这样的认识？

学生思考探究，讨论交流。

● 预设：

此说有一定的道理。

词的上阕主要抒发自己的人生感慨。虽然说的是饮酒赏月，但"宫阙"与"琼楼玉宇"的指称，很容易让人联想到现实中的朝廷。

"高处不胜寒"的感受，同样传达出自己想回到朝廷中去，但又担心党争激烈，难以容身，还不如继续留在"人间"的意愿。因为，即使在"人间"做地方官，只要奋发有为，同样可以为国家出力。

这样一想，思想也就通了，于是，他仰望明月，不禁手之舞之，足之蹈之，邀影成对，翩翩起舞，情绪也变得积极乐观起来。

> 凡圣无异居，清浊共此世。心闲偶自见，念起忽已逝。
> ——晋·陶渊明《桃花源诗》

词的下阕虽是紧扣怀人主题，却同样富有人生哲理。"何事长向别时圆"，人世间不如意事常八九，怎么会都能如愿以偿呢？既然"此事古难全"，那就不要过分纠结，不要沉湎于苦痛与悲伤之中，而要跳出来，做一个超然的自己。这既是对兄弟不能团聚的安慰，也是对自己政治遭遇的安慰。

> 世界上不可能有永远圆满的事情，人生有欢聚，也必然有离别；这正是与月亮有圆时，也总会有缺时一样，原是自然界的规律。
> ——夏承焘

提问2：从"理"的角度理解这首词，会不会影响我们对它的艺术欣赏？

学生思考探究，讨论交流。

● **预设：**

不会影响。

词作虽然包含人生哲学，却是通过一个完美的文学意境来表现的。我们读到的是中秋之夜美好的月色，感受到的是作者热烈奔放的生活姿态，体会到的是他旷达的胸襟与乐观的精神，触摸到的是一颗敏感、豁达而又玲珑剔透的心灵。

> 月出于东山之上，徘徊于斗牛之间。白露横江，水光接天。纵一苇之所如，凌万顷之茫然。浩浩乎如冯虚御风，而不知其所止；飘飘乎如遗世独立，羽化而登仙。
>
> 惟江上之清风，与山间之明月，耳得之而为声，目遇之而成色，取之无禁，用之不竭，是造物者之无尽藏也，而吾与子之所共适。
>
> ——苏轼《赤壁赋》（节选）

这首词，没有抽象空洞的说教，即使有"出世"与"入世"的矛盾心理，有情与理的矛盾，但还是以情驭景，情寓景中，以理遣情，情理交融，具有强烈的艺术感染力。

（参见《教师教学用书》）

四、读写融合，表达交流

任务一：请继续收集与"月"有关的诗文，尝试写一篇欣赏与评价文章，在班级读书报告会上交流。

任务二：请用自己的话将这首词改写成一篇现代散文。写好后在小组内分享交流，并根据同学的评价意见修改完善。

要求：

> 结合自己的生活体验，展开想象，对月色进行具体描写，刻画出词人的形象。

《我的叔叔于勒》：钱？钱！钱……

设计一　当"钱"成为问题时

◆ **关键问题**

这篇故事是围绕什么展开的？其背后所折射的是什么问题？

◆ **设计意图**

关于故事围绕什么而展开，诚然可以有不同的解读视角，但对待"钱"的态度，在其中无疑比较突出。本设计旨在引导学生从一个比较独特的角度梳理故事情节，直观了解叙述视角的作用；并能从不同角度分析人物形象；在此基础上，结合自己的生活体验，理解小说的主题。

教学过程

一、梳理情节，整体感知

学生自主阅读，尝试从不同角度梳理故事情节。

按：可参见课本第 76 页"思考探究"第一题。

● 预设：

——菲利普一家经济比较拮据→菲利普一家热切盼望于勒归来改变生活窘

境→菲利普一家在一次旅行的船上发现了穷困潦倒的于勒→菲利普一家弃于勒而去。（情节）

——菲利普一家生活艰辛，对于勒充满期望→发现真相后，幻想破灭，遂弃他而去。（逻辑）

——菲利普一家因经济拮据而备受痛苦→期盼在外发财的于勒回来解困→菲利普一家发现于勒只是一个又老又穷的水手，希望破灭，气急败坏，恼羞成怒，担心再次背上沉重的包袱，明知对方的身份，但也不去相认。（心理）

——菲利普一家为什么把于勒视为全家唯一的希望？→于勒在海外发财了，全家人盼望他回来解困→在一次旅行的船上偶然遇到了一个与于勒极为相似的水手，他是谁？→原来他就是于勒，已经破产，一家人希望完全落空，失望而归。（技巧）

（参见《教师教学用书》）

二、研习文本，深入理解

按：莫泊桑不愧为讲故事的高手，他非常注意行文的前后照应。我们仅以这篇小说最为核心的因素为例，做一些赏析。

提问 1：从全文看，故事是围绕什么展开的？

● 预设：

故事是围绕"钱"展开的，"钱"贯穿了故事的始终。

删去的原文开头，就是若瑟夫给了一位贫困者钱，这引起了同行者的好奇，进而引出了若瑟夫的讲述。

在故事的主体部分，若瑟夫一家与于勒的牵扯，除了血缘关系之外，就是紧紧扣住"钱"展开的：于勒挥霍钱，成了菲利普一家的灾星；于勒在外面赚了钱，给经济拮据的菲利普一家带来了福音；于勒原来是一个穷鬼，这使菲利普夫妇非常失望,并远远地躲开了他;年幼的若瑟夫出于同情,给了"于勒叔叔"十个铜子的小费。

> 🔍 **提问2**:围绕"钱",文中有许多描写,你能找出来并做适当解析吗?

学生完成下表。
● 预设:

经济拮据的菲利普一家		
段落	语句	内容解析
第1段	"我小时候……并不是有钱的人家,也就是刚刚够生活罢了。我父亲……挣的钱不多。"	起笔概括介绍"我"的一家人经济窘迫的情况,为下文做铺垫。
第2段	"我母亲对我们的拮据生活感到非常痛苦。那时家里样样都要节省,……常常要在价钱上计较半天。"	紧接上文,对拮据的生活景象进行具体描写,使读者有更深的印象,继续为下文人物的表现张本。
第4~5段	"那时候,只要一看见从远方回来的大海船开进港口来,父亲总要说他那句永不变更的话:'唉!如果于勒竟在这只船上,那会叫人多么惊喜呀!'"	为什么一家人对进港的大海船如此关注?父亲为什么发出如此感慨?他又为什么如此希望于勒回来呢?或者说盼望于勒回来,与改变家庭经济状况有什么关系呢?这为读者留下了一个很大的悬念,起到了吸引读者的作用。

续表

经济拮据的菲利普一家

段落	语句	内容解析
第11~14段	"这封信成了我们家里的福音书，有机会就要拿出来念，见人就拿出来给他看。" "可是父亲的希望却与日俱增。母亲也常常说：'只要这个好心的于勒一回来，我们的境况就不同了。他可真算得一个有办法的人。'" "于是每星期日，一看见大轮船喷着黑烟从天边驶过来，父亲总是重复他那句永不变更的话：'唉！如果于勒竟在这只船上，那会叫人多么惊喜呀！'"	因为有了对于勒过去和后来情况的补叙，所以菲利普全家人，特别是菲利普一直重复的那句话有了着落。菲利普全家对于勒充满了好感，对他回来充满了希望，且与日俱增，因为于勒是唯一可以改变全家生活窘况的希望。
第16段	"对于叔叔回国这桩十拿九稳的事，大家还拟定了上千种计划，甚至计划到要用这位叔叔的钱置一所别墅。"	菲利普全家已经把希望于勒回来的梦想，当成了一种现实，且拟定了上千种计划，这更增加了故事的戏剧性。
第17~18段	两位姐姐年岁不小了，却老找不到对象。而一位公务员虽然也没有什么钱，却因为看了于勒叔叔的信，就"不再迟疑而下决心求婚"。	家里的两个大姑娘迟迟没有谈婚论嫁，原因就在于家庭不富裕；而终于有人来求婚，也仍然是于勒的信（信中说自己发了财）起的作用。
第19~20段	对那位公务员的求婚，"我们家赶忙答应了他的请求，并决定在举行婚礼之后全家到哲尔赛岛去游玩一次。哲尔赛岛是穷人们最理想的游玩的地方"。 "哲尔赛岛的旅行成了我们的心事，成了我们时时刻刻的渴望和梦想。后来我们终于动身了。……正如那些不常旅行的人们一样，我们感到快活而骄傲。"	"赶忙答应"求婚，是担心一旦对方知道真相就会发生变故；而选择去哲尔赛岛游玩，不是因为有钱，恰恰是因为穷，根本去不起其他地方；可即使是这样的旅行，也成了全家的"心事""渴望和梦想"，"我们"也不知道下了多少次决心，才"终于动身"。这样一次"穷游"，"我们"也难得享受一次，所以大家都"感到快活而骄傲"。

续表

经济拮据的菲利普一家

段落	语句	内容解析
第23段	父亲提议请母亲和两位姐姐吃牡蛎,但"母亲有点儿迟疑不决,她怕花钱",无奈之下,"很不痛快"地答应了,却以自己怕"伤胃"为借口,只同意给孩子们买,且不能买多,理由也很冠冕:"吃多了要生病的。"至于若瑟夫就不能享受了,因为他是男孩子,不能被"惯坏了"。	这一段文字通过对母亲的情绪和语言进行描写,生动地刻画了她的心理特征:"怕花钱",但在孩子们面前,特别是在女婿面前又要伪装。抛开其他可能有的因素不说,手头拮据,缺钱花确实是很重要的原因,她作为一个家庭妇女又必须精打细算,尽量减少不必要的开支。这很符合人物形象的特点。
第31段	"母亲回来了。我看出她在哆嗦。她很快地说:'我想就是他。去跟船长打听一下吧。可要多加小心,别叫这个小子又回来吃咱们!'"	当母亲发现那位卖牡蛎的年老水手正是他们全家日思夜盼的于勒时,她的情绪极不稳定。"哆嗦"既是对发现真相的失望,又是对未来的担心与害怕:再也不能让于勒回来拖累全家了,因为他曾经是"全家的恐怖"。
第34段	"我父亲脸色早已煞白,两眼呆直,哑着嗓子说:'啊!啊!原来如此……如此……我早就看出来了!……谢谢您,船长。'"	听了船长的一番话,父亲的精神受到了重创。在如此打击之下,他不仅惊讶得脸色变得那么难看,且语无伦次。这一切都是因为自己一家的希望突然破灭了,那可是改变家庭生活条件的希望啊!
第44~46段	"等我把两法郎交给父亲,母亲诧异起来,就问:'吃了三个法郎?这是不可能的。'" "我说:'我给了他十个铜子的小费。'" "我母亲吓了一跳,直望着我说:'你简直是疯了!拿十个铜子给这个人,给这个流氓!'"	母亲为什么会因为"我"多给了于勒十个铜子而极度生气?当然不仅是因为不同意给于勒这个"流氓",更多的还是因为多花了钱,而有点舍不得,这完全符合家庭的经济情况,与全文反复强调的重点内容都是非常一致的。

315

▶ **追问**：就这一故事而言，如果我们要在"钱"一词的后面加上标点符号，你会怎么加呢？

学生自由表达。

预设：

钱？——这是一直困扰菲利普一家的问题，"什么时候才能有钱？"是全家人共同的渴盼。

钱！——但于勒来信了！于勒在外面发大财了！于勒成了全家人唯一的希望！

钱……——于勒的突然出现使菲利普一家希望破灭，他们再次陷入了生活困顿之中。

三、品味语言，把握形象

🔍 **提问 1**：小说中对菲利普的描写并不多，但有两处描写，特别是他所说的两句话给我们留下了深刻的印象，是哪两处呢？其背后又有怎样的意蕴？请结合上下文进行简要分析。

● 预设：
（一）第一处

那时候，只要一看见从远方回来的大海船开进港口来，父亲总要说他那句永不变更的话：

"唉！如果于勒竟在这只船上，那会叫人多么惊喜呀！"

"总要"是"一直如此、从来如此"的意思，他不知说了多少遍！"永不变更"是说他不知重复了多少次！强烈地表达了他对于勒早日归来的渴盼。

"唉！"是叹息，是对现实的不满，是对美好情景总是不能出现的哀叹。一次次地盼望，一次次地失望，菲利普内心的痛苦可想而知！

一个"竟"字，表达一种美好的设想，但也暗示一种幻灭。他虽希望成真，但也清楚地明白，可能只是虚幻的想法。一次次的假设，带给菲利普全家以希望与喜悦——"那会叫人多么惊喜呀！"

▶ **追问1**：<u>这一处的语言描写有什么作用？请分别从内容、结构两个方面做分析。</u>

预设：

1. 内容上：形象刻画了菲利普的心理特征，强烈表达了他对于勒归来的希望与期盼！

2. 结构上：自然领起下文；吸引读者注意，给读者留下了想象的空间：菲利普为什么要如此盼望于勒回来？于勒是一个什么样的人？于勒跟他们一家有什么关系？他为什么是菲利普全家"唯一的希望"？

（二）第二处

于是每星期日，一看见大轮船喷着黑烟从天边驶过来，父亲总是重复他那句永不变更的话：

"唉！如果于勒竟在这只船上，那会叫人多么惊喜呀！"

第二处出现在于勒"在这以前则是全家的恐怖"的情况大反转之后，他的两封来信，唤起了菲利普全家对他的希望，特别是第二封信，"成了我们家里的福音书，有机会就要拿出来念，见人就拿出来给他看。"

▶ **追问2**：<u>这处语言描写又有什么作用？请分别从内容、结构两个方面做分析。</u>

预设：

1. 内容上，继续强化菲利普全家期盼于勒回来，借以改变拮据生活带来的痛苦的情绪，折射并丰富了人物的独特心理。

2.结构上，与前面的描写形成呼应，使故事情节更加曲折，悬念进一步加深，与故事的最终反转形成鲜明而强烈的对比。

> 🔍 **提问2**：从这两处描写中，我们可以看出菲利普这一形象具有怎样的特点呢？请分点回答。

● 预设：

菲利普是一个非常重要的人物，他的一言一行影响着全家人的思想情绪。他对待于勒的态度，前后反差非常大，或者说于勒的种种情况变化，直接影响着他的喜怒哀乐，影响着他的生活理想与追求。

第一，他对于勒有"恨"，恨他不争气，除了"把自己应得的部分遗产吃得一干二净"，还"大大占用了"他"应得的那一部分"，这是"坏蛋""流氓"和"无赖"的行为，是不能饶恕、不可原谅的。

第二，他对于勒有"爱"，除了因为血缘关系之外，还因为于勒的两次来信，重新唤起了他的骨肉亲情，于勒的"希望能够赔偿我父亲的损失"的想法，不仅让菲利普，甚至让他的全家都"深切感动"。

第三，他对于勒有期盼，而且这种期盼随着自己家庭生活的拮据状况难以扭转和改变，甚至会影响到孩子的婚姻，越来越强烈。这一强烈情绪除了体现在对待于勒来信之外，还集中表现在他反复说的那两句话上。

按：全文中可以品味的语言有很多，我们要有选择，有重点，不能全面铺开，这里仅以菲利普的两句话为例。

四、读写融合，创意表达

请选择文中某一片段，展开合理想象，对菲利普一家的经济窘迫情况进行具体描述。要注意刻画人物的心理活动。写好后与同学交流，并说明这样写的依据。

设计二　说不尽的于勒

◆ **关键问题**

于勒的故事，在小说中是怎样讲述出来的？这样的讲述方式具有什么特点？

◆ **设计意图**

题目其实告诉了我们，"于勒"必然是写作的重点对象，但从小说的篇幅看，直接写于勒的文字并不多。小说更多的是借助他人对于勒的态度来讲述于勒的故事，这成了故事讲述的一个独特之处。本设计旨在引导学生通过对小说叙述特点的认识，把握独特的讲故事艺术，进而理解小说深刻的主题。

教学过程

一、梳理情节，整体感知

同"设计一"。

二、把握特点，深入理解

提问 1：于勒的故事，在小说中是怎样讲述出来的？这样的讲述方式具有什么特点？

学生阅读思考，探究交流。

● 预设：

于勒的故事主要是通过文中的一个次要人物若瑟夫讲述出来的，是若瑟夫对少年时代往事的回忆。正因如此，主要人物于勒的故事大都是"听说""据说"式的转述，于勒到最后才出场，而且对他的描写文字也不多。由于多是别人的讲述，于勒自己并没有参与进来，所以故事中所讲述的内容与他的真实情况是否符合，是难以证明的。叙事学上把这种叙述方式称为"不可靠叙述"。

▶ **追问**：如此说来，"我"所讲述的故事就没有一点合理性吗？

预设：

不是的。故事的讲述者"我"，所讲的是自己少年时代所听、所见的故事，他与故事主人公是亲戚，他还直接见到了于勒，就近观察了于勒，甚至与于勒有了虽短暂却触动心灵的交流，所以"我"对于勒有较为直观的印象与感觉，这又使得故事带有很明显的"可靠性"。这种叙述方式叫作"可靠叙述"。

> 🔍 **提问 2**：小说中对事实的叙述有哪些是"可靠叙述"呢？请找出来，并做简要分析。

学生仔细阅读，思考交流。

● 预设：

1. 于勒其人是确实的，他与菲利普一家的关系也是无疑的：他是菲利普的弟弟，是若瑟夫的叔叔。

2. 他欠了自己哥哥一家的钱也是肯定有的事；他在年轻的时候糊涂荒唐也应该是真实的，否则他不会被人们"送上从勒阿弗尔到纽约的商船，被打发到美洲去"。

3. 菲利普一家因为于勒的两封"福音书"一样的来信，而长期盼望他回来，企望他能够帮助他们解决生活困境，并因此而对于勒充满好感也是真实的。

320

4. 于勒现在混得穷困潦倒、狼狈不堪也是真实的；在离家乡很近的轮船上做老水手、卖牡蛎也是真实的情景；"他不愿回到他们身边，因为他欠了他们的钱"是他真实的想法，否则他早就回去了。

5. 他被菲利普夫妇嫌弃，乃至抛弃也是真实的，这从菲利普夫妇认出眼前这位"衣服褴褛的年老水手"时有的强烈不安、担心、害怕、失望等激烈反应中可以看出。

6. 小说中故事叙述者"我"对于勒的态度是真诚的，"我"竟然多给了他小费；故事从头至尾，"我"对自己父母的评判也是真实的，几乎没有什么隐瞒和夸饰。

> **提问3**：与这些"可靠叙述"相比，文中对于勒的"不可靠叙述"会更多一些。那文中对事实的叙述有哪些属于"不可靠叙述"呢？你从中读出了什么？请找出来，并做简要分析。

学生再次仔细阅读文本，完成下表。

● 预设：

段落	不可靠叙述	内容解析
第6段	于勒未经证实的过去："据说他当初行为不正，糟蹋钱。"	"据说"一词透露了"我"对这种说法的真实性将信将疑。这是一般人对一个有如此"行为"的人所做出的认知与评判。但他当初的行为到底有哪些"不正"之处，其所"糟蹋钱"的行为又有哪些表现，却无法得到证实，也无法被具体描述，所以只好笼而统之地用"据说"一带而过了。
第7段	所谓的"人们"对于勒的态度以及行为："人们按照当时的惯例，……打发他到美洲去。"	笼统的"人们"，好似故意回避了自己父亲的无情行为，其实，除了于勒的家人，有谁能够做出这样的举动呢？这就明显带有暗讽意味，表达了对如此举动的不认同，也为下文不无厌恶地叙述自己父母的言行埋下了伏笔。

321

段落	不可靠叙述	内容解析
第8段	未经证实的人们的传说："我这位于勒叔叔一到那里就做上了不知什么买卖"。	"不知什么"是人们对于勒生活状况的传说与揣测，实际情况与传说是否一致，同样无法证实。客观上，于勒做了什么买卖，做得怎么样，远在家乡的人们确实难以了解；而这又是发生在十多年前的事情，"我"其时尚幼，对社会生活的认识还不太清楚，对叔叔的情况远不如家里其他人那样关心，即使道听途说一些，也不会放在心里，记忆也就比较模糊。
第9段	未经证实的传言："有一位船长又告诉我们，说于勒已经租了一所大店铺，做着一桩很大的买卖。"	到底是哪一位船长？或者说真的有这样一位船长吗？ 即使有这样一位船长，他所说的话可信度又有多高呢？如果真有这回事，那船长为什么不能把店铺与买卖说得更具体一点、清楚一些？这样的表述，显示出两种可能：一是船长并没有真正见到于勒，没有亲眼看到于勒所开的店铺和做的生意；另一种情况是船长受于勒所托，或者被于勒收买，继续帮他"说谎"，隐瞒真相，因为这曾经是他擅长的事。这使于勒的情况更加显得扑朔迷离，让故事充满了悬念。
第10段	无法辨别真伪的来信："明天我就动身到南美去作长期旅行。也许要好几年不给你写信。……我希望为期不远……"	这封信的疑点有很多，无法辨别真伪：到南美旅行，为什么是"长期"的？是发了财之后去南美潇洒，享受有钱人的生活了，还是根本就没有混出什么名堂，不好意思再来信继续他"说谎"的行径？写信回来，又不是什么难事，但为什么要说"也许好几年"不写？是做了什么不法之事，遭受牢狱之灾了吗？还是因为加入了什么不该加入的团伙，失去了人身自由？既是"要好几年"都不写信，那又为什么还要说"希望为期不远"能够与自己的哥哥一家相聚？含含糊糊、躲躲闪闪的话语背后，似乎有着更多的难言之隐，喻示着主人公最后的悲惨结局。

续表

段落	不可靠叙述	内容解析
第33段	"特快号"船长的"指控":"他是个法国老流氓,……据说他在勒阿弗尔还有亲属……他叫于勒……姓达尔芒司,——也不知还是达尔汪司,总之是跟这差不多的那么一个姓。听说他在那边阔绰过一个时期,可是您看他今天已经落到什么田地!"	这位船长用"老流氓"这个词对于勒进行了直接指控,但为什么要这样称呼他,却又语焉不详呢?是于勒在所有认识他的人心中,都有这样的坏名声,还是这位船长自己这样评判他?都没有具体陈述。这使于勒的过去形成了一大片空白,也给读者留下了悬念和想象的空间。从船长冷淡而厌恶的语气和不耐烦的话语中,可以看出于勒留给他的都是恶感,从中我们可以看出,于勒确实潦倒不堪到令所有人都厌恶的程度了。可他对于勒其实是不了解的,甚至连于勒的姓氏也不清楚,几乎所有的信息都是"据说""听说",那他为什么又要这样评价于勒呢?若瑟夫给了于勒十个铜子,"他赶紧谢我:'上帝保佑您,我的年轻的先生!'"于勒的表现完全是一个有教养的人的正常反应,一点也不像船长所说的"老流氓"的言行举止。人物用自己的言行,为自己辩诬,这使故事充满了反讽意味。

三、探究问题,把握主题

🔍 提问1:菲利普夫妇对于勒产生希望与盼望有一个触发点,是什么呢?对此,我们有哪些认识?

● **预设**:

是于勒写回来的两封信。正是他的来信,燃起了菲利普一家对于勒的强烈希望、热切盼望。

▶ **追问1**:菲利普夫妇对于勒信中所言有没有怀疑过?

预设：

如果仅是于勒自己的说法，菲利普夫妇可能不一定相信或完全相信。但在他来信前前后后一些一鳞半爪的传言，使得信中所言好像得到了证实，即使那些"事实"并没有得到任何的证明，但长期拮据的生活太让人憋屈了，改变生活窘迫现状的强烈愿望，迫使他们形成了"宁可信其有"的心理。

▶ **追问 2**：于勒的来信有没有破绽？或者说，那两封信"可靠"吗？请结合全文来看。

预设：

有破绽。可以从如下两个方面认识：

1. 既然于勒可以寄信回来，那他在已经赚了钱之后，特别是据说"租了一所大店铺，做着一桩很大的买卖"之后，为什么不寄点钱回来，以补偿哥哥一家的损失呢？曾经在家人眼里"分文不值"的于勒，难道不应该借此改变自我形象，真正做一个"正直的人，有良心的人"？

于勒的心思读者自然无法猜度，但如果认定其对哥哥一家继续"说谎"、欺骗他们，这可能不能被视为无根游说，毕竟他曾经是那样的人，而他现在又混得如此蹩脚！至于江湖上对他有点"神化"的传说，都是道听途说，难以用具体的事实来证明。

2. 人们的一些说法，客观上虽然是对于勒来信的补充与印证，但于勒始终处于"缺席"的状态，也就是说对自己的状态最有发言权的他没有任何陈述的机会，尽管有那两封信。正是这一点，那两封信的真实性也就不由得不令人怀疑。这是于勒人生最为悲惨之处，也是社会最为残酷之处！

▶ **追问 3**：由此可见，作者所刻画的于勒的形象具有怎样的特点？

预设：

于勒的形象具有模糊性、飘忽性的特点，大量的间接描写，使他基本处于"幕后"，有点"神龙见首不见尾"。他生活遭际的扑朔迷离，造成了巨大的悬念，需要读者梳理清晰、再造想象、丰富补充，这也正是"不可靠叙述"的魅力所在。

> 🔍 **提问2：** 菲利普一家日思夜盼于勒归来，是亲情的自然流露吗？对此，我们怎么认识？

学生分析菲利普夫妇对于勒态度的变化，特别要留意他们对于勒的不同称呼。

● **预设：**

不是。菲利普一家对于勒的期盼，其实是对"钱"的期盼。对钱的强烈渴望，自然引发和激发了他们对于勒的希望，这也成了最大的"不可靠叙述"：

1. 没了钱，他就是"花花公子"，是"坏蛋"和"流氓"，是菲利普夫妇避之唯恐不及的"无赖"。

2. 有了钱，他就是"正直"而有"良心"的人，就是全家人的希望。

3. 再度落魄时，他又被打回了原形，是"贼"，是"流氓"。

4. 当菲利普一家把希望寄托在金钱上的时候，也就是亲情最不可靠的时候，这是很冷酷、很无情的。

5. 这或许正是于勒不愿回到家乡，不愿回到亲人身边的最主要因素。

在于勒眼里，哥哥一家是最不可靠的，勒阿弗尔是自己永远的伤心地，因为人们在乎的不是他这个人，而只是金钱而已。

> 🔍 **提问3：** 于勒其人真的那么"不可靠"吗？这种"不可靠叙述"对小说主题的揭示有什么作用？

学生结合全文，谈谈自己的理解和认识。

● **预设：**

关于他以前的事迹，基本上是"我"从他人的话语或行为表现中听来的以及感受到的，而别人的"报道"、评价和表现方式，又自然会受到各自的立场、态度、思维角度和方式以及喜爱或厌恶情绪的影响，都会打上浓厚的个人烙印，这就难免做到"真实可靠"。真实的于勒到底是一个怎样的人，他究竟有怎样的生活经历，"我"其实是无法得知的。

与人们的报道和评价形成鲜明对比的是，"我"所见到的于勒才是真正的他自己，他的又老又穷、衣服破旧、精神愁苦，他的勤勉做事和礼貌致谢，都是那样真实地展现在"我"的面前。

从某种意义上说，"我"在叙述于勒的故事时，融进了对这位传说中的"叔叔"的情感，所以在涉及于勒过去的不堪时，才会有那么多的"据说""听说"，这未尝不是一种"为尊者讳"的笔法。

说到底这只不过是一种寄托。正如被教材编者删掉的小说开头所叙述的那样，"我"讲述这个故事的目的，是说像于勒这样的人需要得到同情与关爱，需要得到亲情与温暖，需要得到发自内心的关心，但这一切却因为穷困潦倒而难以享有。无疑，"不可靠叙述"能使小说主题表达得更加集中、更加深刻。

四、读写融合，创意表达

任务一：请以于勒的两封信为基础，对于勒写信时的情景进行描写，要写得合情合理，而又生动形象。不少于300字。写好后在小组内分享交流。

任务二：结合文意，合理推断与想象，为于勒写一篇"小传"。写好后与同学分享交流，并根据同学的评价意见修改完善，将之誊抄到作文本上。

《中国人失掉自信力了吗》：
对有害论调的反响与抗争

◆ **关键问题**

鲁迅先生说他的杂文是"对有害的事物立刻给以反响和抗争"，《中国人失掉自信力了吗》正是这样的著名篇章。那么，它针对的是什么"有害"论调？有哪些"反响"？又做出了怎样的"抗争"呢？

◆ **设计意图**

由于历史背景、语言表述上的一些特殊性，学生对这篇杂文的理解有一定的难度，特别是对论证方法比较陌生，要引导学生在这方面着力，将其作为学习的重点。本设计旨在引导学生把握作者批驳的观点和作者的主张，了解驳论文在内容与结构上的一般特点，掌握常见的论证方法，体会驳论文的语言特点。

教学过程

一、了解背景，整体感知

（一）了解特定写作背景

课前布置学生搜集相关背景资料，了解文章写作背景，从而帮助理解文章内容。

> 🔍 **提问**：鲁迅先生是在怎样的情况下写这篇文章的？

学生交流课前所搜集的资料，自由讨论交流。

● 出示：

本文写于 1934 年 9 月 25 日。"九一八"事变后，中国东北沦陷，日本帝国主义又向关内步步进逼，中国亡国灭种的威胁迫在眉睫。帝国主义的奴役与中国古老的封建传统相结合，使中国人民的民族自尊心和自信心受到了极大的摧残。

在此情况下，有部分官僚政客和社会"名人"等，在北京、杭州等地多次举行"法会"，"求佛菩萨来保佑"，祈祷"解救国难"，还说什么"今则人心浸浸以衰矣！非仗佛力之加被，未由消此浩劫"，鼓吹"法会"可以"为国内消灾患，为世界祈和平"。

1934 年 8 月 27 日，当时颇有影响的报纸《大公报》发表了《孔子诞辰纪念》的社评，哀叹"民族的自尊心与自信力，既已荡然无存，不待外侮之来，国家固早已濒于精神幻灭之域"，散布"中国人失去了自信力"的失败主义论调。

● 预设：

不难看出，这篇文章是针对当时社会上"中国人失掉自信力了"这一悲观失望的有害论调，而给以的反响和抗争。

> 论时事不留面子，砭痼弊常取类型。
>
> ——鲁迅《伪自由书·前记》
>
> 乐则大笑，悲则大叫，愤则大骂。
>
> ——鲁迅《华盖集·题记》

（二）整体感知内容结构

学生阅读课文，梳理主要内容，把握层次结构。

> 🔍 **提问 1**：作者批驳了什么"有害"观点？针锋相对地提出了什么观点？

● 预设：

批驳的"有害"观点："中国人失掉自信力了。"（第2段）

作者的观点："我们有并不失掉自信力的中国人在。"（第6段）

作者的观点与"有害"观点针锋相对，水火不容，充分显示了"抗争"的姿态和精神。

> 🔍 **提问 2**：除了摆出"有害"观点和提出自己的观点之外，文中其他段落还写了哪些内容？请完成下表。

学生阅读课文，讨论交流。

● 预设：

段落	主要内容	论述角度
第1段	列举对方发表错误观点的"事实"论据。	列出所要批驳的论据。
第2段	摆出对方的"有害"观点。	摆出所要批驳的观点。
第3~5段	对用所谓的"事实"论据证明观点的过程进行具体批驳：失掉的是"他信力"，发展的是"自欺力"。	批驳对方的论证过程。
第6段	继续批驳对方的观点，并正面提出自己的观点。	正面提出自己的观点。

续表

段落	主要内容	论述角度
第7段	概括列举民族"脊梁"的种种表现，并进行高度赞扬。	正面概括举例（事实）。
第8段	联系现实，进一步正面强调自己的观点，批驳对方的错误观点。	正面批驳对方的观点。
第9段	得出结论，严正指出对方立论的立场与方向的错误。	照应题目所提的问题，呼应开头。

● 归纳：

本文中心明确，论证严密。作者以无可辩驳的事实，通过驳斥对方论证过程的不合理，批判了当时社会上"中国人失掉自信力了"这一悲观失望的有害论调，以自己的主张"我们有并不失掉自信力的中国人在"作为正面回响，借以赞颂民族的"脊梁"，唤起人们的民族自尊心和自信心。

提问3：你能据此简单梳理出本文的论证结构吗？从中我们可以发现本文的结构有怎样的特点？

学生思考交流。

● 预设：

摆出对方的论据和论点——批驳对方用论据证明论点的过程（直接批驳）——提出自己的主张及其论据（间接批驳）——得出结论（完成批驳过程）。

本文的结构呈现出的特点是：先"驳"（反响），后"立"（抗争）；先直接批驳，再间接批驳。

二、重点研读，把握特征

（一）重点研读第1~5段

> **提问**：对悲观论者的"有害论调"，作者是怎样做出其"回响"的？

● 出示：

论证过程：用某种或某些论据（包括事实论据和理论论据）证明自己的某种观点（主张、见解、看法、认识、结论等）的过程。

批驳论证过程：揭示出论据与论点之间的矛盾（漏洞、破绽）之处，并指出其谬误之所在，进而批驳其论点。

批驳论证过程的基本方法：归谬法。

学生阅读思考，讨论交流。

● 预设：

1. 对方的论证过程：

（1）对方的论据：

①两年以前，我们总自夸着"地大物博"，是事实；

②不久就不再自夸了，只希望着国联，也是事实；

③现在是既不夸自己，也不信国联，改为一味求神拜佛，怀古伤今了——却也是事实。

（2）对方的论证：

前提①：自夸"地大物博"，说明有"自信力"；但现在不自夸了，可见"自信力"失去了。

前提②：既然只会寄希望于"国联"，那同样说明失去了"自信力"。

前提③：既不夸自己，也不信国联，而是一味求神拜佛，怀古伤今了，更可见失去了"自信力"。

331

结论：中国人失去自信力了。（哀叹、悲观失望、丧失信心）

2.作者的批驳过程：

前提①：自夸"地大物博"，寄希望于渺茫的"国联"，所"信"的只是"地""物"和"国联"，而不是"自己"，这是一种"他信力"；

前提②：当省悟到依赖"国联"的不可靠，对它的希望破灭之后，这"他信力"也失掉了；

前提③：既不信地，不信物，也不信国联，而是一味求神拜佛，怀古伤今了，就更加玄虚之至，更长久地麻醉着自己，这是一种"自欺力"。

结论：失掉的是"他信力"，发展着的是"自欺力"，它们都不是"自信力"。

● 归纳：

对方的论据并不能证明论点，其论证过程是错误的，所以对方的论点也是错误的。（对方偷换概念，论证荒谬。）

本文是一篇驳论文。驳论是通过驳斥对方的论点、论据或者论证过程，证明对方是错误的、荒谬的，从而证明自己的观点正确的一种论证方法。常见的驳论方法有直接反驳法、反证法、归谬法等。

驳论点：反驳对方论点的不真实或错误性。

驳论据：辩驳论据本身是不成立的或是不切实际的。

驳论证过程：通过反驳论点和论据之间的关系来驳论。

（二）重点研读第6~8段

> 🔍 **提问**：对悲观论者的"有害论调"，作者又是怎样进行有力"抗争"的？

学生阅读思考，讨论交流。

● 预设：

作者的论证过程：

1.在对"自欺力"进行分析之后，立即针锋相对地提出自己的主张："我们有并不失掉自信力的中国人在。"

2. 概括列举"从古以来"那些"并不失掉自信力的中国人"的事例，并呼应开头部分，对所谓"公开的文字"掩盖下的"中国的脊梁"进行充分肯定和高度赞扬。证明自己观点的同时，间接驳斥对方的观点。

3. 回到当前现实，指出这类"中国的脊梁""有确信，不自欺"，他们在"前赴后继的战斗"，却因为"总在被摧残，被抹杀，消灭于黑暗中"，而不见于"公开的文字"。作者愤激地指出："说中国人失掉了自信力，用以指一部分人则可，倘若加之全体，那简直是诬蔑。"虽是概括举例，却很有说服力，把对方批驳得体无完肤。（对方以偏概全。）

这样的"抗争"，鲁迅先生一直是这样做的。

> 是的，鲁迅是莱谟斯，是野兽的奶汁所喂养大的，是封建宗法社会的逆子，是绅士阶级的贰臣，而同时也是一些浪漫谛克的革命家的诤友！他从他自己的道路回到了狼的怀抱。
> ——瞿秋白《鲁迅杂感集·序言》

不仅如此，现实中也有这样的故事，足以作为"有并不失掉自信力的中国人在"的证据。

> 20世纪初，徐悲鸿在欧洲留学时，曾碰到一个洋人的挑衅。那个洋人说："中国人愚昧无知，生来就是当亡国奴的材料，即使送到天堂深造，也成不了才！"徐悲鸿义愤填膺地回答："那好，我代表我的祖国，你代表你的国家，等学习结业时，看到底谁是人才，谁是蠢材！"一年之后，徐悲鸿的油画就受到法国艺术家的好评，此后数次竞赛，他都得了第一，他的个人画展，轰动了整个巴黎美术界。这样令人惊叹的成就，是那个洋人远远不能及的。

4. 承接和呼应开头部分，总结全文。严正指出所谓"公开的文字"，只是一些自欺欺人的表面上的脂粉，是一种诓骗，要看他的"筋骨和脊梁"，那才是最为真实的"事实"。自信力的有无，不能只看"状元宰相"们所写的"事实"，而要去看"地底下"。自然得出结论，巧妙回答了题目所提的问题，令对方无法置喙，哑口无言。言之凿凿，铿锵有力。

● 归纳：

作者紧紧抓住对方论证过程中偷换概念、荒谬论证和以偏概全等逻辑漏洞，义正词严地指出对方的错误，竭尽辛辣讽刺之能事，具有不可辩驳的逻辑力量。

三、品味语言，体会揣摩

> 🔍 **提问 1**：第 1 段中有"总""只""一味"三个副词，它们在表达上有什么效果？请做具体赏析。

学生阅读思考，讨论交流。

● 预设：

"总"让人看到国民党政府夸耀"地大物博"时的扬扬自得，同时"总"又写出夸耀者的底气不足，因为，夸来夸去只能夸这一样，且唯恐别人不知，这也暗示"只希望着国联"的必然性。

"只"写出了抓救命稻草时的执着，仰人鼻息之状跃然纸上。

"一味"则是深陷而不能自拔的意思，沉迷于其中的滋味因而也不愿自拔。

这三个副词准确地写出了一些悲观论者在自欺的道路上越走越远的事实，极富讽刺意味。（参见《教师教学用书》）

> 🔍 **提问 2**："他信力"与"自欺力"都是作者自创的词，作者是怎样创造出这两个词的？这两个词的使用达到了怎样的效果？

学生阅读思考，讨论交流。

● 预设：

"自信力"本是《大公报》社评使用的一个字眼，作者抓住不放，就着这个字眼起伏翻腾，在"信"的对象、类属、影响上大做文章，并运用"仿拟"的手法创出"他信力"和"自欺力"这两个新词。

作者剖析出反动政府本没有"自信力"而只有"他信力"的情况，继而联系新近求神拜佛的闹剧，进一步挖掘出现在正发展"自欺力"的事实。由"自信力"而"他信力"而"自欺力"，析理精警，出语奇崛，使人耳目一新。

运用"仿拟"修辞造出一字之差的三个词语，层层深入，步步强化逻辑力量，而且睿智闪烁，妙趣横生，也增添了辛辣的锋芒。

> 提问 3："脊梁"的本义是什么？作者要说的又是什么？请结合文意做具体分析。

学生阅读思考，讨论交流。

● 预设：

"脊梁"的本义指人的脊柱，有坚硬、竖直、人体的中轴等特点。鲁迅用它来比喻中国自古以来有着坚定信念、不屈精神，对历史发展起到重大推动作用的优秀儿女，他们埋头苦干、拼命硬干、为民请命、舍身求法，他们是"中国的脊梁"。这一比喻形象地揭示出有自信力的优秀中华儿女身上坚定、正直、顽强的精神，以及对中国历史发展起到的重大作用，中国人的自信力，必须建立在对这样的"脊梁"的信赖和依靠的基础上。

（参见《教师教学用书》）

● 出示：

　　殊不知我这些文章虽然短，是绞了许多脑汁，把它锻炼成极精锐的一击。

——许广平《欣慰的纪念·鲁迅先生的写作生活》

335

杂文是鲁迅用来斗争的主要武器；同时又是鲁迅的很深广的思想的主要记录。

——冯雪峰《怎样读鲁迅的杂文》

四、比较阅读，拓展延伸

鲁迅的《"友邦惊诧"论》一文，同样是他对某种"有害论调的回响与抗争"，请阅读思考：

1. 论敌的"有害论调"是什么？其论据是什么？作者的论点是什么？
2. 本文运用了什么批驳方法？
3. 请梳理本文的论证思路。

"友邦惊诧"论（节选）
鲁迅

只要略有知觉的人就都知道：这回学生的请愿，是因为日本占据了辽吉，南京政府束手无策，单会去哀求国联，而国联却正和日本是一伙。读书呀，读书呀，不错，学生是应该读书的，但一面也要大人老爷们不至于葬送土地，这才能够安心读书。报上不是说过，东北大学逃散，冯庸大学逃散，日本兵看见学生模样的就枪毙吗？放下书包来请愿，真是已经可怜之至。不道国民党政府却在十二月十八日通电各地军政当局文里，又加上他们"捣毁机关，阻断交通，殴伤中委，拦劫汽车，攒击路人及公务人员，私逮刑讯，社会秩序，悉被破坏"的罪名，而且指出结果，说是"友邦人士，莫名惊诧，长此以往，国将不国"了！

好个"友邦人士"！日本帝国主义的兵队强占了辽吉，炮轰机关，他们不惊诧；阻断铁路，追炸客车，捕禁官吏，枪毙人民，他们不惊诧。中国国民党治下的连年内战，空前水灾，卖儿救穷，砍头示众，秘密杀戮，电刑逼供，他们也不惊诧。在学生的请愿中有一点纷扰，他们就惊诧了！

好个国民党政府的"友邦人士"！是些什么东西！即使所举的罪状是真的罢，但这些事情，是无论那一个"友邦"也都有的，他们的维持他们的"秩序"的监狱，就撕掉了他们的"文明"的面具。摆什么"惊诧"的臭脸孔呢？

可是"友邦人士"一惊诧，我们的国府就怕了，"长此以往，国将不国"了，好像失了东三省，党国倒愈像一个国，失了东三省谁也不响，党国倒愈像一个国，失了东三省只有几个学生上几篇"呈文"，党国倒愈像一个国，可以博得"友邦人士"的夸奖，永远"国"下去一样。

几句电文，说得明白极了：怎样的党国，怎样的"友邦"。"友邦"要我们人民身受宰割，寂然无声，略有"越轨"，便加屠戮；党国是要我们遵从这"友邦人士"的希望，否则，他就要"通电各地军政当局"，"即予紧急处置，不得于事后借口无法劝阻，敷衍塞责"了！

因为"友邦人士"是知道的：日兵"无法劝阻"，学生们怎会"无法劝阻"？每月一千八百万的军费，四百万的政费，作什么用的呀，"军政当局"呀？

注：

本文是鲁迅先生于1931年"九·一八"事变后写的一篇尖锐的时事短评。1931年"九·一八"事变爆发后，国民党政府实行"绝对不抵抗主义"，仅三个多月，日本就占领了东三省。爱国学生两次集会南京，要求停止内战，出兵抗日，12月17日，爱国学生示威游行，12月18日，国民党政府通电各地严加镇压，12月20日，鲁迅先生写了本文。

学生阅读思考，先自主完成，再小组交流。

● **预设：**

1. 论敌的"有害论调"是："友邦人士，莫名惊诧，长此以往，国将不国。"支撑其论点的论据是：学生"捣毁机关，阻断交通，殴伤中委，拦劫汽车，攒击路人及公务人员，私逮刑讯，社会秩序，悉被破坏"。

作者的论点是："友邦"非友邦，而"国府"才是造成"国将不国"的真正罪魁。

2. 本文运用的批驳方法是：驳论点，驳论据。

3. 论证思路：先摆出论敌的论点和论据（第1段），接着用事实批驳敌论中的"友邦人士，莫名惊诧"（第2~4段），再用事实批驳敌论中的"长此以往，国将不国"（第5段），最后继续用事实揭露"党国"与"友邦人士"狼狈为奸，对日投降，对内镇压的反动罪行（第6~7段）。

五、读写融合，表达交流

任务一：请仿照课文第7段，写一段议论性文字。写好后与同学交流，并听取同学的评价意见。

要求：

1. 围绕一个话题；
2. 运用比喻和排比修辞手法。（参见课本第93页）

按：根据教学进度，可以安排在课内进行。

任务二：以"中国的脊梁"为主题，课外搜集有关资料，写一篇题为"脊梁礼赞（颂歌）"的演讲稿，在班级交流。

按：此写作任务可以与单元写作结合起来。

（本设计部分材料由厦门市海沧区教师进修学校杨芬芳老师提供。）

《智取生辰纲》：
当"青面兽"遇上"智多星"

◆ 关键问题

面对武艺高强、精明能干的"青面兽"杨志，"智多星"吴用何以能够"智取"生辰纲呢？

◆ 设计意图

引导学生抓住题目中的中心词语"智取"，在梳理故事情节、叙事线索的基础上，思考和探究故事的矛盾焦点所在，学会分析故事形成与讲述的基本要素；完整把握人物形象在故事发展中的重要作用；让学生学会辩证分析某种事实与人物行为的合理性。

教学过程

一、整体感知，梳理"智取"情节

课前布置学生自读《水浒传》第十五回、十六回、十七回，对故事的来龙去脉有一个整体性了解，便于学生把握好故事形成与讲述的基本要素和独特技巧。

（一）课前分享，激发兴趣

1. 课前组织学生分享交流自读小说的情况，激发学生的阅读兴趣。

2. 导入：

北宋年间，在一个名不见经传的荒僻之地黄泥冈，发生了一起震惊全国的重特大"抢劫诈骗"案件。情况是北京大名府梁中书为了给远在首都东京的岳父大人蔡太师送生日礼物，派杨志带领一批训练有素的"特警"护送十万生辰纲，结果却被以晁盖、吴用等为首的一批"犯罪分子"中途劫走！

然而，令人惊奇的是，不仅在当时，即使在八九百年之后的现在，人们不仅不痛恨这伙"诈骗抢劫团伙"，反而对他们十分崇拜，津津乐道，尊称他们为英雄！这是为什么呢？欲知详情如何，还是让我们一起来学习《智取生辰纲》一文吧。

（二）整体感知，梳理情节

🔍 提问1：看了课文题目，你会有哪些疑问？

● 预设：

——谁"智取"了生辰纲？生辰纲又是怎么一回事？

——他们是怎么"智取"的？

——他们为什么要用"智取"的方法？

——被"智取"的一方是怎么做的？难道是主动束手就擒？

——他们的"智取"为什么能够成功？

——这一事件发生之后，会有什么后果？

▶ **追问**：如果用一句话概括小说的主要情节，可以怎么说？

要求学生根据课文内容，将题目补充完整，使之成为一句话。

学生思考，尝试补充，交流。

预设：

晁盖、吴用等人用计劫取杨志押运的生辰纲。

> 🔍 **提问 2**：小说节选部分的主要内容是什么？你能用整齐的语句如"吴用智取生辰纲"进行概括吗？

学生快速浏览课文，梳理出故事的主要内容，并完成下表。

● **预设：**

情节发展	起讫段落	情节概括
发生	第 1~7 段	杨志押送生辰纲
发展	第 8~10 段	七雄贩枣蒙杨志
进一步发展	第 11 段	白胜设计诱官军
高潮	第 12 段	杨志无奈买白酒
结局	第 13 段	杨志误失生辰纲
尾声	第 14 段	吴用智取生辰纲

概括性梳理，可将全文划分为两部分。

前一部分：写杨志与老都管、虞候及众军士的矛盾。杨志为了应付不测处处小心，事事留意。行路策略由趁凉行路转为在"人家渐少，行客又稀"的山路地带天热行路。其间杨志管教下属不讲究方式方法，"轻则痛骂，重则藤条便打"，军汉们"雨汗通流"，苦不堪言，怨声载道；杨志与兵士、老督管、虞候的矛盾层层升级。

第二部分：该部分为全文的高潮，写吴用、晁盖等人的智取生辰纲。吴用利用酷热难耐的天气以及杨志一行口渴的现状，设计在酒中下蒙汗药，通过多种手段诱使杨志放松警惕，进而中计饮酒失了生辰纲。（详见《教师教学用书》）

按：用语句概括情节，要让学生充分自主进行，教师可以先出示范例，再让学生自拟。

> **提问3**：从以上梳理中，我们不难发现，围绕着生辰纲的争夺，小说采取了明暗结合的双线结构。那明线、暗线各是什么？这样安排有什么好处？

学生阅读思考，完成下表。

● 预设：

时间	事件	
	明线：杨志押送金银担	暗线：吴用智取生辰纲
五月初	梁中书准备差遣杨志押送生辰纲。	刘唐、公孙胜探知消息，与晁盖、吴用等人商议夺取。
五月半	杨志领命押送生辰纲。	晁盖、吴用七星聚义，一心夺取。
五月中下旬	杨志一干人等护送生辰纲。	晁盖、吴用预测杨志必经之地，定下计策。
六月初四	杨志等人来到黄泥冈。	晁盖、吴用等八人计诱杨志一行。
	杨志等人中计，误失生辰纲。	晁盖、吴用劫走生辰纲。

杨志押运生辰纲的全过程便是本文的明线。明线中特别突出了杨志的小心谨慎、杨志与军汉的矛盾，以及失纲的全过程，明线构成文章的整体脉络。

对晁盖、吴用等人的行动则采取暗线写法，让读者猜不透，造成悬念，直到最后由暗线转到明线，读者才恍然大悟。这就使故事更加曲折，更能引人入胜，从而增强艺术效果。

明暗线交织展开故事，生动揭示了护送和智取双方的矛盾冲突，为人物性格塑造和发展服务，更好地表达了主题。

二、研读课文，分析"智取"原因

> 🔍 **提问**：面对武艺高强、精明能干的"青面兽"杨志，"智多星"吴用何以能够"智取"生辰纲呢？请以"'智取生辰纲'能够获得成功的因素是"为开头，用"结论+分析"的方式回答。

学生阅读思考，合作交流。

● 预设：

——"智取生辰纲"能够获得成功的第一个因素是情报准确。（结论）梁中书要派人送生辰纲到东京的消息，早已被刘唐、公孙胜得知，不仅如此，公孙胜还掌握了杨志等人的行踪及其行路的规律；相反，吴用设计时，一再搞得很神秘，外人根本无法得知。（分析）

——"智取生辰纲"能够获得成功的第二个因素是"天公作美"。（结论）时间正值初夏，天气酷热；特别是六月初四这一天，"天气未及晌午，一轮红日当天，没半点云彩，其日十分大热"。正因如此，军汉们才累得不行，"雨汗通流"，要找阴凉处歇凉，且又口渴难当，禁不住酒的诱惑，想买点喝喝，解解暑气。（分析）

——"智取生辰纲"能够获得成功的第三个因素是道路难行。（结论）正如杨志所说："此去东京，又无水路，都是旱路"，全靠行走，十一个厢禁军担子重，路难行，难免松懈；特别是去往黄泥冈一段，都是"山僻崎岖小径"，巧的是黄泥冈上有松树林，于是军汉们"歇下担仗"，"都去松阴树下睡倒了"。（分析）

——"智取生辰纲"能够获得成功的第四个因素是社会动荡。（结论）杨志此行，"途中盗贼又多"，所经过的紫金山、二龙山、桃花山、伞盖山、黄泥冈、白沙坞、野云渡、赤松林"都是强人出没的去处"。梁中书上年给丈人送的生辰纲，"半路给贼人劫将去了"，就是最好的证明。即使被劫走，梁中书也会再次不了了之，这对晁盖等人是巨大的诱惑和莫大的鼓舞。（分析）

——"智取生辰纲"能够获得成功的第五个因素是齐心协力、精心策划、配合默契。（结论）晁盖招人入伙，吴用精妙设计，其他人团结协作、配合默契，将"欲擒故纵""假戏真做""暗中下药"等策略运用得天衣无缝，——这也说明了他们事前的分工明确、扬长避短、演练到位、预案充分（"力则力取，智则智取"）——才能最终不露破绽，获得成功。（分析）

● 归纳：

正是凭借对主客观多种因素的正确把握和准确分析，晁盖、吴用等英雄好汉才能够轻松"智取"生辰纲，做成了一件惊天动地的大事，而最终竖起起义大旗，走向了水泊梁山。

按：对这一问题的研讨，可以让学生不但学会有条有理地分析问题，而且对小说情节设计的精妙有最为直接的认识。

▶ 追问：精明、细心的杨志难道就如此不堪？他又为何会失败？请用"结论+分析"的方式回答。

学生阅读思考，合作交流。

预设：

——杨志承担了一件殊难胜任的工作。（结论）他面临很多客观困难：世道不太平，生辰纲已经被劫走过一次；天气炎热，路途难行而又凶险；与老都管、虞候、军汉们彼此不熟悉；遇到的对手很强大，用计很巧妙等。（分析）

——杨志确实够精明、谨慎。（结论）比如建议把队伍装扮成行商客人，向梁中书要求有提调众人的权力，对路途艰险始终保持警惕，据此安排赶路时间，即使到了黄泥冈，也一再保持清醒的头脑等。（分析）

——杨志的准备工作不充分。（结论）他虽然知道乔装打扮，但随行军汉不是他自己亲自挑选的；他明知天气炎热，道路崎岖，却没有要求带足给养；一路上，他明知路途中有"强人出没"，特别是黄泥冈是一个危险之地，但除了变更行路时间、催促快走之外，没有其他任何预案。（分析）

——杨志的工作方法有问题。（结论）他一味赶路，不注重做思想动员工作，特别是在军汉们甚至老都管等人都有怨言时，他仍然自行其是；在遇到军汉们懈怠时，他缺少必要的耐心，不是骂，就是打，简单粗暴，激起众怒；他也不善于团结人，没有借助老都管和虞候管好队伍：一个人心涣散、矛盾重重的队伍怎么会不吃败仗？（分析）

● 归纳：

正是这些主客观原因，致使"青面兽"杨志在遇到"智多星"吴用时，失败是在所难免的。

三、质疑研讨，探究"智取"叙述

> 🔍 **提问 1**："智取生辰纲"的故事确实非常精彩，但如果从故事叙述的"严丝合缝"来看，其细节到底有没有什么破绽？请说说你的看法。

学生阅读思考，合作交流。

● 预设：

有破绽。主要表现在：

——杨志一行此番伪装打扮，隐蔽行动日期，藏匿行踪，保密措施做得不错。既然如此，"赤发鬼"刘唐怎么会知道他们的行踪？"入云龙"公孙胜又怎么会那么清楚？他们两人都不生活在"北京"（刘唐居住的东潞洲距离大名府有好几百公里远），且又处于社会底层，梁中书要送生辰纲去"东京"之事，他们又如何得知？

——杨志非常精明、精细，也知道路途遥远而艰辛，对后勤服务理应有所考虑，那怎么会不带水和干粮上路？特别是一些山僻崎岖小径乃"强人出没的去处"，他更应该有所准备，何至于走到黄泥冈时，众军汉们又渴又饿呢？

——临行前，梁中书特地给杨志发了委领状，吩咐老都管和两个虞候："你三人和他做伴去，一路上早起，晚行，住，歇，都要听他言语，不可与他别拗。"而他们三人也都当面"一一应了"，那他们三人又为何敢违抗梁中书的吩咐，而与杨志作对？他们就不担心任务完成后，杨志在梁中书面前告他们的状？

——既是天热口渴，那应该喝水才是（如果是啤酒也行），白酒不是越喝越渴吗？用白酒解渴，有点说不通。

——晁盖、吴用七人所贩之枣是什么枣？鲜枣还是干枣？如果是鲜枣，那要到农历中秋前后，才会成熟并上市，而故事发生于六月初四。如果是干枣，"濠州"（今安徽怀远、凤阳一带）并不是盛产枣之地。他们的说辞应该容易被杨志识破。

——据《水浒传》介绍，晁盖、吴用、阮氏三兄弟、白胜等六人是山东济州人，刘唐是东潞洲（今北京大兴县）人，公孙胜是蓟州（今湖北蕲春县）人，他们说话的口音都应该有地域差异；在回答杨志的喝问时，他们说是"濠州人"，那就应该要说安徽话，杨志怎么会听不出来？

按：引导学生质疑探究，绝不是要对名著进行全盘否定，而是为了激发学生的思维，打开他们的思路，对如何写好某个故事，特别是注重细节有清晰而完整的认识。

> **提问2**：《水浒传》第十六回的回目是："杨志押送金银担，吴用智取生辰纲"。作为节选部分，课文题目"智取生辰纲"为教材"编者所加"，你认为编者加的这个题目恰当吗？请结合文意，说说你的看法。

学生思考，讨论交流。

● 预设：

1. 恰当。

——节选部分的主要内容为晁盖、吴用等人劫取梁中书生辰纲的经过。故事情节聚焦于"智取"二字逐步展开，悬念迭起；表面上是写杨志警惕性如何之高，其实更能衬托出晁盖等人用计之妙。

——题目中隐去"吴用"，并不是无视或削弱吴用这一"赛过诸葛亮"的人物在这一事件中的作用，而是强调团队协作，以与杨志团队的矛盾重重并不断激化形成鲜明对比，从一个侧面揭示"智取"成功的原因。

——用"智取生辰纲"更能吸引读者关注这样一些关键因素：如何"智取"？"智取"的过程和结果如何？"智取"为什么能够成功？如果是"吴用智取生辰纲"，读者的关注点会被引向"吴用"。

2. 不恰当。

——"智取生辰纲"没有明确的动作主体，初看题目，容易让人产生疑问。

——既然故事的结构是明暗线交织，题目就应该兼顾到明和暗两个方面，仅涉及一个方面有点偏颇。

——节选部分正面叙述的是杨志失去生辰纲的过程，故事的主角是杨志，对此题目中应该有所体现。

按：这一开放式质疑探究问题，可以促使学生的思维向广度和深度发展，对故事叙述及其特点有更加深入的认识。不必追求什么"正确答案"，只要言之有理、言之有据即可。

提问 3：在今天看来，"吴用智取生辰纲"是"诈骗抢劫"，属于"违法"行为，我们怎么看这个问题呢？

学生阅读思考，合作交流。

● **预设**：

——大名府梁中书"收买十万贯金珠宝贝玩器等物，送上东京，与他丈人蔡太师庆生辰"，这本身就是搜刮的民脂民膏，乃不义之财，"取之何碍？"

——晁盖、吴用等草莽英雄，因"忠义"而聚，他们要"替天行道"，"智取生辰纲"是他们敢于向贪官污吏挑战的第一个伟大行动，此后他们便"聚义"于梁山泊，真正竖起了起义的大旗。

——晁盖、吴用等英雄好汉所反抗的是酷吏赃官及其贪赃枉法之事，而不是宋王朝的封建统治，不会动摇乃至摧毁封建王朝的法统地位，而梁中书及蔡太师正是祸国殃民的贪官污吏的代表，"智取"他们的不法所得，乃正义之举。

——"智取生辰纲"这一故事，生动刻画了智谋超群的英雄形象，他们的行为充满传奇色彩，在污秽而艰难的现实世界中，能够给读者很大的心理满足。这也在很大程度上降低了对这一行为本身的"道德批判"与"法律审判"意味。

——在现代社会，我们要讲法制，学法、知法、守法是每个公民的义务和责任；我们要运用法律武器，通过法律途径，打击不法行为，维护自己的权益。

按：作为质疑研讨，要充分让学生自由思考和交流，如有不同意见，只要言之有理，就应该得到肯定；如果学生联系现实生活，老师要注意正确引导。

四、读写融合，重构"智取"故事

任务一：《水浒传》中并没有将吴用等八人如何"智取"的过程直接写出来，而是用"如此如此"一笔带过。请根据课文内容，对课文最后一段进行扩写，将其用计与行动的具体过程写出来，并与课文进行比较，体会其故事结构安排的精妙。写好后与同学分享交流。

任务二：当杨志、老都管和众军汉们醒过来后，他们又会有哪些表现呢？
请同学们展开合理想象，对节选部分进行续写。写好后在小组内分享交流，并推选写得好的文章在班级交流。

要求：

1. 不要与《水浒传》中的相关故事情节雷同；
2. 要与本课中人物形象的特点相吻合。

任务三：课后阅读《水浒传》中有关杨志的其他回目，完整梳理杨志的人生故事（可以用思维导图，也可以用文字综述），在班级名著阅读分享会上交流。

（本设计中部分内容由厦门市海沧区教师进修学校李桂林老师提供。）

图书在版编目（CIP）数据

语文这样教：基于关键问题的初中语文教学设计 60 例：全二册 / 张正耀著. -- 武汉：长江文艺出版社，2023.3
（大教育书系）
ISBN 978-7-5702-2778-5

Ⅰ．①语… Ⅱ．①张… Ⅲ．①中学语文课－教学设计－初中 Ⅳ．①G633.302

中国版本图书馆 CIP 数据核字（2022）第 123040 号

语文这样教：基于关键问题的初中语文教学设计 60 例：全二册
YUWEN ZHEYANG JIAO：JIYU GUANJIAN WENTI DE CHUZHONG YUWEN JIAOXUE SHEJI 60 LI：QUAN ER CE

责任编辑：施柳柳　李婉莹	责任校对：毛季慧
封面设计：沐　云	责任印制：邱　莉　杨　帆

出版：长江出版传媒　长江文艺出版社
地址：武汉市雄楚大街 268 号　　邮编：430070
发行：长江文艺出版社
http://www.cjlap.com
印刷：湖北恒泰印务有限公司

开本：710 毫米×970 毫米	1/16	印张：43.125	插页：4 页
版次：2023 年 3 月第 1 版		2023 年 3 月第 1 次印刷	
字数：634 千字			

定价：88.00 元（全二册）

版权所有，盗版必究（举报电话：027—87679308　87679310）
（图书出现印装问题，本社负责调换）